珞珈博雅文库
通识教材系列

高等学校信息管理学专业系列教材

武汉大学规划教材建设项目资助出版

企业竞争情报

第二版

主编　查先进

WUHAN UNIVERSITY PRESS
武汉大学出版社

图书在版编目(CIP)数据

企业竞争情报/查先进主编.—2 版.—武汉：武汉大学出版社,2020.12
(2024.1 重印)
珞珈博雅文库.通识教材系列
ISBN 978-7-307-21841-3

Ⅰ.企…　Ⅱ.查…　Ⅲ.企业竞争—竞争情报—高等学校—教材
Ⅳ.F274

中国版本图书馆 CIP 数据核字(2020)第 194771 号

责任编辑:徐胡乡　　责任校对:李孟潇　　版式设计:韩闻锦

出版发行：**武汉大学出版社**　　(430072　武昌　珞珈山)
(电子邮箱：cbs22@whu.edu.cn　网址：www.wdp.com.cn)
印刷:湖北恒泰印务有限公司
开本:787×1092　1/16　印张:17.5　字数:354 千字　插页:1
版次:2012 年 8 月第 1 版　　2020 年 12 月第 2 版
　　2024 年 1 月第 2 版第 3 次印刷
ISBN 978-7-307-21841-3　　定价:50.00 元

总　序

　　小而言之，教材是"课本"，是一课之本，是教学内容和教学方法的语言载体；大而言之，教材是国家意志的体现，是高校教学成果和科研成果的重要标志。一流大学要有一流的本科教育，也要有一流的教材体系。新形势下根据国家有关要求，为进一步加强和改进学校教材建设与管理，努力构建一流教材体系，武汉大学成立了教材建设工作领导小组、教材建设工作委员会，设立了教材建设中心，为学校教材建设工作提供了有力保障。一流教材体系要注重教材内容的经典性和时代性，还要注重教材的系列化和立体化。基于这一思路，学校计划按照学科专业教育、通识教育、创业教育等类别规划建设自成系列的教材。通识教育系列教材即是学校大力推动通识教育教学工作的重要成果，其整体隶属于"珞珈博雅文库"，命名为"通识教材系列"。

　　在长期的办学实践和教学文化建设过程中，武汉大学形成了独具特色的融"五观"为一体的本科人才培养思想体系：即"人才培养为本，本科教育是根"的办学观；"以'成人'教育统领成才教育"的育人观；"厚基础、跨学科、鼓励创新和冒尖"的教学观；"激发教师教与学生学双重积极性"的动力观；"以学生发展为中心"的目的观。为深化本科教育改革，打造世界一流本科教育，武汉大学于 2015 年开展本科教育改革大讨论并形成《武汉大学关于深化本科教育改革的若干意见》《武汉大学关于进一步加强通识教育的实施意见》等文件，对优化通识教育顶层设计、理顺通识课程管理体制、提高通识教育课程质量、加强通识教育保障机制等方面提出明确要求。

早在 20 世纪八九十年代，武汉大学就有学者专门研究大学通识教育。进入 21 世纪，武汉大学于 2003 年明确提出"通专结合"，将原培养方案的"公共基础课"改为"通识教育课"，作为全国通识教育改革的先行者率先开创"武大通识 1.0"；2013 年，经过十年的建设，形成通识课程的七大板块共千门课程，是为"武大通识 2.0"；2016 年，在武汉大学本科教育改革大讨论的基础上，学校建立通识教育委员会及其工作组，成立通识教育中心，重启通识教育改革，以"何以成人，何以知天"为核心理念，以《人文社科经典导引》和《自然科学经典导引》两门基础通识必修课为课程主体，同时在通识课程、通识课堂、通识管理和通识文化四大层次全面创新通识教育，从而为在校本科生逾 3 万的综合性大学如何实现通识教育的品质提升和卓越教学探索了一条新的路径，是为"武大通识 3.0"。

当前，高校对大学生要有效"增负"，要提升大学生的学业挑战度，合理增加课程难度，拓展课程深度，扩大课程的可选择性，真正把"水课"转变成有深度、有难度、有挑战度的"金课"。那么通识课程如何脱"水"冶"金"？如何建设具有武汉大学特色的通识教育金课？这无疑要求我们必须从课程内容设计、教学方式改革、课程教材资源建设等方面着力。

一门好的通识课程应能对学生正确价值观的塑造、健全人格的养成、思维方式的拓展等发挥重要作用，而不应仅仅是传授学科知识点。我们在做课程设计的时候要认真思考"培养什么人、怎样培养人、为谁培养人"这一根本问题，从而切实推进课程思政建设。武汉大学学科门类丰富，教学资源齐全，这为我们跨学科组建教学团队，多维度进行探讨，设计更具前沿性和时代性的课程内容，提供了得天独厚的条件。

毋庸讳言，中学教育在高考指挥棒下偏向应试思维，过于看重课程考核成绩，往往忘记了"教书育人"的初心。那么，应如何改变这种现状？答案是：立德树人，脱"水"冶"金"。具体而言，通识教育要注重课程教学的过程管理，增加小班研讨、单元小测验、学习成果展示等鼓励学生投入学习的环节，而不再是单一地只看学生期末成绩。武汉大学的"两大导引"试行"8+8"的大班授课和小班研讨，经过三个学期的实践，取得了很好的成效，深受同学们欢迎。我们发现，小班研讨是一种非常有效的教学方式，能够帮助学生深度阅读、深度思考，增加学生课堂参与度，培养学生独立思考、理性判断、批判性思维和团队合作等多方面的能力。

课程教材资源建设是十分重要的。老师们精心编撰的系列教材，精心录制的在线开放课程视频，精心设计的各类题库，精心搜集整理的与课程相关的文献资料，等等，对于学生而言，都是精神大餐之中不可或缺的珍贵元素。在长期的教学实践中，老师们不断更新、完善课程教材资源，并且教会学生获取知识的能力，让学习不只停留于课堂，而是延续到课后，给学生课后的持续思考提供支撑和保障。

"武大通识 3.0"运行至今，武汉大学已形成一系列保障机制，鼓励教师更多地投入到通识教育教学中来。学校对通识 3.0 课程设立了准入准出机制，建设期内每年组织一次课程考核工作，严格把控立项课程的建设质量；对两门基础通识课程实施助教制，每学期遴选培训研究生和青年教师担任助教，辅助大班授课、小班研讨环节的开展；对投身通识教育的教师给予最大支持，在"351 人才计划"教学岗位、"教学业绩奖"等评选中专门设立通识教育教师名额，在职称晋升等方面也予以政策倾斜；对课程的课酬实行阶梯制，根据课程等级和教师考核结果发放授课课酬。

武汉大学打造多重通识教育活动，营造全校通识文化氛围。每月举行一期通识教育大讲堂，邀请海内外一流大学从事通识教育顶层设计的领袖性人物、知名教师、知名学者、杰出校友等来校为师生做专题报告；每学期组织一次通识教育研讨会，邀请全校通识课程主讲教师、主要管理人员参加，采取专家讲座与专题讨论相结合的方式，帮助提升教师的通识教育理念；不定期开展博雅沙龙、读书会、午餐会等互动式研讨活动，有针对性地选取主题，邀请专家报告并研讨交流。这些都是珍贵的教学资源，有助于我们多渠道了解通识教育前沿和通识文化真谛，不断提升通识教育的理论素养，进而持续改进通识课程。

武汉大学的校训有一个关键词：弘毅。"弘毅"语出《论语》："士不可以不弘毅，任重而道远。"对于"立德树人"的武大教师，对于"成人成才"的武大学子，对于"博雅弘毅，文明以止"的武大通识教育，皆为"任重而道远"。可以说，我们在通识教育改革道路上所走过的每一步，都将成为"教育强国，文化复兴"强有力的步伐。

"武大通识 3.0"开启以来，我们精心筹备、陆续推出"珞珈博雅文库"大型通识教育丛书，涵盖"通识文化"、"通识教材"、"通识课堂"和"通识管理"四大系列。其中的"通识教材系列"已经推出"两大导引"，这次又推出核心和一般通识课程教材十余种，以后还将有更多优秀通识教材面世，使在校同学和其他读者"开卷有益"：拓展视野，启迪思想，融通古今，化成天下。

周叶中

前言(第二版)

党的二十大报告强调"充分发挥市场在资源配置中的决定性作用",提出要"提升企业核心竞争力"。企业是市场经济的主体,是衡量经济发展水平的重要标志,也是引领经济发展和技术创新的关键力量。如何以竞争情报赋能企业,包括对竞争对手、竞争环境和竞争战略进行系统、深入的分析和研究,为企业赢得持续的竞争优势,支撑企业的高质量发展,一直以来受到人们的广泛关注。

本书的第一版问世于2012年。此次修订,是在第一版的基础上进行的,重点考虑到了大数据时代对企业竞争情报理论和实践的影响。全书仍分为8章,侧重于系统地介绍企业竞争情报的基本理论、方法和应用。这8章内容分别是:绪论、企业竞争情报的信息源、企业竞争情报研究的内容、企业竞争情报研究的方法、企业竞争情报系统、企业反竞争情报研究、大数据环境下的企业竞争情报研究、企业竞争情报的组织管理。其中,第6章和第7章是新增的内容,其他各章节均根据实际情况适当增删了部分内容。在修订过程中,我们尽量做到结构严谨,重点突出,内容深浅适中。本书可供高等学校信息管理与信息系统、大数据管理与应用、图书情报和档案、工商管理、电子商务等专业作教材或教学参考书。对于从事企业市场研究、企业情报工作的广大理论工作者和实际工作者,本书也具有一定的参考价值。

武汉大学、中山大学、中国传媒大学、安徽大学、湖北大学等高校相关学者参加了本书的编写工作。参加本书编写的人员有查先进、陈明红、杨凤、李力、王赟芝、黄程松和王娟。具体分工如下:查先进编写第1章、第2章、

第 4 章第 1-3 节，陈明红编写第 3 章第 2-4 节、第 4 章第 4-10 节，杨凤编写第 5 章、第 8 章第 1 节，李力编写第 3 章第 1 节、第 7 章第 4 节，王赟芝编写第 6 章，黄程松编写第 7 章第 1-3 节，王娟编写第 8 章第 2-3 节。全书由查先进提出编写大纲，并最后统稿和定稿。王雪、刘颖霞、高燕积极参与了本书内容的校对以及 MOOC 网站建设、多媒体课件研制等工作。

本书在编写过程中参考了许多国内外文献、数据和案例。尤其是，武汉大学信息管理学院、武汉大学本科生院和武汉大学出版社积极支持本书的编写和出版，武汉大学数字媒体制作室积极支持与本书配套的 MOOC 网站视频录制和剪辑工作。在此，我们一并表示衷心的感谢。

由于时间仓促，加之水平有限，书中难免存在一些疏漏和错误，敬请各位专家批评指正。

查先进

2023 年 12 月

前言(第一版)

　　竞争情报是 20 世纪 80 年代以来，为了适应各类企业开展市场竞争和取得信息优势而出现的。它起源于军事情报和政治情报领域，并率先和重点推广应用于企业界，形成企业竞争情报。企业竞争情报研究涉及企业内部和外部的一切与提高企业竞争力有关的信息，包括竞争对手、竞争环境、竞争战略三个方面。通过对这些信息的搜集、整理加工和分析提炼，形成有助于企业改善其在市场中的竞争格局的情报，使企业管理和决策活动建立在科学、高效的基础上，最终形成有利的市场地位，赢得和保持竞争优势。

　　当今信息时代，经济全球化成为世界经济发展的主流趋势，世界各国的经济既相互渗透、相互依存，又激烈竞争，共同纳入统一的世界经济体系之中。在这样的背景下，企业的经营和管理环境发生了巨大的变化，企业面对的竞争环境更加复杂多变，竞争对手的分布范围更加广泛，竞争战略的制定和调整更是面临着巨大的不确定性，机遇和挑战并存。如何在强手如林、变幻莫测的市场竞争中站稳脚跟，缩短与竞争对手的差距，已经成为企业管理者特别是决策者关注的焦点话题。为了实现企业的经济利益和既定目标，已经有越来越多的企业开始通过加强和拓展竞争情报研究，来增强其在全球化竞争中战胜竞争对手、发现市场机会和赢得竞争优势的能力。竞争情报研究已经当仁不让地成为经济全球化环境下企业迫切需要关注的焦点领域。

　　本书系统地介绍了企业竞争情报的基本理论、方法和应用。全书共 8 章。第 1 章是绪论，包括企业竞争情报的概念、特点、作用、流程、沿革、发展等;第 2 章是企业竞争情报的信息源,包括信息源的类型和特点、信息搜集的范围和渠道、信息整理和鉴别等;第 3 章是企业竞争情报研究的内容,包括竞争对手、竞争环境和竞争战略的分析;第 4 章是企业竞争情报研究的方法,包括定标比超、态势分析、情景分析、反求工程、关键问题分析、价值链分析、商业战争游戏分析、财务报表分析、专利情报分析等方法;第 5 章是企业竞争情报研究的关键技术,包括信息采集技术、信息存储和处理技术、信息可视化技术等;第 6 章是企业竞争情报系统,包括企业竞争情报系统的概念和特点、企业竞争情报系统的功能和模式、企业竞争情报系统的发展趋势、企业竞争情报系统的建设、企业竞争情报系统的管理等;第 7 章是竞争情报与企业危机预警,包括突发事件及其影响、企业危机与危机预警、竞争情报在危机预警中的应用等;第 8 章是企业竞争情报机构,包括企业竞争情报机构及其作用、企业竞争情报机构的设置、企业竞争情报机构的运行和控制等。在编写过程中,尽量做到结构严谨,重点突出,内容深浅适中。本书可作为高等学校通识教育课程教材,或者供高等学校信息管理与信息系统、图书情报和档案、工商管理、电子商务等专业作教材或教学参考书。对于从事企业市场研究、企业情报工作的广大理论工作者和实际工作者,本书也具有一定的参考价值。

本书是集体合作的结晶。参加本书编写的有查先进、陈明红、杨凤和杨漾,具体分工如下:查先进编写第 1 章、第 2 章、第 4 章 1~3 节,陈明红编写第 3 章、第 4 章 4~10 节,杨漾编写第 5 章,杨凤编写第 6 章、第 7 章、第 8 章。全书由查先进提出编写大纲、统稿并负责各章思考题的编写。

本书在编写过程中参考了国内外大量优秀的文献和案例,这些文献和案例为本书思路的形成提供了思想的源泉。本书的编写得到了武汉大学信息资源研究中心、武汉大学信息管理学院、武汉大学教务部和武汉大学出版社的大力支持。在此,我们一并表示衷心的感谢。

由于时间仓促,加之水平有限,书中难免存在一些疏漏和错误,敬请各位专家批评指正。

查先进

2011 年 8 月

目　录

第 1 章
绪　论

当今世界，全球化已成为经济发展的主要趋势。世界各国经济相互渗透、相互依存，被纳入统一的世界经济体系之中。尤其是在大数据环境下，数据、信息和情报势差的存在一定程度上拉大了企业和企业之间的距离。随着经济全球化的深入，企业面对的竞争环境更加复杂多变，竞争对手的分布范围也更加广泛，竞争战略的制定和调整更是面临着巨大的不确定性。企业竞争情报（Competitive Intelligence, CI）研究侧重于对企业内部和外部各种信息的关注，通过对这些信息的搜集、整理加工和分析提炼，形成有助于企业改善其在市场环境中的竞争格局和有利的市场竞争地位的情报。当前，为了实现企业的经济利益和既定目标，越来越多的企业开始通过加强和拓展竞争情报研究的方法，以增强其在全球化竞争中应对各种复杂多变的竞争环境、战胜竞争对手、发现市场机会和赢得竞争优势的能力。据统计，在全球 500 强企业中，有 90% 以上已经建立了较为完善的竞争情报系统，[①]竞争情报研究已经当仁不让地成为经济全球化环境下企业迫切需要关注的焦点领域。

1.1　竞争情报的概念和特点

1.1.1　竞争情报的概念

竞争情报是 20 世纪 80 年代以来，为了适应各级各类企业开展市场竞争和取得信息优势的需要而出现的一个概念。它的出现，给不少企业带来了新的竞争理念和生机。

竞争情报与企业的竞争力密切相关。企业竞争实际上是企业各方面力量汇聚而形成的竞争实力大小的较量。竞争活动通常发生在若干个"势均力敌、相互争衡"的企业之间。当

---

① 　http://www.people.com.cn/GB/paper53/5023/535742.html.

1

企业间的竞争实力彼此相当时，竞争常常表现得异常激烈，有时甚至演变为一场你死我活的市场争夺战。可见，设法创造企业的竞争优势对企业决策者来说显得极其重要。企业竞争优势有多种表现，如人才优势、资金优势、技术和设备优势、原材料优势、服务优势、产品优势、品牌优势、地域优势、供应链优势、标准优势、专利优势等，但在经济全球化的信息时代里，企业的竞争优势归根结底表现为一种信息优势。也就是说，谁取得了信息优势，谁就获得了在市场上生杀予夺的主动权。同时，通过信息优势，通常也能很好地促进企业其他优势的发挥。可见，信息优势是企业在信息时代市场竞争中生存和立足的根本，对企业决策者而言，强烈的信息意识和敏锐的信息洞察力亦是其决策能力和决策魅力的重要体现。

竞争情报是一个发展中的概念。有关资料显示，目前国内外对竞争情报概念的认识不是统一的。作为一种竞争理念，竞争情报兴起于 20 世纪 80 年代，起源于军事情报和政治情报领域，并率先和重点推广应用于企业界，形成企业竞争情报。迄今为止，已有不少专家对竞争情报的概念进行了探讨，比较典型的观点有：

竞争情报是在对外部环境信息的计划、搜集、分析和发布等系统处理后的一种建议，以便抓住可能影响企业或国家竞争形势的机遇。[1]

竞争情报是一个组织乃至一个国家为了在市场上赢得竞争优势所需要的经过综合分析与加工处理的信息。[2]

竞争情报一般指竞争主体为保持竞争优势所需要的一切有关竞争对手和竞争环境的情报。[3]

竞争情报是根据企业为了在激烈的市场竞争中赢得和保持优势这一特定需求，对竞争对手、竞争环境及企业自身的信息，进行合理地采集、选择、评价、分析和综合，并对其发展趋势做出预测，以形成新颖的、增值的、不为竞争对手所知的、对抗性的信息，从而为企业的战略和战术决策提供依据的智能化过程。[4]

竞争情报是关于企业竞争对手的能力、弱点和意图的信息。[5]

竞争情报是一种过程，更是一种产品，是一种将竞争对手和市场信息转变成有关竞争对手能力、意图、行为、地位等知识的分析型产品。[6]

---

① Calof J, Skinner B. Government's role in competitive intelligence：What's happening in Canada？[J]. Competitive Intelligence Magazine, 1999, 2(2)：20-23.

② 钟沛彪. 开展竞争情报研究工作的思考[J]. 广西地质, 1999(3)：59-62.

③ 鄢百其, 刘三萍, 金晓祥. 竞争情报：企业竞争的有效手段[J]. 情报理论与实践, 1999(5)：378-379.

④ 苏瑞林. 竞争情报定义浅析[J]. 津图学报, 1999(2)：60-63.

⑤ Prescott J. How business uses intelligence[J]. Business Review, 1991(2)：8.

⑥ http：//www. indiainfoline. com/bisc/ari/coin. pdf.

竞争情报是一种从公共获取的非专有的信息源处发现、筛选和使用情报，以变得更具有竞争力。①

美国战略与竞争情报专业人员协会（Strategic and Competitive Intelligence Professionals, SCIP）认为，竞争情报是一种过程，在此过程中，人们用合乎职业伦理的方式搜集、分析和传递有关经营环境、竞争者和组织本身的准确、相关、具体、及时、前瞻性以及可操作性的信息。②

从这些定义中可以看出，竞争情报是一个发展中的概念。在这些定义中，有的重点关注竞争环境，有的重点关注竞争对手，有的重点关注竞争战略，有的则同时关注前述的每一个方面，有的将其理解为一种信息产品，有的将其理解为一种信息活动过程，有的则认为可以兼而有之。这些定义对于我们从不同的角度理解和深化认识竞争情报的内涵有一定的帮助。

值得注意的是，现在越来越多的研究者开始认为，竞争情报并不仅仅局限于企业，其他组织也可能会引入竞争情报思想，从而形成诸如"政府竞争情报"③"国家竞争情报"④"图书馆竞争情报"⑤等竞争情报的活动空间。近年来，甚至有研究者认为，我国自20世纪50年代中期以来在科技领域开展得如火如荼的科技情报研究，其本质就是竞争情报在科技领域的应用，只不过当时国内外还没有广泛使用"竞争情报"这个词而已。在本书中，如不特别指明，我们所说的竞争情报均指企业竞争情报。

此外，一些新的竞争情报研究视角如"技术竞争情报"（Competitive Technical Intelligence, CTI）⑥等也不断地被推出，成为当前竞争情报研究的新方向。例如，2008年10月，北京大学和北京市科学技术研究院在北京举办"技术创新与技术竞争情报国际论坛"。该论坛认为，技术竞争情报侧重于通过引进竞争情报的方法，搜集、整理、归纳创新单元所需要的技术情报，提供技术竞争的信息服务和咨询服务。⑦

美国SCIP官方网站曾对"竞争情报"做出如下解释：竞争情报是一个过程，它侧重于监控竞争环境、分析内部问题，以便支持企业的决策。竞争情报使得各类企业中的高层管

① https：//www.htx.ca/htx/Media/Competitive%20Intelligence.pdf.

② http：//www.scip.org/.

③ Zha X J, Jao R. Study on the mode of consultative service of governmental competitive intelligence oriented to crisis management[C]. International Conference on Public Administration, 2005.

④ 陶翔. 国家竞争情报[M]. 上海：上海科学技术文献出版社, 2008.

⑤ 董素音, 蔡莉静. 图书馆竞争情报服务[M]. 北京：海洋出版社, 2009.

⑥ Rodriguez-Salvador M, et al. Industry/university cooperative research in competitive technical intelligence：A case of identifying technological trends for a Mexican steel manufacturer[J]. Research Evaluation, 2002, 11(3)：165-173.

⑦ http：//www.bjstinfo.com.cn/iticti08/index.htm.

理者能够制定从市场、研发、投资策略到长期商业战略的更优决策。高效的竞争情报活动是一个连续的过程，包括合法的信息搜集、导致各种结论的信息分析、向决策者有效发布可实施的情报等。①

可见，尽管在具体解释上各种研究成果说法不一，但总的来讲，竞争情报主要以企业为活动的舞台，但又不完全拘泥于企业，可以被理解为关于组织内部和外部的一切与提高组织的竞争力有关的信息，这些信息通常涉及竞争对手、竞争环境、竞争战略三个方面：

第一，从竞争对手研究的角度来看，竞争情报通过对限制和影响本企业竞争优势发挥的外部组织或个人的跟踪和研究，包括识别竞争对手、分析竞争对手的实力、判断竞争对手战略、预测竞争对手的反应以及必要的合作与回避等，可帮助企业在竞争的市场上做到知己、知彼和知大势，以便在竞争的市场上百战百胜。

第二，从竞争环境研究的角度来看，竞争情报是对整体竞争环境的一个全面监测过程，对关于战略意义的可公开获取的信息进行筛选、搜集、阐释和传播，从而监测相关企业决策过程的企业外部环境信息的活动。通过合法手段搜集和分析商业竞争中有关商业行为的优势、弱势、意图等方面的信息，竞争情报可将零散的、不同来源的信息"碎片"整合起来，形成竞争情报"拼图"。该"拼图"可在一定程度上理解为具有战略决策价值的"蓝图"。

第三，从竞争战略研究的角度来看，竞争情报可帮助企业在战略意义上寻找并建立一个有利且持久的竞争地位，包括把握发展机遇，抢占市场，在未来的竞争中赢得主动权等。

由此，我们可以将竞争情报概括为关于竞争对手、竞争环境和竞争战略的研究。需要说明的是，在本书中，我们侧重于将竞争情报理解为一种信息产品，至于作为一种过程的竞争情报，则采用"竞争情报研究"来表征。

1.1.2 竞争情报的特点

由于竞争情报是传统情报的必然延伸和发展，所以它具有传统情报的一般特征，如知识性、非物质形态性、社会性、可传递性、积累性、价值性、商品性、可共享性、可重复使用性等，但它又区别于传统情报，具有明显的自身特点。一些专家对竞争情报的特点进行了探讨，例如，竞争情报具有商业性、对抗性、决策性、时效性、隐蔽性等特点；② 竞

---

① http：//www.scip.org/content.cfm？itemnumber＝2214&navItemNumber＝492.
② 李映州，张宇. 论竞争情报的特点[J]. 情报学报，1996(6)：460-466.

争情报具有主体性、对抗性、综合性、动态性、谋略性、合法性等特点;① 竞争情报具有客观性、导向性、综合性、系统性、时效性、开放性、可塑性、商品性、共享性、连续性等特点;② 竞争情报具有对抗性、系统性、实效性、增值性、保密性、商业性等特点。③可以看出,关于竞争情报特点的相关研究,虽然在表述上略有差别,但在内容上却大同小异。竞争情报并不是简单的数据堆砌,也不是简单的信息加工,而是注入了很多创造性的智力劳动,是智谋性信息活动的结果。竞争情报强调通过创造性的智力劳动,从反映客观事物的信息中,分析、评价、识别真伪,形成新的增值了的信息产品,服务于企业的战略决策。

综合各方面的研究成果,本书认为,竞争情报主要具有对抗性、谋略性、动态性、合法性等特点。

(1) 对抗性

从起源来看,竞争情报源自军事情报和政治情报领域。这些领域都是在对方不协助、不配合甚至强烈反对的情况下去展开工作的。竞争情报涉及竞争对手、竞争环境和竞争战略三个方面,在激烈的市场竞争环境下,相关信息的获取和分析同样存在着竞争对手不协助、不配合甚至强烈反对的情形,即与军事情报和政治情报工作在本质上极具相似性。有时,竞争对手也偶尔会表现出一种协助、配合或不反对的"友好"姿态,但这往往是竞争对手在竞争过程中施用的一种策略和手腕,是为了迷惑对方,或者是为了以较小的代价换取更大的利益。可见,对抗性是竞争情报的本质特点。没有哪个竞争对手会心甘情愿地把可加工提炼为竞争情报的信息无偿地提供给竞争的另一方。

(2) 谋略性

竞争情报中的"intelligence"在心理学和认知科学范畴含有"智能"和"智谋"的意思。在激烈的市场竞争大舞台上,企业单靠一般的实力竞争显然是远远不够的,尤其是在技术经济领域,一些弱小的企业依赖运筹奇谋异计战胜实力雄厚的竞争对手的情况往往屡见不鲜。由此可见,在竞争场合里,企业的斗智斗谋能力常常是影响其竞争成败的关键因素。竞争情报是企业面对竞争所需要的信息,谋略性正是其生命力所在。

---

① 吴永臻. 竞争情报的基本特点分析[J]. 情报资料工作, 1996(5): 4-5.
② 魏同悟. 把握企业竞争情报的本质特征, 提高企业竞争能力与水平[J]. 冶金信息导刊, 1998(6): 32-36.
③ 栗莉. 90 年代我国竞争情报研究综述[J]. 图书与情报, 2001(3): 25-28.

(3) 动态性

对于企业而言，其内部情况和外部环境往往变化多端、反复无常，很多相关信息此一时、彼一时。可见，竞争情报必须是动态性的，否则就不可能真实地反映出某一瞬时的竞争态势。企业要想在日趋激烈和复杂的市场竞争中取胜，必须经常和连续不断地进行企业内部和外部信息的动态跟踪，设立监测指标、建立跟踪档案。

(4) 合法性

由于竞争情报工作的特殊性，竞争情报行为很容易与工商间谍行为相混淆。这主要是因为，在对抗的竞争环境中，竞争情报人员要想获得有价值的信息或情报，常规的信息工作手法一般难以奏效。取而代之的是，一些"打擦边球"的做法更容易受到竞争情报人员的推崇。但是，竞争情报行为是不能与工商间谍行为相混淆的。工商间谍行为以违法的谍报活动为特征，常常表现为蓄意侵犯竞争对手企业的商业秘密；而竞争情报行为必须以遵纪守法为前提，这是法制社会的必然要求。竞争情报行为与工商间谍行为是两种性质截然不同的行为。

实际上，从世界各国的竞争情报活动实践来看，竞争情报活动在一开始就排除了任何不正当竞争的成分。例如，美国SCIP在成立之初就制定并颁布了如下职业道德规范，而且几乎在每次的年会上都将职业道德问题列为主要议题之一：

①不断促进社会各界承认和尊重本地区、州和国家各级竞争情报工作。

②在保持最高水准的职业作风和避免任何不道德行为的同时，热情积极地履行自己的职责。

③满怀信心地坚持和执行所在公司的目标路线和方针政策。

④遵守所有现行法律。

⑤向所有咨询者准确无误地介绍所有相关信息，包括专业人员及其所属机构的身份。

⑥充分尊重所有对信息进行保密的要求。

⑦促进并鼓励充分遵守本公司的、与合同第三方有关的及全行业的行为规范。

可见，竞争情报的合法性是国家法律和社会伦理、道德的必然要求，也是竞争情报机构树立行业信誉以及生存和发展的必然要求。

合法性是区别竞争情报行为和工商间谍行为的重要依据。一种行为，究竟是竞争情报行为还是工商间谍行为，其直接依据是相关行为是否合乎法律的规定。在我国，主要是依据《中华人民共和国反不正当竞争法》《中华人民共和国刑法》等相关法律。但在实践中，要想准确地区分这两种行为，有时会非常困难。在美国，有这样一个著名的案例：杜邦公司在德克萨斯的比尔蒙特开设了一家化工厂。由于工厂还在建设之中，厂房尚未加顶，但为安全起见,工厂在四周构筑了一道高深的围墙,并建立了严格的门卫制度。1969 年 3 月 19 日,受某第三方的雇佣,摄影师克里斯托夫兄弟驾驶直升飞机飞越杜邦公司的上空,对杜邦公司新建厂房进行了拍摄,并将照片冲洗后交给了身份不明的第三方。杜邦公司为此对克里斯托夫兄弟进行起诉,告他们侵犯商业秘密。法院为杜邦公司是否应当支起棚架进行了激烈的争论,最终判决该公司正在建设的厂房属于商业秘密,克里斯托夫兄弟以不正当手段窃取信息,属于侵犯杜邦公司的商业秘密,同时要按照杜邦的要求披露其雇佣者。

联合国工业发展组织(United Nations Industrial Development Organization, UNIDO)在一份文件中对竞争情报作了如下描述:"对一个企业来说,外部环境中的任何变化,包括技术的、经济的以及政治的因素,都可能对企业的利益乃至其生存产生重大影响。如果能通过'阅读'早期的预警信号,发现并预知这些可能的变化,就可以利用所剩的时间,预先采取相应的措施避开威胁,寻求新的发展机遇,这种能力在当今社会正变得越来越至关重要了。"这段话所阐述的一系列智能性活动是对企业竞争情报研究及其社会应用的十分形象的描述。

与一般的情报活动相比,竞争情报研究还具有很强的目的性、时效性、实用性、增值性和信息来源的广泛性。它不是对某一特定问题的具体回答,而是一个动态的过程,即在一个发展变化的环境中逐步地、有条理地、连续不断和有系统地搜集正在变化的一切与提高企业竞争力有关的信息,并实时地对其进行加工整理、分析预测,然后通过传递将其应用于企业的竞争活动中去。

1.2　竞争情报的作用和流程

1.2.1　竞争情报的作用

信息通常不会天生就是情报,绝大多数原生信息只有通过加工处理、分析、挖掘才能变为情报,成为企业财富之源。如果说我国 20 世纪 80 年代有口皆碑的"科技大篷车""一条信息救活一个企业"体现了人们对经济信息和市场信息的基本需要,那么,今天的"得情报者得天下"则体现了经济大战和竞争白热化时代人们对竞争情报新的渴求。

竞争情报是企业财富的源泉和克敌制胜的法宝。它通过对企业内部情况和外部信息的密切关注,借助"需求—搜集—分析—提供—决策"这一情报价值链,将情报优势转化为企业的竞争优势,帮助企业既能有效地认识自身的优势和劣势,又能及时发现潜在的商业机会和威胁。

企业搜集竞争情报研究所需要的信息，并加以整理、加工、重组，做出适当的趋势分析，不但可以深入、细致地了解竞争对手，全面、客观地把握竞争环境，还可以据此调整自己的竞争战略，使得自身在市场竞争中能永葆活力和应变力。不仅如此，有效的竞争情报研究，还能使企业"取人之长，补己之短"，既帮助自己及时了解同行业的发展情况，通过对比分析，发现自身存在的很多问题，又可以从竞争对手的发展中获得启示，完善本企业的经营和管理策略，进一步增强竞争实力。

一些专家对竞争情报在企业发展中的作用进行了探讨。例如，有人把竞争情报分析给企业运营过程带来的好处归纳为研究作用、评估作用和决策作用三类，从宏观上概括了竞争情报给企业发展带来的影响。[1] 有人对小型企业的变革进行了研究，认为其管理者应当获取竞争情报以有效地支持企业变革。[2] 有人将竞争情报的作用归纳为三个方面，即充当企业的预警系统，包括了解影响企业业务的政治、法律或管制方面的变化，预测市场需求变化，预测竞争者的行动，发现新的和潜在的竞争对手以及了解那些影响自己业务的新技术、新产品和新的流程；充当企业的决策支持系统，包括增加并购目标企业的范围、进入新业务领域、支持技术开发决策、支持营销战术决策等；充当企业的学习工具，包括更开放地看待自己的业务活动、有助于实施最新的管理工具、向其他企业（包括自己的竞争对手）学习等。[3] 有人认为竞争情报是商业情报的子集，能生成关于企业外部环境的知识；竞争情报系统可帮助决策者寻找机会改善企业或组织在竞争者、客户和供应商之间的战略地位，其主要功能之一是产生预警信号，以使决策者快速有效地查明情况并做出反应。[4] 有人认为竞争情报不仅可以用来监测竞争对手，还可通过确定重要信息、分析威胁、分析脆弱性、评估风险、实施对策 5 个关键步骤来保持企业内部信息的安全。[5]

在本书中，我们将竞争情报在企业发展中的作用概括为以下几个方面。

（1）竞争情报的危机预警作用

预先发出危机警报，避免企业特别是企业决策者在突发事件面前的"吃惊"，一直被认为是竞争情报在企业发展中的主要应用。

尽一切可能搜集信息，当突发事件特别是重大突发事件（如战争爆发、政治动荡、经济衰退、技术革命）出现时，企业竞争情报可以对可能出现的机遇和危险提供早期预警，

[1]　李映州，张宇. 论竞争情报的特点[J]. 情报学报，1996(6)：460-466.
[2]　Guimaraes T. The impact of competitive intelligence and IS support in changing small business organizations[J]. Logistics Information Management, 2000, 12(3)：117-125.
[3]　王煜全. 情报制胜[M]. 北京：科学出版社，2004.
[4]　Sauter V L. Handbook on Decision Support Systems 2[M]. Springer Berlin Heidelberg, 2008.
[5]　Kahaner L. Competitive intelligence pays off on the homefront[J]. InformationWeek, 2000, 805(3).

帮助企业未雨绸缪，避免危机的发生。即使危机不可避免地发生了，竞争情报也能利用其敏锐的社会触角，帮助企业在危机处理和管理时"先声夺人"、事事领先一步。事实上，竞争情报强调通过对既有的竞争对手、竞争环境和竞争战略的研究，知己、知彼、知大势（环境），既避免了企业在突发事件面前"吃惊"，又有助于企业及时地把握天赐良机。

（2）竞争情报的决策支持作用

按照西蒙（H. A. Simo）的观点，科学决策的程序必须至少包含如下四个基本阶段，即：找到问题的症结，确定决策目标；拟定各种可能的行动方案以供选择；比较各种可能的方案并从中选优；对所选择的方案进行评价。这几个阶段又可称为参谋活动阶段、设计活动阶段、选择活动阶段和审查活动阶段，是任何一项科学决策活动都不能缺少的。可见，决策活动的各阶段均以充分的信息保障为前提。竞争情报是现代企业经营管理的思想库，是企业领导集团的重要参谋部，既能对竞争对手的动向进行监控和评估，又可以提供知己知彼的情报。竞争情报能为企业的竞争决策提供第一手资料和具有战略意义的情报支持。

战略决策成功与否决定着企业经营的成败，关系到企业的生存和长远发展。决策正确可以使企业沿着正确的方向前进，提高竞争力和适应环境的能力，取得良好的经济效益；反之，决策出现失误特别是发生严重的错误时，会给企业带来巨大损失，甚至导致企业破产。

战略决策离不开决策竞争情报的支持，包括行业机会、潜在威胁、竞争格局、企业能力等方面。在战略决策过程中，企业高层管理者和决策者总是面临着诸如如何应对影响企业业务的政治、法律或管制方面的变化，如何预测市场需求变化和竞争者的行动方向，如何发现新的和潜在的竞争对手，如何进行目标市场的定位，以及如何选择那些影响自己业务的新技术、新产品和新的流程等问题。企业战略决策的本质就是要综合运用上述各项信息确定企业战略及相关方案。

企业的竞争情报工作一般借助竞争情报系统实现。竞争情报系统犹如企业的"中央情报局"，发挥着企业"情报战"的战斗堡垒作用。

（3）竞争情报的市场环境监测作用

市场环境是指影响企业产品（或服务）生产和销售的一系列外部因素。这些因素与市场营销活动密切相关，并对市场营销活动的结果产生影响。市场环境通常有六个方面的因素：人口因素、经济因素、竞争因素、技术因素、政治因素和文化因素。

近几十年来，伴随着人类社会实践的变革，市场环境呈现出更多的不确定性。企业如何才能灵活、有效、快速地应对日益复杂多变的市场环境呢？竞争情报对市场环境的变化具有高度的敏感性，通过持之以恒的竞争情报工作，可实现对企业市场环境变化的动态监测。

(4) 竞争情报的对手跟踪作用

竞争情报研究的直接结果是帮助企业建立起相对于竞争对手的情报优势，并在必要的时候自动向企业发出预警信号。这一结果非常重要，当企业决策者及时利用时，这些情报优势会迅速地转化为竞争优势，使企业在市场竞争中的地位和作用明显提高。由此可见，在市场经济条件下，企业开展竞争情报研究是非常有意义的。它可以使濒临倒闭的企业起死回生，使正如日中天的企业再上新台阶。

美国施乐公司作为世界复印机行业的巨头之一，于 20 世纪 60 年代在世界首次推出办公用复印机，从而改变了人们的工作方式，施乐公司也因此垄断全球复印机市场长达 10 多年之久。后来，随着理光、佳能等日本企业先后进入复印机市场，该行业的竞争日益激烈。到 20 世纪 80 年代初，施乐公司的复印机全球市场份额由 82% 下降到 35%。为了夺回已失去的市场份额，施乐公司以公司市场调研部为基础，成立了专门的竞争情报研究部门，加强了对竞争对手的跟踪研究。施乐公司还成立了竞争评估实验室，组织实施反求工程(reverse engineering)，专门用以剖析竞争对手产品或有竞争威胁的产品。通过开展针对竞争对手的跟踪研究，施乐公司最终从日本佳能公司那里夺回了其应有的市场份额。

(5) 竞争情报的信息安全保障作用

随着企业竞争的加剧，企业之间的情报争夺战越来越激烈，除了我们一般意义上的竞争情报以外，保护企业自身信息安全的问题也成为燃眉之急。特别是在网络环境下，针对企业的网络犯罪率正处于持续上升的阶段。犯罪手段一般是针对网络弱点、操作系统或软件本身缺陷的盗窃或破坏网络上传输的信息。企业一旦上网，其内部系统相当于有了一道沟通外界的桥梁，从而使企业信息安全系数大大降低。尽管目前已有许多系统安全和网络安全的技术可用，但距理想的安全体系的建立仍相距甚远。例如，一些企业竞争对手可以轻易地越过目前信息安全系统设置的种种障碍，非法入侵企业内部系统。此外，企业内部工作人员的疏忽，甚至充当工商间谍而泄露情报的情况也时有发生。

反竞争情报是指针对竞争对手或第三方机构的合理合法的情报搜集行为，甚至是非法的间谍行为，事先采取措施保护企业自身信息，尤其是关键的秘密信息，并通过掩蔽、迷惑等手段减小或抵消竞争对手或第三方对企业自身的一些行为、计划、意图等的情报搜集活动，从而保证企业自身在情报方面的竞争优势。[①] 企业反竞争情报研究的内容一般包括监控竞争对手的情报活动、评估自身企业的薄弱环节和关注竞争环境的变化三个方面。

---

① 谢新洲. 企业信息化与竞争情报[M].北京：北京大学出版社，2006.

从企业竞争战略管理的角度来讲，竞争情报和反竞争情报"如同一枚硬币的两面"，是实现企业竞争战略目标的两个不可分割的关键要素，它们之间是"攻"与"守"的关系。一个只注重竞争情报而对反竞争情报漠不关心的企业，常常会面临"后院起火"的威胁；同样地，一个只注重反竞争情报而不开展竞争情报的企业，只能处于被动防守的境地。因此，企业必须对竞争情报和反竞争情报工作给予同等的关注。我们可以将反竞争情报列入广义上理解的竞争情报的范畴。

1.2.2　竞争情报的流程

竞争情报研究遵循一般的情报工作规律，其流程大体上沿着"竞争情报规划与定向→信息搜集与整理→信息分析与提炼→竞争情报产品与服务"的脉络发展，如图1-1所示。

图 1-1　竞争情报研究的过程

竞争情报研究的周期是一个分阶段、有步骤的复杂过程，其每个组成部分都有各自的目标和流程。竞争情报研究的过程本质上是一个前后相继、互为关联的动态信息聚散和处理过程。上述四个环节及其功能组合就构成了企业竞争情报系统。竞争情报系统是企业竞争发展所需要的，其目标旨在为企业提供有助于增强信息优势和具有决策价值的竞争情报，是决策支持系统（Decision Support System，DSS）的重要组成部分。竞争情报系统一般同时致力于企业内外两方面信息的搜集、加工整理、分析、评估、服务等活动，并注意对企业外部竞争对手予以连续的监视，必要时还会自动发出预警信号，因而是增强企业信息优势极好的工具。

（1）竞争情报规划与定向

规划与定向是一个了解用户竞争情报需求，并针对这些需求选定竞争情报研究目标的环节。这一环节的实质性工作是选择课题。竞争情报研究课题通常可分为三种类型，即进攻型、信息型和防御型。进攻型课题的主要任务是对某一战略或战术性行动可能会给本产业或竞争者带来的影响以及竞争者可能会产生的反应作出恰如其分的评价；信息型课题的主要任务是深入了解所在产业和竞争对手的有关信息，其结果可能会导致进攻性或防御性的行动；防御型课题的目的主要是了解竞争对手可能会采取什么行动来威胁本企业的竞争地位，并制定出响应措施，以缓解其对本企业的威胁。这三种类型并不互相排斥，有时一个课题对这三种类型均有要求，也可能其中某一类型的结果恰好是另一类型的起点。

竞争情报规划与定向就是从企业全局出发，明确企业的竞争情报需求，确定竞争情报研究方向，分清各部分工作的轻重缓急，编制工作预算，制定工作要求。根据具体项目规划的原则，选择关键情报项目，使竞争情报研究与整个企业的发展战略和目标协调一致。

竞争情报规划与定向的主要步骤包括确定竞争情报研究目标、情报需求调查及诊断、制定工作计划并与用户交流三方面。

竞争情报规划与定向的方法主要有战略集转移法（Strategy Set Transformation，SST）、关键成功因素法（Critical Success Factors，CSF）、企业系统规划法（Business System Planning，BSP）等。

（2）信息搜集与整理

信息搜集就是在竞争情报规划与定向的基础上，结合信息源的类型和特点，确定信息源和信息搜集的范围，尽可能系统、全面地搜集信息，从而为进一步的竞争情报研究提供基础材料和依据。信息搜集环节的关键任务是确定信息源和选择信息搜集方法。各种信息源在增进企业的竞争了解程度上的作用可能有较大的差别，企业要想对竞争环境有深入的了解，通常必须采用较多的信息源，并在试探使用的基础上为不同的竞争情报寻找最佳的信息源。例如，在竞争了解度提高后，可能会舍弃一部分信息源，以节约成本；也可能增加一部分信息源，以获得对竞争对手更新颖和更深刻的认识。总之，企业竞争情报人员应根据用户的情报需求，结合本企业的实际情况，如资金、人力、物力等因素，选择一批合适的信息源，并在关注度上给予不同信息源以不同优先顺序，以便有秩序地从内外信息源搜集信息。

可作为竞争情报研究的信息源很多，公开信息源中的报刊、专业杂志、行业协会出版物、产业研究报告、政府各管理机构对外公开的档案（如工商企业注册登记通告、上市公司业绩报告、专利、工业标准等）、政府出版物（如统计资料、政府工作报告、各类白皮书等）、数据库、工商企业名录、产品样本和手册、信用调查报告、企业招聘广告以及非公开信息源中的企业内部各职能部门员工、经销商、供货商、行业会议、行业主管部门、展览会、客户、竞争对手、反求工程、专业调查咨询机构等。

竞争情报研究所需信息的搜集方法很多，文献调查和社会调查两大类方法原则上均可适用。但由于竞争情报存在对抗性的特点，在实际操作时，人们更倾向于将其与灵活多样的特殊手段结合起来。特殊手段很多，如追踪"蛛丝马迹"、捕"风"捉"影"、利用人际关系网、旁敲侧击、建立全员调查制度、利用高科技手段等。只要合法、合乎伦理和职业道德，兵法中的"三十六计"以及其他方法和技巧均可适当采用。某一竞争情报研究课题所需的信息源和信息搜集方法可能是上述信息源和信息搜集方法中的一种或几种的组合。具体如何选择，则因特定竞争情报活动的性质、目的和要求而异。

信息整理的主要任务是对所搜集的信息进行初步加工，目的是使之由无序变为有序，成为便于利用的形式。例如将搜集起来的信息按某个标准进行计算机分类、排序以及建立有关竞争对手的文件档案系统等。这一环节包括对某些明显重复或不符合要求的信息加以淘汰。

(3) 信息分析与提炼

信息分析与提炼环节侧重于对信息进行精加工。该环节是一项综合性很强的思维活动，它直接或间接调用人脑的思维功能，采用科学的方法、手段和工具，以揭示、总结、提炼和运用研究对象本身固有的本质的规律。例如，在运用分析与综合的方法进行信息分析与提炼时，一方面要借助于思维的分析活动，把研究对象的整体分解成各个能反映整体特征的部分，从中舍弃掉偶然的、非本质的东西，抽取出必然的、本质的东西，并对其分别进行深入细致的考察；另一方面要运用综合的方法，超越时空的限制，将分解出来的无序、零散的各个部分的本质的认识进行重新组合，研究其间的关系，并将蕴含于其中的各种隐含信息和关联关系揭示出来，达到重现整体、推断未知或预测未来的目的。

信息分析与提炼环节的具体内容，既与研究对象有关，又与研究目标和任务相连。研究对象以及研究目标和任务的广泛性和多样性，决定着信息分析与提炼内容的丰富性和复杂性。信息分析与提炼包含着许多具体而实在的内容，其范围比一般的科学研究要广泛得多，大体上涉及科技、经济、军事、政治、文化、市场等领域，带有明显的软科学研究性质。

(4) 竞争情报产品与服务

竞争情报产品与服务，是将竞争情报研究的成果进行包装，利用一定的方式(如书面报告、通信稿、口头报告、录像、光盘等)传递到最终情报用户(竞争情报产品的消费者)手中，并采用恰当的方式督促决策者利用。为监测竞争情报产品的使用效果，需要定期跟踪反馈信息。从竞争情报产品与服务环节看，竞争情报研究主要是为竞争主体决策层提供情报产品，为竞争主体的战略决策提供直接的情报服务与信息支持。

竞争情报产品是借助各种载体反映市场竞争活动的特征及其变化着的信息和情报的总称，是对竞争活动规律的客观描述。根据竞争情报工作目标及服务对象的不同，可以划分出不同的竞争情报产品类型和成果形式。竞争情报常见的产品类型和成果形式有情报通讯、竞争对手文档、报告等。其中，情报通讯又叫情报简报，是针对若干专题而设计的一种定期资料简报，包括新闻简报、情报月报等定期出版物，如 SCIP 提供的包括新闻、新闻观点和与竞争情报有关的话题在内的定期出版物；竞争对手文档是企业竞争情报部门要建立并不断完善的重要数据库之一，可设置不同权限分级向员工开放；报告是对决策制定过程中所依据的现状、经营和事实的有组织的客观陈述，通常是由情报提供人员和分析人员共同完成的针对特定主题的综合分析，包括专题情报报告、综合情报报告、决策咨询型报告、情报数据库等。

竞争情报服务是竞争情报部门使其工作成果产生效益和实现价值的高级形式，需要竞争情报部门与其他人力、行政部门紧密配合，针对竞争需要适时地组织竞争情报传递与利用专业知识培训、提供竞争情报咨询和竞争情报产品。竞争情报服务包括培训服务、咨询服务和产品服务三种基本形式。

1.3　市场竞争与企业竞争情报

1.3.1　竞争情报与企业竞争优势

优势是在相互比较中产生的一个概念，泛指与对手相比，我方处于比较有利的形势或地位。竞争优势则是指通过与竞争对手比较而形成的比较优势，即竞争中的有利条件或强项。由于竞争优势通常是建立在战略意义上的，所以，严格来讲，竞争优势是相对于竞争对手而言所拥有的可持续性优势。短期的、非持续性的"占先"不是我们这里所讲的竞争优势。

对企业而言，拥有某种竞争优势(或多种竞争优势的组合)显得无比重要。例如，在经济全球化条件下，如果我们将企业置于战略意义下的供应链背景中，就会发现，供应链不再只是企业为了应对外部环境变化而采取的临时性方法，而是作为一种新的管理模式逐渐成为企业竞争战略的重要内容。从战略角度来看，比起传统的企业管理模式，供应链管理模式会给企业带来以下竞争优势：提高企业的快速反应能力、缩短企业资金周转期、专心所擅长的业务、减少投资风险、共同面对竞争对手等。①

事实上，企业有多种多样的竞争优势来源。例如，从企业内部来讲，可能存在与领导集团决策力有关的管理上的优势，与企业创新(涉及组织创新、技术创新、管理创新、战略创新等)有关的智力上的优势，与经济实力和财务业绩有关的资本上的优势，与内部凝

---

① 查先进，严亚兰．供应链管理［M］．武汉：武汉大学出版社，2013.

聚力及外部亲和力有关的文化上的优势等；从企业外部(市场)来讲，可能存在产品或服务的成本优势、产品或服务的品牌优势、产品或服务的质量优势、售后服务优势、专利技术优势、标准优势等。

在大数据时代，信息成为重要的社会资源和财富。企业是社会的细胞，其社会活动多种多样，而每一项活动都与信息息息相关。例如，企业需要从外界获取劳动力、资金、原材料等资源，输出产品或服务，承担社会责任和义务(如纳税、接受工商和税务部门的管理等)，与各种行业协会打交道，招聘/解雇员工，开发新项目和产品，同供应商打交道，向消费者推销产品或服务，同国家或地方各级政府谈判，参加学术会议、宣读论文等。可以说，企业活动的每一个地方都会存在信息的流动，并进一步形成信息流。在后面的介绍中我们将会看到，竞争情报活动的实质就是从信息流中提取与提升企业竞争力有关的各种情报。因此，竞争情报活动是可以从战略层面上渗透到企业当中去的。

20 世纪中期，人类曾对信息及其价值进行过十分有意义的探索。1948 年，信息论的奠基人、美国科学家香农(C. E. Shannon)在《通信的数学理论》这篇著名的论文中把信息理解为"用以消除随机不确定性的东西"。根据这一思想，布里渊(Brillouin)指出，信息就是负熵。控制论的奠基人、美国科学家维纳(N. Wiener)在《控制论》一书中提出，"信息是人们在适应外部世界并且使这种适应反作用于外部世界的过程中，同外部世界进行交换内容的名称"。1971 年，特里比斯(M. Tribes)指出，"信息是物质和能源在时空中分布的不均匀性"。1975 年，意大利学者朗格(G. Longo)在《信息论：新的趋势与未决问题》一书序言中强调："信息是反映事物的形式、关系和差别的东西，它包含在事物的差异之中，而不在事物本身。"可见，信息的价值体现于非对称的信息环境(即一方拥有信息而另一方不拥有信息，或者一方比另一方拥有更全面、更详细的信息)，信息在流动中实现价值增值的目标。如果我们将竞争情报与这种信息观相融合，就会发现，某企业开展竞争情报活动的一个可能的结果，是加剧该企业和竞争对手企业之间的信息"势差"，即使得该企业在信息上变得更加富有，而竞争对手企业在信息方面相对贫穷。企业竞争情报工作做得越好，这种势差就越大，该企业的竞争优势也越大。竞争情报是企业竞争优势之源泉。

当然，基于竞争情报的竞争优势的形成还需要一个配套的过程。通常来讲，需要依次完成信息需求、信息搜集、信息分析、情报提供和支持决策这五个环节，才能将情报优势转化为竞争优势。

1.3.2　企业竞争情报研究的核心领域

竞争情报研究的核心领域涉及竞争对手、竞争环境和竞争战略三个方面。竞争情报人员通过对这三个方面信息的搜集整理和分析提炼，形成有助于企业战胜竞争对手、适应竞争环境和实现竞争战略目标的情报。

(1) 竞争对手研究

"对手"是指势均力敌、相互争胜的双方。在竞争情报工作领域，企业竞争对手主要是指限制和影响本企业竞争优势发挥的企业外部组织或个人，即凡在与本企业有共同目标的市场上与本企业有利益冲突且构成一定威胁的组织或个人，均为竞争对手。这些竞争对手除一部分是旗帜鲜明的现实对手外，还有为数不少的潜在对手，而且后者在很多情况下对信息优势构成的潜在威胁相当巨大(有时甚至是致命的)。可见，识别现实对手和即将走上舞台的潜在对手意义都很重要。现实对手一般容易识别，如观察其是否与本企业在明争暗夺相同的目标市场，是否在采取某种(些)方式排挤或报复本企业等。但预测潜在对手并非一件容易的事，一般可以参考其他信息从下述各类企业中辨识出来。[①]

①不在本产业但不费气力便可进入的企业。

②进入本产业可产生明显协同效应的企业。

③其战略的延伸必将导致加入本产业竞争的企业。

④可能前向整合或后向整合的客户或供应商。

⑤可能发生兼并或收购行为的企业。

竞争情报在美国 SCIP 成立之前叫"竞争者情报"(competitor intelligence)，由此可见了解和掌握竞争对手信息在竞争情报研究中的重要地位。要想对竞争对手的实力进行实事求是的评估，通常要采集竞争对手在产品定价、扩展计划、竞争计划、促销战略、成本数据、销售统计、研究与开发、产品设计、生产工艺、财政管理、知识产权管理、网络建设和使用等方面的信息。这些信息通常还可以进一步细分。为了获取这些信息，企业必须建立有关竞争对手的经营状况、主要负责人、主要产品营销情况、经营组织规划、技术开发、广告及优惠措施、内部管理方式、企业文化等方面的追踪监测网。[②]

需要指出的是，在辨识竞争对手、了解和掌握竞争对手信息之前，透彻掌握有关企业自身的实力信息是极其重要的。有关企业自身实力的信息很多，如本企业在市场中的地位、产品的市场占有率、产品质量和品种结构、技术性能、经营方式、管理模式、人力资源配置、原材料来源及价格、商品流通渠道、用户构成及其分布、要害部门或工序的设置、网络建设和使用情况等。

(2) 竞争环境研究

竞争环境是指竞争各方所处的自然和社会环境。对一个企业来说，竞争环境的影响作

---

① 王超. 竞争战略[M]. 北京：中国对外经济贸易出版社，1999.

② 查先进，严亚兰. 论企业竞争对手[J]. 情报科学，2000(2)：123-125.

用是巨大的，其中的任何变化都可能对企业的利益乃至生存产生重大影响。在市场经济条件下，企业竞争环境是大范围、多角度、全方位的。不论是外向型企业还是内向型企业，也不论是单一型的中小微企业还是多目标、综合性的大型企业集团，企业竞争环境信息都从时间上涉及过去、现在和未来，从地域范围上涉及国内和国外，从内容上涉及自然、科技、经济、政治、政策、法律、文化、管理以及用户、竞争对手、供应商、中介商等各个方面。特别是政策环境，它可以直接或间接地起到约束和规范企业行为、保护和促进企业发展的作用。在竞争机制发生作用的条件下，谁对竞争环境的变化反应迟钝，谁就会被淘汰。美国管理学家埃瑞·吉斯曾对企业的生命周期作过研究，结果发现长寿企业(有的可以长达几个世纪)的共同特征之一就是对竞争环境的变化具有高度的敏感性，这些企业尽一切可能搜集信息，当战争爆发、经济衰退或者技术革命到来时，他们都能准确地把握住经济变化的脉络，从而迅速地做出反应。了解和掌握竞争环境信息对企业避免"吃惊"、识别机会和威胁具有十分重要的意义。

1980 年，迈克尔·波特(M. E. Porter)出版了《竞争战略》一书。在这本书里，作者提出了五种决定企业竞争强度和企业利润率的竞争力，即现有企业竞争、供应商议价、购买者议价、替代品威胁和潜在进入者威胁。[①] 对竞争环境信息的了解和掌握情况原则上可以用这五种竞争力逐一核查。

环境扫描是指管理者研究和监测企业相关环境的方法和手段，环境扫描允许管理者快速识别那些严重影响企业及其战略方向的环境因素;[②] 环境扫描是组织良好的适应环境系列活动的第一步。[③] 环境扫描的目标在于识别寻找企业新方向的早期机会，以及有关企业战略决策障碍的威胁;[④] 环境扫描的目的在于战略控制和保障战略实施的有效性。[⑤]

虽然环境扫描在某些方面可看成是营销研究的一部分，但其他特征则说明它也是一种独立的方法。与营销总是从定义将要取得的目标开始相比，环境扫描以一种类似雷达的方式观测企业环境，因而是数据驱动而非目标驱动的过程。另外，环境扫描不限于营销决策，还可应用于其他管理任务。例如，有人探讨了营销计划中环境扫描的基于因特网的、

① Porter M E. Competitive strategy[M]. New York: The Free Press, 1980.

② Saxby C L, Parker K L, Nitse P S, Dishman P L. Environmental scanning and organizational culture [J]. Marketing Intelligence & Planning, 2002, 20(1): 28-34.

③ Walters B A, Jiang J J, Klein G. Strategic information and strategic decision making: The EIS/CEO interface in smaller manufacturing companies[J]. Information & Management, 2003(40): 487-95.

④ Wheelen T L, Hunger J D. Strategic Management and Business Policy[M]. Addison-Wesley Longman, Reading, MA, 1998.

⑤ Preble J F. Towards a comprehensive system of strategic control[J]. Management Studies, 1992, 29 (4): 391-408.

旨在概括出 Web 上的环境扫描活动监测弱信号的新方法。① 这种方法能够自动地提供信息，很少需要人的干预。利用搜索引擎如 Google 来扫描网上感兴趣的文档是非常费时的，扫描结果也不确定。另外，管理者必须面对 Web 的动态性，即新的文档出现、旧的文档被更改或删除。因此，利用搜索引擎作为环境扫描只是权宜之计。该研究探讨了作为企业信息源的 Web 与营销计划中弱信号探测之间的关系，所设计的环境扫描原型系统建立在信息搜寻理论(信息搜寻理论提供了一个对人类信息检索行为建模的适当框架)基础之上，同时考虑了外界环境的一般条件与现实中的管理者相关的决定因素，该系统的优势通过人-机实验得到证实。

再如，有人对泰国大型企业环境扫描管理进行了研究。② 通过对泰国的 ABB、Shell and CP Group 企业的研究发现，企业内部的环境扫描活动的范围和管理由于环境的易变性和企业特征的多样性而不断得到发展。在 ABB 和 Shell，相应的地区管理者和全球总部都积极参与到环境扫描过程中，以便在预算和投资上进行战略选择。在 CP Group，主席和副主席在环境扫描中担任重要角色。以上企业都利用商业运行指标来评估其环境扫描实践的范围和管理。

(3) 竞争战略研究

所谓竞争战略，就是指企业在把握了外部环境和内部条件的基础上，为在竞争中求得生存和发展而做出的长期的、总体的、全局的谋划和对策。可见，竞争战略制定的目的就是为了在激烈的市场竞争中寻找并建立一个有利可图且能持之以恒的竞争地位。

按照迈克尔·波特的研究成果，竞争战略可分为总成本领先(overall cost leadership)战略、差异性(differentiation)战略和聚焦(focus)战略三种基本类型。总成本领先战略要求企业重视成本与管理费用的控制，最大限度地减少研究与开发、服务、推销、广告等方面的成本费用，使价格低于外部竞争对手的产品价格；产品差异性战略要求企业努力发展差异性大的产品线和营销项目，使企业的产品及其营销服务等别具一格，成为同行业中的领先者；聚焦战略要求企业集中力量于某几个细分市场，而不是将力量均匀地投入整个市场。一般地，总成本领先战略是在全产业范围内通过低成本谋求竞争优势，差异性战略是在全产业范围内通过产品的标新立异谋求竞争优势，聚焦战略着眼于在某一特定的细分市场上通过低成本或产品的标新立异谋求竞争优势。陈峰等曾对企业战略分析、战略选择、战略

---

① Decker R, Wagner R, Scholz S W. An Internet-based approach to environmental scanning in marketing planning[J]. Marketing Intelligence & Planning, 2005, 23(2): 189-199.

② Ngamkroeckjoti C, Johri L M. Management of environmental scanning processes in large companies in Thailand[J]. Business Process Management, 2000, 6(4): 331-341.

实施三个阶段的竞争情报支持展开了研究。①

1.4 企业竞争情报的历史沿革

(1) 国外的竞争情报研究

从实践上看，竞争情报研究源于美国，随后走俏于发达国家的一些企业，是全球经济技术竞争加剧、竞争理论研究不断深化和社会信息化高度发展的产物，是第二次世界大战以后工商企业适应日趋激烈的市场竞争的需要。第二次世界大战以后，许多工商企业开始将战时的军事情报和政治情报工作模式移植到技术经济领域，以推动技术经济的进步。早在 20 世纪 50 年代，美国一些跨国集团公司为了增强其产品在国际市场上的竞争力，就成立了以分析市场竞争对手和竞争战略决策信息为主的研究机构，开展早期的竞争情报研究活动。例如，美国威斯康星大学的霍华德·怀斯汀博士在 20 世纪 50 年代就已经在通用电气公司建立了一个与著名的英国战时内阁"作战宝"相似的机构，专门从事竞争分析和战略决策，这被认为是企业竞争情报的起源。1959 年，哈佛商学院进行的一次调查发现，在 100 家被调查的企业中，有 15% 声称已建立起了专门从事竞争情报研究活动的正式部门，68% 报告已有了信息系统。20 世纪六七十年代，日本的汽车、摩托车、手表、光学仪器等行业领先于国际市场，其成功的关键因素之一就是开展了关于竞争者(competitor)的情报研究，制定并实施了一套成功的国际竞争战略。

竞争情报研究迅速由美国波及世界各主要国家，主要是在 20 世纪 80 年代中期，其核心标志是 1986 年成立于美国的竞争情报专业人员协会(Society of Competitive Intelligence Professionals，SCIP)。SCIP 总部位于美国弗吉尼亚州亚历山大，是世界上最大的竞争情报领域的国际性非盈利组织，旨在帮助工商领域的专业人士掌握竞争情报技能，即如何在快速变化的社会里合法和合乎伦理地搜集和分析有关竞争对手的能力、弱点和意图的信息。② SCIP 关注的核心内容包括：建立和促进作为一种专业的竞争情报工作；帮助会员提高专业技能；倡导竞争情报工作的高水准行为规范；维护会员利益。在现有的 SCIP 中，会员来自各行各业，如学术机构、高校、咨询公司、竞争情报直接从业人员等。他们从事竞争对手和竞争环境信息的搜集、分析处理和传递，从不同层面为企业提供制定竞争战略的参考依据。SCIP 在开始创办时并没有引起社会的关注，也难以得到工商企业的支持和

---

① 陈峰，梁战平. 构建竞争优势：竞争情报与企业战略管理的互动与融合[J]. 情报学报，2003(5)：632-635.

② http：//www. scip. org/content. cfm？itemnumber＝2214&navItemNumber＝492.

响应。当时由 8 位富有远见卓识的创办人每人拿出 100 美元作为启动费，在美国创办了该组织。但现在，SCIP 会员已经遍布包括中国在内的全球 70 个国家和地区，会员人数超过 2800 人，年度预算达到 270 万美元。SCIP 成立的目的是通过对竞争对手行为和策略的分析，帮助会员提高其所在企业的竞争力。目前，SCIP 的主要活动是组织会议、出版专著和刊物，如举办每年一届的 SCIP 国际性年会，另外还利用 SCIP 的竞争情报基金编辑出版了旗舰杂志《竞争情报杂志》、电子简报《SCIP 在线》、研究型杂志《竞争情报与管理杂志》和《竞争情报评论》以及一些相关议题的图书、论文集等。

美国 SCIP 成立不久即致力于将竞争情报活动向全球拓展。20 世纪 90 年代初，它专门成立了一个全球 SCIP 推进小组（1995 年 2 月撤销），并很快在日本、欧洲、澳大利亚、以色列等地建立了同名机构。在 SCIP 旗帜的招引下，一场有组织、有计划、有规模、理论与实践并重的竞争情报活动迅速在全球开展起来了。例如，在世界经济争夺战中，曾在全球竞争力排行榜中名列前茅的日本，就十分擅长于把战争年代情报工作的经验灵活地应用在商业竞争中，从政府到企业（甚至个人），其对竞争情报工作之重视，投入力量之大，手段之高明，均属罕见。为了搜集信息，日本的许多企业及各大商社均设立了专门的情报调研机构，并在全国和世界各地普遍设立了"办事处"。这些专门的情报调研机构负责把分散在全国和世界各地"办事处"的雇员发回的同本企业有竞争关系的相关企业和企业家活动的文件、照片、图表、数据、报告等信息整理编档，并进行综合分析和预测，以帮助企业及各大商社正确制定及实施竞争战略。

欧洲是除美国和日本以外世界上开展竞争情报活动最活跃的地区，许多大企业设立了带有竞争情报或工商情报字样的高级部门或职位，如瑞典伏尔伏汽车公司的"竞争分析部"、瑞士 ABB 公司的"工商情报副总裁"、英国 3M 公司的"工商情报经理"、英国葛兰素制药公司的"竞争情报经理"、荷兰飞利浦公司的"工商情报经理"等。欧洲 SCIP 是由 35 位工商企业的代表在 1990 年 9 月发起成立的，其主要任务是在欧洲呼吁重视竞争情报和企业竞争分析，帮助各企业改进工作、提高质量。在欧洲 SCIP 之下，法国、英国、荷兰、意大利、德国等国分别成立了 SCIP 国家分会，瑞典则有为数不少的企业加入了欧洲 SCIP，其中一些著名的跨国公司设立的竞争情报部门已有 10 余年的历史。

关于 SCIP，有一个标志性事件不得不提及。在 SCIP 运营约 25 年后，2010 年 8 月，SCIP 对外宣布其英文全称正式由 Society of Competitive Intelligence Professionals（竞争情报专业人员协会）改名为 Strategic and Competitive Intelligence Professionals（战略与竞争情报专业人员协会）。SCIP 更名决议是 2010 年 7 月 8 日 SCIP 董事会成员正式表决的结果，是继 2009 年 7 月由于财务原因被 Forst & Sullivan Institute 兼并后的又一件对 SCIP 有重大影响的事件。SCIP 认为战略与竞争情报专业人员协会的名称更能充分体现竞争情报对决策的支持以及对竞争情报和战略之间关系的深刻认知。SCIP 2009 主席 Martha Gleason 女士表示，

"现在的名称使 SCIP 在今后一个阶段的战略发展中将以更加重视竞争情报对企业和组织的发展和成功为导向"。SCIP 2010 副主席 Scott Leeb 表示，"战略与竞争情报是密不可分的，这一名称的改变是对此的正式肯定"。①

从总体上看，竞争情报研究主要走俏于发达国家的一些企业，是与这些国家日趋激烈的市场竞争环境相适应的。据调查，在以培养商界领袖著称的哈佛商学院开设的工商管理硕士（MBA）十二项专业选修课程中，有一门课程名称为"竞争战略"，著名市场营销及竞争分析专家迈克尔·波特的《竞争战略》《竞争优势》《国家竞争优势》"三部曲"亦被公认为该学院 MBA 学生必读书目。由于开展竞争情报研究是正确制定和实施竞争战略，赢得竞争优势，提高企业、社会团体乃至国家竞争力的重要决策支持依据，因此，这一工作在诞生不久后便很快受到了各级各类组织的普遍青睐，并出现了全球化蔓延的趋势。据统计，到 1998 年，年营业收入在 100 亿美元以上的特大型企业中，已有 82%建立了竞争情报系统；年营业收入在 10 亿美元以上的大型企业中，已有 60%建立了竞争情报系统。《财富》杂志评选的世界 500 强企业中，90%设有竞争情报部。在入选 1998 年度最佳竞争情报实践企业中，竞争情报对企业的贡献率分别为：微软 17%、摩托罗拉 11%、IBM 9%、P&G 8%、通用电器 7%、惠普 7%、可口可乐 5%、Intel 5%。在加拿大，20 世纪 90 年代末，有近 75%的大型企业通过建立人际网络来搜集关于竞争对手的信息；有 32%的企业建立了专门的竞争情报机构；有 23%的企业配备了专职竞争情报人员；近 10%的大型企业已具备了世界一流的竞争情报系统及服务能力。②

竞争情报研究的兴起是国际情报界的重大事件，顺应了信息社会的发展趋势，是人类社会在信息化基础上向情报智能化发展的重要征兆，对全球社会进步和经济发展将产生极其重大的影响。从会员的行业分布情况来看，SCIP 会员涉及的行业非常广泛，主要分布于 50 个行业，其中咨询业、制造业、金融服务业和制药业排在前 4 位，是应用竞争情报最集中的领域。③

国外研究竞争情报问题的成果很多。例如，有人比较全面地对南非与比利时出口商的竞争情报实践进行了比较。④ 该研究利用邮局调查的方法得到了 292 个比利时和 309 个南非出口企业的样本，对竞争情报实践、观点和态度进行了调查，发现大多数反馈者认为他们的企业中存在竞争情报文化。南非和比利时出口商对在计划、数据搜集、数据分析等方面实施有效的竞争情报不是很积极。两国的竞争情报活动没有一个独立的部门来组织，如

---

① http：//blog. vsharing. com/cichina/A1162570. html.

② http：//www. syinfo. ac. cn/typenews. asp？ id=441&zf11id=65.

③ http：//www. scip. org/Membership/content. cfm？ itemnumber=2215&navItemNum ber=2216.

④ Pelsmacker P D, Muller M L, Viviers W, Saayman A, Cuyvers L, Jegers M. Competitive intelligence practices of South African and Belgian exporters[J]. Marketing Intelligence & Planning, 2005, 23(6)：606-620.

果有竞争情报活动，也通常在营销和销售部门完成。与比利时相比，南非企业平均具有更长的竞争情报活动历史，具有更多全职和半职的职员从事竞争活动。有人对希腊的竞争情报实践进行了分析，认为当前希腊竞争情报实践远远落后于美国，但与英国水平相当。原因在于意识差，缺乏足够的胜任者开展培训工作，对成本的理解不同，在营销上自我感觉良好，目标只聚集在客户的短期满意而不是长期的竞争力上。①

近年来，国外学者对企业竞争情报的研究已经取得了一些重要的成果。归纳起来，主要集中在以下五个方面。

①竞争情报搜集和来源。

竞争情报搜集是竞争情报工作的开端，也是将竞争情报有效地应用于企业的基础。国外学者在分析竞争情报特性的基础上，探讨竞争情报的来源，为获取竞争情报提供指导。Norman Oder 认为，竞争情报既包括初级和二级文献来源的研究，也包括咨询第三方专家（学者、政府代表和行业协会等）的意见。② Harkleroad 和 David H 认为情报搜集应在初期着手，竞争情报来源包括相关行业的出版物、电子数据库、公司内部的专家、行业观察员、行业参与者等。③ Parker 和 Edward 提出了信息搜集的三种战略方针：通过数据库、贸易刊物、公开文件来搜集现成的信息；研究蕴含在二级来源中的事实；通过中间来源搜集机密。④ Grabowski 和 Daniel P 认为，实现竞争情报目标最有效的方式是建立一个专门的情报搜集网络。⑤ Ettorre 和 Barabara 认为，竞争情报搜集须得到组织高层的认可和支持，在组织高层的领导下，竞争情报思想必须渗透到整个组织中。⑥

归纳起来，竞争情报来源包括：各种出版物和刊物（年度报告、企业文件、初级和二级文献等）、在线数据库、因特网（主页、招聘网站、贸易协会的网站、专利和商标知识、网页链接等）、各种人员（专家、雇员、前雇员、供应商、经销商、顾客、记者等）、"软"信息（讽刺意见、谣言、政治漫画、投诉、电视节目等）。并且，竞争情报搜集中要注意信息真实性、信息准确性、信息过载、信息及时性、信息泄露等问题。

随着互联网技术的高速发展，因特网被广泛运用于竞争情报活动中，尤其是信息搜集

---

① Priporas C, Gatsoris L, Zacharis V. Competitive intelligence activity: Evidence from Greece[J]. Marketing Intelligence & Planning, 2005, 23(7): 659-669.

② Oder N. The competitive intelligence opportunity[J]. Library Journal, 2001, 126(4): 42-44.

③ Harkleroad D H. Competitive intelligence: A new benchmarking tool[J]. Management Review, 1992, 81(10): 26.

④ Edward P. Learn from the masters of competitive intelligence: The spy[J]. Success, 1994, 41(3): 33-39.

⑤ Grabowski D P. Building an effective competitive intelligence system[J]. The Journal of Business & Industrial Marketing, 1986, 1(1): 19-23.

⑥ Ettorre B. Managing competitive intelligence[J]. Management Review, 1995, 84(10): 15-19.

阶段。这引起了国外学者的关注和研究。Larry Kahaner 认为利用因特网可以找到竞争对手的相关文件，使用在线升级服务跟踪公司的数字痕迹，找到公司间不明显的关系并从中搜集竞争情报。① Larry Kahaner 认为因特网使得信息民主化，可从网页统计数据报告中获取竞争情报。② Norman Oder 认为竞争情报的趋势是把图书情报工作和网络融合在一起。③ Helene S Kassler 在认可利用互联网作为数据库和广告媒介的双重功能的同时，提出正确使用网络获取竞争情报的方法。④ Liwen Vaughan 和 Justin You 认为企业可利用网络合作链接来定期搜集和分析数据，监测企业的竞争环境，触发竞争格局变化的预警。⑤ Lunin 和 Lois F还提出要关注因特网的信息安全问题。⑥

②竞争情报的过程和周期。

竞争情报的过程和周期也是国外学者研究的主要内容之一，对竞争情报过程和周期的分析有助于理解和进一步深入研究竞争情报在企业管理中的应用。Susan Gasson 和 Katherine M. Shelfer 结合竞争情报的风险分析方法和知识流分析方法，认为竞争情报分析过程主要侧重于风险评估，其周期包括：确定风险领域、评估风险、制定风险管理计划、执行风险管理、重新评估风险。⑦ Larry Kahaner 提出竞争情报周期的四个步骤：提出问题并建立计划、搜集信息、分析信息、传播信息给决策者。⑧ John J McGonagle 和 Carolyn M Vella 把竞争情报过程分为 5 个循环往复的基本阶段：确定竞争情报需求，搜集原始数据，评价、分析原始数据，沟通情报，采取行动。⑨ Sue Myburgh 认为竞争情报包括七个步骤：提出问题；了解企业、行业和竞争对手；确定信息源，信息搜集技术，评价、综合和分析使信息成为情报，传播和交流，成果。⑩ 总的来看，竞争情报过程主要包括以下五个步

① Kahaner L. Keeping an "I" on the competition[J]. InformationWeek, 2000, 805(3).

② Kahaner L. Competitive intelligence pays off on the homefront[J]. Information Week, 2000, 805(3).

③ Oder N. The competitive intelligence opportunity[J]. Library Journal, 2001, 126(4): 42-44.

④ Kassler H. Competitive intelligence on the Internet going for the gold[J]. Information Outlook, 2000, 4 (2): 37.

⑤ Vaughan L, You J. Comparing business competition positions based on Web co-link data: The global market vs. the Chinese market[J]. Scientometrics, 2006, 68(3): 611-628.

⑥ Lunin L F. Secure and competitive intelligence, on and off the Internet[J]. Information Today, 1995, 12 (3): 44.

⑦ Gasson S, Shelfer K M. IT-based knowledge management to support organizational learning: Visa application screening at the INS[J]. Information Technology & People, 2007, 20(4): 376-399.

⑧ Kahaner L. Keeping an "I" on the competition[J]. InformationWeek, 2000, 805(3).

⑨ McGonagle J J, Vella C M. A case for competitive intelligence[J]. Information Management Journal, 2002, 36(4): 35-40.

⑩ Myburgh S. Competitive intelligence: Bridging organizational boundaries[J]. Information Management Journal, 2004, 38(2): 46.

骤：提出问题、确定需求，搜集信息，分析评价信息，传播，行动和得出成果。

③竞争情报方法、技术和工具。

竞争情报方法、技术和工具可帮助用户挖掘、分析和总结数据，使竞争情报更好地服务于企业。国外学者对竞争情报方法、技术和工具的研究分析并不局限于竞争情报系统，还对其他领域如"战略游戏规划"等进行了探讨。Azvine B 等提出利用一些新技术（如信息通讯技术、数据仓库技术）来改进工商企业的系统和服务，使之能够对将来的变化提出预警。[①] Minhong Wang 等创立了一种基于知识的 agent（knowledge-based agent）和 Web services 的集成方法，认为该方法的应用可使得企业具有灵活的任务管理能力和基于知识解决例外问题的能力，从而可以持续地监视商业环境并及时地做出基于潜在商业逻辑的决定。[②] Richard James Johnson 讨论了一种描述竞争情报知识管理的认知方法，提出了基于管理的竞争情报知识模型，并认为这样的模型能够让企业避免"吃惊"。[③] Bill Fiora 提出可以直接帮助公司产品经理处理不确定性的竞争情报工具是战略游戏规划，用来预测并为竞争对手各种可能的行动制定相应的战略。[④] Shuhua Liu 等认为软件代理系统能够增加现有系统的多样性和竞争价值，支持竞争情报活动。[⑤] Vicki L. Sauter 认为竞争情报系统依靠的是大量的定性资料和决策者的判断，关注组织的外部环境，支持战略性决策，主要功能之一是产生预警信号，以使决策者快速有效地查明情况并做出反应。[⑥] Won Kim 指出数据挖掘、在线分析处理、数据仓库等先进技术可以用来建设竞争情报系统，建设竞争情报系统需要仔细设计数据仓库，优化架构设计，选择基础数据等。[⑦] Robert Baumgartner 等认为企业可以利用功能强大的工具从源系统中抽取、转化和加载（Extract，Transform and Loading，ETL）

[①] Azvine B，Cui Z，Nauck D D. Towards real-time business intelligence[J]. BT Technology Journal，2005(7)：214-225.

[②] Wang M，Wang H. Agents and Web services supported business exception management//In Zhang C，Guesgen H W，Yeap W K (Eds.). PRICAI 2004：Trends in Artificial Intelligence，LNAI 3157，2004.

[③] Johnson R J. A Cognitive Approach to the Representation of Managerial Competitive Intelligence Knowledge[M]. The University of Arizona，1994.

[④] Fiora B. Product management toolkit：Strategy game planning[J]. Pharmaceutical Executive，2006，26(2)：22.

[⑤] Liu S，Turban E，Lee M K O. Software agents for environmental scanning in electronic commerce[J]. Information Systems Frontiers，2000，2(1)：85-98.

[⑥] Sauter V L. Competitive intelligence systems[J]. University of Missouri-St. Louis，St. Louis，Missouri，USA，2005，36(2)：43-57.

[⑦] Kim W. On business intelligence systems[C]. Proceedings of the Second International Conference on Worldwide Computing and Its Applications，1998.

数据到商业情报数据仓库中。网络数据抽取和集成技术为使网络成为最大的数据库开辟了
道路。① Donald T. Hawkins 指出只有在卓越的经营战略下，强大的情报工具才能起作用。②
Oliveira 等指出，中小企业可以利用文本挖掘技术以最小的成本来获得竞争优势，并以电
子贸易机会系统（electronic trading opportunities system）为例，对该系统的电子邮件进行预
处理、概念提取和模型挖掘，最后对得到的竞争情报进行分析。③ Izquierdo 等提出建立一
个产业和研发集成中心，利用文本挖掘技术（包括语义模型、非结构化数据提取）、数据挖
掘技术来实现中小企业的技术监视和开展竞争情报活动。④

④竞争情报运用于企业危机预警。

当政策或技术变化、新竞争者进入等突发情况出现时，可以利用竞争情报发出"警
告"。互联网监测战略运用竞争情报提供早期预警，是竞争情报应用于企业的必然趋势。
Tom Davies 等认为预警是竞争情报的一个重要应用，关于外部环境改变和竞争对手行为的
情报需要在整个扩展型企业中传播，包括渠道合作伙伴和客户。警报需要个性化，突出从
事具体工作职能的人员所关心的问题。⑤ Ernst H 认为技术的变化可以成为一个早期预警信
号，预测随后的基本市场变化，从而对公司未来的竞争立场做出预警。对专利数据进行持
续、系统的分析，是公司的技术监测情报的一个核心要素，应纳入公司整体的竞争对手的
监测情报中。⑥ Helene Kassler 指出网络上也提供了很多监控预警服务，如监控特定竞争对
手的网页或所有的网页，并发出预警。⑦

⑤反竞争情报策略。

国外学者还提出了反竞争情报策略，这是竞争情报的另一个应用。Larry Kahaner 认为
竞争情报技术不仅可以用来监测竞争对手，还可以用来保护内部信息的安全。反竞争情报

① Baumgartner R, Eiter T, Gottlob G, Herzog M, Koch C. Information Extraction for the Semantic Web
[M]. LNCS 3564, 2005.

② Hawkins D T. Emerging intelligence tools[J]. Information Today, 2005, 22(8): 36.

③ Oliveira J P M, Loh S, Wives L K, Scarinci R G, Musa D, Silva L, Zambenedetti C. Applying Text
Mining on Electronic Messages for Competitive Intelligence[M]//In Bauknecht K, Bichler M, Pröll B(Eds.). E-
commerce and Web technologies, LNCS 3182, 2004.

④ Izquierdo J, Larreina S. Collective SME Approach to Technology Watch and Competitive Intelligence:
The Role of Intermediate Centers[M]. In knowledge Mining, 2005.

⑤ Davies T, Gilbert B, Swartz J. Competitive Response: A New Lens for Evaluating Company Performance
[M]. Springer Berlin Heidelberg, 2005.

⑥ Ernst H. The use of patent data for technological forecasting: The diffusion of CNC-technology in the
machine tool industry[J]. Small Business Economics, 1997(9): 361-381.

⑦ Kassler H. Competitive intelligence on the Internet going for the gold[J]. Information Outlook, 2000, 4
(2): 37.

工作包括以下五个步骤：确定重要的信息、分析威胁、分析脆弱性、评估风险以及实施对策。① Parker 和 Edward 认为要利用反竞争情报策略来保护企业自身的机密信息。② Ettorre 和 Barabara 也认为企业需要保持警觉和积极主动，防止竞争对手了解其业务。③

（2）我国的竞争情报研究

从实践上看，竞争情报研究很早就在我国出现，例如，早在科技情报系统建立之初，我国就已经在外国封锁的特定条件下独立自主地发展了一系列与现代竞争情报研究方法（如技术跟踪、反求工程、定标比超等）完全一致或十分相似的方法，其实质是科技领域的竞争情报研究，只是在当时没有运用"竞争情报"这个名称而已。20 世纪 80 年代中后期竞争情报概念进入我国。当时，为顺应改革开放需要，上海科学技术情报研究所率先从环境扫描与分析、高技术情报预警系统研究、日本 JETRO 技术跟踪等角度对竞争情报功能进行了实证研究，此后又进行了"上海轿车工业竞争环境监视系统"的实践探索，从而拉开了我国竞争情报研究的序幕，基于企业性质的竞争情报研究活动开始此起彼伏。1991 年，瑞典隆德大学德迪约教授和法国 SCIP 副主席鲍马先生来华介绍了竞争情报领域当时的最新动向。1993 年，日本 SCIP 会长中川十郎先生来华就竞争情报活动进行了实质性的交流。为了更好地引进竞争情报的理论和技能，1994 年 1 月，中国科学技术情报学会在北京成立了情报研究暨竞争情报专业委员会，北京科学技术情报学会和中国兵工学会情报分会也相应建立了北京竞争情报研究会和兵工竞争情报研究会。1994 年 9 月，又由中国科学技术情报学会、北京科学技术情报学会、上海科学技术情报学会和中国兵工学会情报分会联合召开了"全国竞争情报与企业发展研讨会"，这标志着我国竞争情报研究工作开始走上了有组织和相对正规化的道路。1995 年 4 月，经中国科协批准、民政部登记，中国科学技术情报学会情报研究暨竞争情报专业委员会改组为中国科技情报学会竞争情报分会（Society of Competitive Intelligence of China，SCIC）。SCIC 的主要任务是竞争情报理论和实践的学术研究和交流活动、普及竞争情报知识、传播竞争情报技能、开展竞争情报咨询服务，帮助企业获得竞争优势、发展国际竞争情报的合作与交流、维护竞争情报从业者的合法权益、奖励优秀论文和优秀人才、编辑出版竞争情报学术书刊和科普读物，为提高我国企业竞争力、加速发展信息咨询业做出贡献。SCIC 自成立以来，组织建设进展较大，会员持续增加，现拥有 400 多个团体会员，600 多名个人会员，囊括了情报研究和信息咨询人员 2 万

① Kahaner L. Competitive intelligence pays off on the homefront[J]. InformationWeek, 2000, 805(3).

② Edward P. Learn from the masters of competitive intelligence: The spy[J]. Success, 1994, 41(3): 33-39.

③ Barabara E. Managing competitive intelligence[J]. Management Review, 1995, 84(10): 15-19.

多人，其中企业界、咨询界和工程技术部门团体会员比重增大以及高学位的个人会员增多是会员发展中的一个显著特点。SCIC 的成立标志着我国已初步建立了一个涵盖信息界、咨询界、企业界和教育界等重要机构和人员的权威、高效、有序的组织体系。

近年来，在 SCIC 的组织下，我国竞争情报研究工作发展迅速，如组团参加每年一次的美国 SCIP 国际年会，组织《竞争情报丛书》《竞争情报解决方案》《竞争情报咨询与技能》《市场竞争和竞争情报》等书籍的编辑出版工作，召开大型年会等学术研讨会，举办竞争情报培训班，开展竞争情报课题的研究等。这些活动的开展把我国的竞争情报研究工作推向了一个新的高潮。

从总体上看，我国大多数企业的经济、技术和情报基础较薄弱，情报意识和观念也十分薄弱，尤其是中小企业有上千万家。目前，只有少数的企业家真正认识到了竞争情报的价值，而绝大多数企业还停留在炒作概念的阶段，有的甚至对竞争情报的概念也相当陌生。竞争情报在我国各种类型企业中的应用表现出参差不齐的特点。

◎ 思考题

1. 什么是竞争情报？它有哪些特点？
2. 为什么要强调竞争情报活动的合法性？
3. 竞争情报研究的核心领域有哪些？
4. 试述竞争情报的作用和流程。
5. 试述企业竞争情报研究的历史沿革。

第2章
企业竞争情报的信息源

2.1 信息源的类型和特点

信息源是指人们在科学决策、研究与开发、市场开拓等社会实践活动中借以获取信息的来源。它包含了两层含义，一是指信息及其发生源，包括各类信息及其产生和持有机构，如科研院所、生产企业、市场营销部门、政府机构、高校、图书馆、信息中心、电视台等；二是指信息及其赖以传播的各种物质载体或传输通道，如图书、期刊、产品样本、展销会等。

企业竞争情报研究是建立在大量甚至海量信息的搜集基础上的，没有强大的信息源支持，竞争情报研究犹如无源之水、无本之木。竞争情报人员在开展信息搜集之前，必须对信息源的分布情况和特点、信息源的质量和规模、信息获取的难易程度、信息内容与竞争情报目标之间的切合程度等进行深入、系统的调查。

企业竞争情报活动中的信息源类型可以从多种角度划分。

根据信息内容是否公开，企业竞争情报活动中的信息源可划分为公开信息源和非公开信息源。其中，公开信息源包括报刊、专业期刊、行业协会出版物、产业研究报告、政府各管理机构对外公开的档案(如工商企业注册登记通告、专利、标准等)、政府出版物(如统计年鉴、政府工作报告)、数据库、工商企业名录、产品样本或手册、信用调查报告、企业招聘广告等；非公开信息源包括企业内部员工、经销商、供货商、行业会议、行业主管部门、展览会、客户、竞争对手、反求工程、专业调查咨询机构等。

根据信息内容的加工和集约程度，企业竞争情报活动中的信息源可划分为一次信息源、二次信息源、三次信息源、四次信息源。其中，一次信息源是指直接来自作者原创的、没有经过任何加工处理的信息；二次信息源是一种感知信息源，是从一次信息源中加工处理提取的信息；三次信息源是指再生信息源或工具书(百科全书、辞典、手册、年鉴)；四次信息源主要是指图书馆、档案馆、数据库、博物馆。此外，西方国家常常按加工层次将所有信息源分为代表源事物的初始信息源和在此基础上加工或引申的信息源，国内习惯于将前者称为一手信息源，将后者称为二手信息源。一手信息是从初始信息源来的未经处理的事实，信息源可能是一个公司的总经理、能得到一手信息的其他人员或某个政府部门。来自这些信息源的信息是没有经过变动、调整或根据有关人员的观点选择处理过的。除非信息源故意说谎，一手信息应被视为绝对准确的，但在搜集中仍要注意防止出错。二手信息是经过加工、内容发生变动的信息，包括报纸、电视、电台提供的信息，商业名录或行业协会出版物中描写的公司的信息，有关公司的学术论文、分析员的报告、在线数据库服务、因特网等。

根据信息源产生的时间顺序，企业竞争情报活动中的信息源可划分为先导信息源、即时信息源和滞后信息源。其中，先导信息源是指产生于社会活动之前的信息源(如天气预报等)；即时信息源是指在社会活动中产生的信息源(如工作记录，实验报告等)；滞后信息源是指产生于社会活动之后的信息源(如报刊等)。

按信息的来源，企业竞争情报活动中的信息源可划分为政府、专门的利益集团、私有部门和媒体四种。[1] 其中，政府信息源通常为竞争情报人员提供高层次的或间接的信息，因为政府机构公布的数据通常都是经过集成的，或者是由商业机构搜集并销售的数据(如企业名录)。然而，政府机构也会从其他渠道获取信息，如人口普查、发放许可证、管制活动以及诉讼文档等。这些数据更有针对性，而非仅仅停留在行业层面。专门的利益集团信息源为特定的利益而搜集数据，例如行业协会。私有部门信息源是指一些个人和组织，他们的工作往往涉及保密信息。一些个人和组织的专职业务就是对外提供数据，而有些仅仅是偶尔提供此类服务。媒体信息源为特定的用户搜集和生产数据。为了更好地理解并分析这类信息源的数据，必须知道媒体是从何处、如何以及为何搜集这些信息。从更广泛的意义上说，媒体是一个丰富的信息源，许多出版物是为特定的行业或市场服务的。因此，它们可以且应当帮助我们找到重要的数据并为寻找其他数据提供线索。

根据信息内容是否被记录，企业竞争情报活动中的信息源可划分为文献信息源和非文献信息源两种。图书、期刊、报纸、电子出版物等都是典型的文献信息源；讨论会、产品样本等则是非文献信息源的典型代表。下面我们重点对这两类信息源进行探讨。

---

① McGonagle J J, Vella C M. Bottom Line Competitive Intelligence[M]. London：Quorum Books, 2002.

2.1.1　文献信息源

文献信息源又称记录信息源，其特点是，信息内容借助某种物质载体记录下来，并通过对物质载体的保管、拷贝、传播和开发利用而达到对所荷载的信息内容的保管、拷贝、传播和开发利用的目的。荷载信息的方法很多，古人就发明了将文字、图案等信息刻在甲骨和青铜器上，焙烧在陶瓷制品上以及书写在泥胶、贝叶、竹简上的办法。蔡伦发明纸张后，纸张便成为信息的主要载体，直到今天，我们所能见到的也主要是这种信息源。现代科学技术特别是信息技术的发展使记录信息的物质载体产生了重大变革，除沿用已久的纸张载体外，磁性载体(如磁带、磁盘)、光学载体(如 CD-ROM)等新型载体层出不穷。随着因特网的普及，人们更是广泛地将信息存贮到网络上，通过网络传输达到信息传播的目的。云存储是当前移动网络环境下信息存储的重要途径。

(1)根据载体的不同，文献信息源通常分为下面四种类型：

①印刷型文献。

这是以纸张为主要载体，以手写、印刷为记录手段的传统文献信息源，包括手写、胶印等几种形式。印刷型文献信息源的优点是阅读、携带、利用方便，是迄今为止人们最普遍、最乐于接受的一种信息源；缺点是信息存贮密度小、体积大、分量重、收藏和管理困难。

②缩微型文献。

缩微技术起源于英国，是一种涉及多学科、多部门、综合性强且技术成熟的信息处理技术。这类信息源一般以感光材料为载体，利用照相设备和其他缩微设备将印刷型文献源按照一定的缩小比例摄录在胶卷或胶片上，其产品称缩微品或缩微复制品，包括缩微胶卷、缩微胶片(平片)、缩微卡片等几种形式。其优点在于存储密度大、寿命长、易于还原拷贝和多功能使用、可作为法律凭证，但存在信息衰减、不能直接阅读(需要配备专用的显示还原设备)等缺点。

③机读型文献。

这是以磁性材料、光学材料或网络为载体的信息源，其特点是在存贮时要将相关信息转换成计算机可以识别、理解和处理的二进制代码，输出时需要还这些代码的原貌，即还原成"人读信息"。其优点是信息存贮密度高、存取速度快，可借助于高速信息网络实现远距离传输。

④声像型文献。

这是运用录音、录像、摄影等技术将声音和图像直接记录在磁性或光学材料上的信息源，如唱片、录音带、录像带、电影拷贝、幻灯片等。其记录的对象主要不是文字，而是富有动感的声音和图像。这类信息源能给人以直观形象的感觉，因而用途广泛。其优点是可以逼真地再现事物和现象，在某些难以用文字描述和反映的场合有着独特的作用。

上述四种类型的文献信息源各具特色。印刷型文献信息源是最基本、最广泛采用的信息源；机读型文献信息源所占的比例正在逐年增加，并在某种程度上代表着文献信息源的演变方向；缩微型和声像型文献信息源在一定时期的某些特殊场合仍有着难以替代的作用。

需要指出的是，在竞争情报研究中，通常需要将载体与使用目的结合起来考虑。以网络为例，每个人对于网络的应用目的是各不相同的。对于竞争情报来说，这些使用方式可以反映个人的优先选择。例如，一些人可能利用网络下载音频样本，而另一些人可能通过网络获取公开的发行物、演讲稿、新闻事件和普通公司的概况等；一些公司可能运用网络去审视员工的变化，而另一些公司则通过查看公司的通话记录观察员工的变化；许多个人对私人物品信息比较感兴趣，有少部分的公司通过观察发现，网络贸易中隐含着大量有价值的信息，从中可以发现对公司产品感兴趣的潜在消费者，同时也可以发现正在关注其信息的特殊的竞争对手。①

(2)根据发售途径和获取难易程度的不同，文献信息源可分为下面三种类型：

①白色文献。

白色文献是通过正式渠道出版发行的文献，具备内容的公开性、发行范围的广泛性等特点。如图书一般经由出版社出版并通过新华书店系统发行、期刊常由杂志社出版并通过各地报刊发行部门向国内外公开发行。其优越性在于信息获取容易，用户可以很方便地通过书店、书摊、邮局购得，因而是一种非常重要的信息源。但因信息的经济价值通常是在非对称的信息环境里显现出来，而白色文献很容易获取，难以营造非对称的信息环境，所以在很多情况下其经济价值要大打折扣。但这并不意味着白色文献没有利用价值。事实上，从白色文献中萃取有价值情报的活动屡见不鲜。

②黑色文献。

黑色文献是指不正式出版、发行范围狭窄、内容保密的文献，如军事情报资料、技术机密资料、个人隐私材料等。这些黑色文献受法律保护，只对负有保密义务的人开放，一般不允许复制。其缺点是保密程度高，非负有保密义务的人难以获取。所以竞争情报活动一般不以黑色文献为信息源。但是，按照各国法律规定，黑色文献迟早会被解密。从实践来看，有不少黑色文献虽然被解密了，但仍然可以作为竞争情报活动的信息源。

③灰色文献。

---

① Fleisher C S, Blenkhorn D L. Managing Frontiers in Competitive Intelligence [M]. London：Quorum Books，2001.

灰色文献是介于白色文献和黑色文献之间的一类文献，其名称来自英语的"grey literature"，出现于20世纪70年代。1997年，在卢森堡召开的第三次国际灰色文献会议提出，灰色文献是指不经营利出版者控制，而由各级政府、学术单位、工商业界所产制的各类印刷与电子形式的资料。

灰色文献的特点是不正式出版，也非秘密文献，常见的类型有研究报告、学位论文、会议录、技术规范与标准、企业内部出版物(厂报、厂刊等)、经济函件和商务通信、非官方公布的统计资料以及工商行会、学会、协会、政治和贸易团体的出版物等。另外，一部分黑色文献在解密之后也可以转化为灰色文献。按照《科学引文索引》(SCI)所进行的研究以及诸如美国国家航空航天局(NASA)、德国卡尔斯鲁厄专业信息中心和意大利高级卫生研究所编辑部等组织所作的估计，灰色文献的比例现在可能已超过文献信息源的20%。

灰色文献所含信息通常是非常珍贵的原始信息，而且往往具备新颖性，因而是竞争情报活动很有价值的信息源。但这类文献复本少，且不公开发行，因而获取较难，一般除在专门的图书馆或信息中心可以查到外，只有与作者本人联系才有可能获取。与白色文献相比，竞争情报人员获取灰色文献通常要付出更大的代价。

此外，根据编辑出版形式的不同，文献信息源还可分为图书、期刊、报纸、研究报告、会议文献、政府出版物、数据库、商品资料(如商品广告资料、使用说明书、合格证书)、政府管理机构对外公开的档案(如工商企业注册登记通告、专利文献、标准文献、统计资料)、上市公司文件等。

2.1.2　非文献信息源

非文献信息源是指信息以非记录形式存在的信息源，主要提供口头信息、实物信息等，具有直接、简便、迅速、新颖和生动形象的特点，是竞争情报人员普遍感兴趣的活的信息源。但由于非文献信息一般直接来自实验室、生产现场、展销会等社会实践场所，而且没有被记录下来，因而在搜集、保管、传播等方面都相当困难。

(1) 口头信息源

口头信息实际上是一种零次信息，它源自各种讨论会、观摩会、展销会、座谈会、参观访问乃至个人之间的接触或电话交谈。1965年，卡尔森对美国国防部工程师3400人次的信息查询进行了调查，结果发现有31%的信息来自口头信息源。俗话说，"听君一席话，胜读十年书"，十分形象地说明了口头信息的作用。

口头信息有以下优点：

①内容新颖、传递迅速。据统计，口头传递的信息约有80%是刚刚发生或将要发生的

事情。特别是参加一些重大会议、与在某一领域有很深造诣的专家学者交谈，往往能及时获取有关领域的前沿动态信息。

这些信息大部分以面对面或电话的方式直接传递，省略了累积、沉思熟虑、编辑出版和发行的时间延迟，具有无与伦比的信息传递速度。

②含有文献信息源所没有的信息。通过口头信息源，人们可以获得许多在文献信息源中找不到的信息，这有三种情形：第一，信息是容易记录的，但暂时来不及记录或不适合记录。第二，信息是难以记录的，如发言者说话时的语气以及面对面方式中发言者的手势、面部表情、其他听者的反应等。第三，信息是临时生成的。发言者受当时语言环境、听众反应的影响，往往能临场发挥，产生出许多有用的信息，有些甚至是智慧的火花，能够导致伟大的发现和天才的创造。如头脑风暴法就是一种行之有效的生成这类信息的方法。

口头信息的缺点是：

①信息容易失真。口头信息在传递过程中，或多或少地都要经过几次语义和语用的转换。原因在于听者通常不是被动的听众，他（她）会自觉或不自觉地察言观色并对发言者传递的信息进行改造（如加入一些自认为应该加入的信息或者由动作或语境传递的信息、减去一些自认为是无用或错误的信息），然后再将改造后的信息又传给其他听众。美国一位社会学家曾做过这样的实验，让一组被试人员一传一地将一句口语进行传递，当最后一名被试者说出所听到的信息时，竟与最初发出的信息完全不同。

②信息搜集困难。口头信息是非记录信息，其搜集至少得具备两个要件：一是发言者必须正在发言；二是信息搜集者必须是听众，要亲临口头信息交流现场。然而，由于时空以及其他物理障碍的限制，信息搜集者很难做到事必躬亲。口头信息搜集一般只能就近或顺便搜集，电话、社交媒体中的语音或视频聊天等现代工具的使用在某种程度上拓展了信息搜集空间，但它仍改变不了信息搜集困难的局面。

③信息保管困难。非记录性决定了口头信息是难以保管的。中国古代灿烂的文化中，就有许多文化信息因为没有记录而消失了。弥补的办法只能是设法利用纸和笔、录音机、录像机等辅助工具将这些口头信息记录下来。

④信息传播范围小。面对面方式的口头信息传播范围比较小，通常只能在10米以内有效。远距离的传播不得不依靠众多的"传信者"支持，这不仅会增加负担，而且会造成信息失真。电话、社交媒体中的语音或视频聊天等现代工具的使用使口头信息传播范围有所扩大，但仍无法与文献信息源相提并论。

（2）实物信息源

实物信息是指以实物为载体的信息。这里的"载体"与一般意义上的载体有所不同。一般意义上的载体，如纸张、磁盘、光盘等，其使用价值主要体现于承载信息上，其价值是通过信息消费实现的。作为实物信息载体的实物有双重使用价值，一是体现于承载信息上；二是可以直接用于消费，满足人们的物质需求。其价值的实现，因消费者消费偏好和目的的不同而异，通常情况下，有一部分可以通过信息消费实现，另一部分可以通过对实物本身的消费而实现。可以看出，能够成为这类载体的实物主要是一些值得开发、仿制和使用的机器、仪表、零部件、元器件、标本、种子、苗木、试剂等。

实物信息之所以能成为竞争情报活动的信息源，是因为其加工、制作凝聚了人类的思想、知识和智慧。通过对实物材质、造型、规格、色彩、传动原理、运动规律等方面的分析研究，利用反求工程，人们可以猜度出研制、加工者原先的构思和加工制作方法，达到仿制或在其基础上进一步改进的目的。

实物信息源主要有以下优点：

①信息成熟、可靠。实物所承载的信息本身已经经受了实践的检验，而不是人们头脑中的一种设想或实验室里的产物。因此，只要条件相似，人们至少可以达到按此信息仿制实物的目的。

②信息内容丰富。实物所承载的信息是多方面的，有时同样是一件实物，科研人员可以从中挖掘出一个科学原理或理论，技术人员可以从中琢磨出加工、制作的技术和诀窍，艺术家可以从中发现美感，市场营销专家可以探测出市场的走势，经济分析学家可以分析出研制、加工者在加工、制作过程中对经济性的沉思熟虑……这些信息可以满足人们不同的需要。

实物信息源也有许多缺陷：

①信息挖掘困难。一般来说，实物信息有显性和潜在之分，显性的信息容易获取，如实物的色泽、外部造型、外包装等；潜在的信息通常难以挖掘，如实物的制作工艺、技术要求和指标以及其他一些十分关键的技术诀窍，这些信息本身都具有隐蔽性特点。在市场竞争条件下，出于贸易保护的需要，研制者们往往还会人为地加大隐蔽力度，这对竞争情报人员而言无疑是雪上加霜。然而，从实践上看，潜在的信息往往又更有意义。

②信息搜集、保管、传播困难。实物载体(如一台机器)在体积、重量上一般要比文献信息载体(如纸张、磁盘、光盘)大得多，而且形态、性质、寿命、特点各异，无统一的规格，因此其搜集、保管、传播都是相当困难的。

③容易引起知识产权纠纷。实物本身也是一种物质产品，蕴含着外观设计信息和技术信息。按照各国知识产权法的规定，外观设计信息(有些国家除外)以及具备新颖性、创造性和实用性的技术信息是可以成为专利法保护对象的，因此，如果实物产品所蕴含的外观设计信息或技术信息恰好处于专利法的保护期和保护域内，就会引起知识产权纠纷。克服的办法是设法对实物进行分析研究，在吸取原外观设计信息或技术信息长处的基础上进行改进和创新，使之绕过专利法的限制。如某厂生产的汽车万向节，性能先进，质量可靠，

起初就是以实物样品为基础研制出来的。

实物信息源虽然具有以上缺陷，但因其直观、形象等特点，还是很受竞争情报人员的欢迎，具有非常广泛的应用前景。如日本摩托车工业的振兴就是从搜集世界各地摩托车实物信息起家的。国内某信息机构早在1966年和1980年也分别进行过两次规模较大的实物信息的搜集、分析研究和开发利用活动，通过开展咨询服务，取得了很好的经济效益和社会效益。改革开放初期，我国许多乡镇企业和城市中小企业也开展过声势浩大的"仿大厂产品产小厂产品""仿国外产品产本国产品"的活动，使一部分地区和企业经济迅速发展起来，其实质也是实物信息的搜集、分析研究和开发利用。由此可见，实物信息对发展中国家有着特别重要的意义。

2.1.3 常见信息源简介

下面，简要介绍企业竞争情报活动中常见的几种信息源。

(1) 商情数据库

商情数据库是指那些能提供与国际商务活动有密切联系的各类信息的数据库，即有关公司、产品市场行情、商业动态、金融活动、专利标准及有直接关联的税法、国家政策等方面的信息数据库。与传统的文献信息源相比，数据库具有更新速度快、检索手段多、数据容量大等优点。因此，国外竞争情报从业人员认为数据库检索是最省时高效的搜集方法之一。

(2) 互联网

互联网是快速获取信息的最新工具。其特点是容易进入、速度快、数据容量大、覆盖全球、成本低、操作简单等。互联网将世界上所有国家、无数企业和个人联系起来，使过去需要奔走很多地方才能搜集到的信息，如今只要坐在计算机前就能获得，为竞争情报人员节省了许多时间和精力。不过，由于互联网上存在许多重复的、无用的甚至是虚假的信息，因此竞争情报人员不能单纯依赖互联网来搜集所有信息。较好的做法是通过互联网及时得到一些信息线索，然后再通过其他渠道进行验证。

(3) 剪报

订阅剪报是搜集行业信息、公司信息或其他重要主题信息的有效方法，适于连续监测行业发展动态。剪报服务的优点体现在：一是方便，用户只需提供关键词，剪报公司就会定期发送有关文章的传真或电子邮件。二是覆盖面广，内容详尽。三是针对性强，剪报可以针对一个竞争对手或者竞争对手的一个部门、一种产品或其他目标进行专门剪辑。此外，剪报比单独订报便宜。

（4）行业协会

行业协会往往会有成员名单和介绍，有可能获得成员单位的经营和财务信息，以及有关整个行业动态的信息。

（5）供货商

供货商往往能提供他们卖给某一家公司的产品（如零件、原材料）的种类和数量，甚至还能够提供竞争对手如何使用他们的产品的信息。

（6）经销商

经销商往往能提供他们销售竞争对手产品的数量，竞争对手采取的促销手段，竞争对手产品的优缺点，竞争对手产品的价格、特性、质量、售后服务方式等信息。

（7）顾客或消费者

与顾客或消费者进行交流，不但可以了解他们的需求特点，而且还可以了解顾客或消费者对本企业产品和竞争对手产品比较下的意见和建议，以发现本企业产品或竞争对手产品的缺点，为改进或开发新产品提供有价值的信息。

（8）竞争对手

竞争对手本身也能提供很多有价值的信息，如竞争对手决策层最近的讲话、年度报告、产品样本等。如果能够直接与竞争对手打交道，则可以获得更多的信息。

（9）企业内部员工

通过本企业员工来搜集非公开信息，这是获取竞争情报的重要信息源。据统计，约80%的竞争性信息可以从员工处获得。因为每位员工除了做好本职工作以外，都可能直接或间接地与竞争对手打交道，员工之间因为工作关系而从事交往活动，无形中构成了一个以员工自身为中心的辐射型情报交流网，每个员工都是这个情报交流网的"中心"。

大多数的组织会利用不止一种信息源。Vriens 在 2001 年对荷兰大型企业的一项调查中表明，商业期刊、因特网以及在线数据库是利用率最高的信息源（见图 2-1）。① 图中，

---

① Vriens D. Information and Communication Technology for Competitive Intelligence [M]. RM Press, 2003.

纵坐标代表各种信息源，横坐标各项数字(0、1、2、3、4、5)表示信息源的利用频率。其中，0表示从没利用；从1到5，信息源的利用频率依次递增。

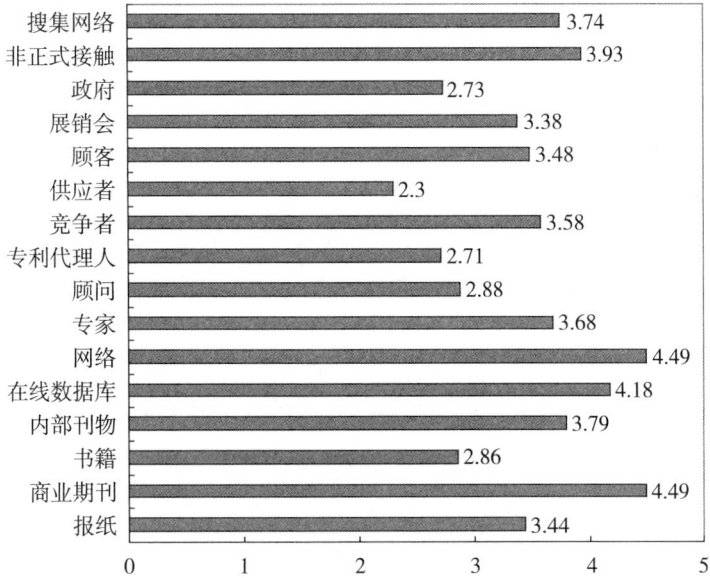

图2-1　荷兰大型企业用于情报搜集的信息源

2.2　信息搜集、整理和鉴别

2.2.1　信息搜集的范围

　　如同传统的企业信息工作一样，企业的竞争情报活动必须充分地占有信息"原料"。企业竞争情报活动中的信息搜集包括文献调查和社会调查两种途径。不论是哪种途径，在信息搜集过程中都存在着一对最基本的信息供求矛盾，一方面，新的信息供给层出不穷，庞杂的信息甚至形成了"信息汪洋"；另一方面，竞争情报人员的信息需求又是特定和专门的，它因竞争情报活动的目的、要求不同而异。为了提高信息搜集效果，竞争情报人员应遵循全面性、系统性、针对性、新颖性、可靠性、科学性、计划性等原则(见表2-1)。

　　由于与传统的企业信息工作相比，竞争情报工作的范围大大扩大了，因而信息搜集的范围也要相应扩大，既涉及企业内部信息，也涉及企业外部信息。但这种扩大并非要求竞争情报人员盲目求全地对所有与企业有关的信息进行"地毯式"的搜索，而应牢牢把握决策者的情报需求，从战略决策的角度有重点地进行。正如西蒙所说的："信息不必只因为存在就非被处理不可。"为此，竞争情报人员应对竞争战略的含义及其影响因素有所了解，以确定信息的搜集范围。

表 2-1　　　　　　　　　　　　　　　信息搜集的原则

原则	解　　释
全面性	①所搜集的信息不仅要有强相关的，而且要有一般性相关的，如果这些还不能充分地解决问题，某些弱相关的信息也可以考虑搜集 ②不能为了迎合他人的观点或自己的主观愿望而只搜集正相关的信息，一些负相关的信息只要有可能被证明是真实可靠的，就应该积极地搜集，并在后续工序中加强跟踪分析和研究 ③所搜集的信息不仅要有国内的，也要有国外的；不仅要有本地区、本部门、本单位的，也要有相关地区、相关部门和相关单位(尤其是竞争对手)的
系统性	所搜集的信息能够反映特定的研究领域国内外发展的基本状况，特别是对一些关键性的、连续性较强的信息，要组织专人长期跟踪搜集积累
针对性	是否针对竞争情报活动的性质、任务和服务对象
新颖性	有两层理解：一是指在当时所处的领域里是最新的；二是指相对于特定的竞争情报活动而言是新颖的
可靠性	所搜集的信息内容应该是客观的、真实的、准确的，是没有夹杂信息搜集人员主观意志和个人情感因素的
科学性	信息搜集应采用科学的方法。对文献信息源，应在充分了解各种信息源的信息分布和变化规律的基础上根据实际需要进行恰当地选择；对非文献信息源，应当按照齐普夫"省力法则"来设计信息搜集的路线、对象
计划性	信息搜集计划一般要考虑"4W1H"，即为什么(Why)搜集、谁(Who)搜集、搜集什么(What)、何时(When)搜集以及怎样(How)搜集，其具体内容通常包括搜集目的、内容范围和重点、经费预算、搜集方式、搜集对象、搜集步骤、搜集程度、组织分工、奖惩措施等

竞争战略是企业为适应环境条件变化而确定的广泛适用的经营目标和经营方式。竞争战略决策是面向未来的、长期性的，但这并不等于一项竞争战略制定后就可以长期不变地执行。因为在现代市场经济中，大量的机会和各种突如其来的威胁都要求企业必须在很短的时间内作出重大决策和采取行动。即企业竞争战略必须是滚动的，企业决策者必须根据外部环境、竞争对手和企业自身情况的变化，不断地调整竞争行为，不断地对原来的竞争

战略进行修正和补充。因此，在确定信息搜集范围时，应重点把握那些可能对竞争战略产生影响的因素。而从最广义的范围来看，以下四种因素对竞争战略的影响是最为关键的，如图 2-2 所示。

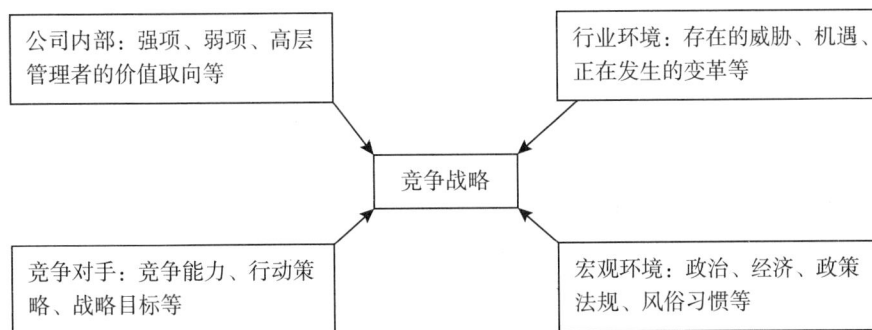

图 2-2　影响竞争战略制定的关键因素

据此，企业竞争情报的信息搜集范围应主要涵盖企业自身、竞争对手、竞争环境、竞争战略等方面。关于这些方面需要搜集的具体信息，我们将会在下一章做进一步的介绍。

2.2.2　信息搜集的方法和渠道

在企业竞争情报活动过程中，信息搜集是一个动态的行为过程，具有连续性、规范性等特点。搜集方式除了传统的文献检索法外，还包括网络搜索法、电话采访法、直接访谈法等，原则上，在企业竞争情报活动中，应根据不同的任务要求和信息类型选择不同的搜集方法。

根据信息的传播扩散方式和获取渠道划分，信息搜集方法大体上可分为正式渠道法和非正式渠道法。

(1) 正式渠道法

正式渠道法是指依托出版发行系统、广播电视新闻系统、团体组织传播扩散方式、网络传播系统等主流信息传播渠道进行信息搜集的方法，它进一步可细分出数据库检索法、网络查询法、委托专业咨询机构调查法等。

(2) 非正式渠道法

非正式渠道法是指通过直接从竞争情报的生产者或某个信息的接收者那里获得有关信

息资料的方法。非正式渠道法又包括实地调查搜集法和特殊手段搜集法两种类型。

①实地调查法是一种通过对调查对象的考察和询问搜集有关信息的方法，它有三种具体的形式：询问法、观察法和实验法。询问法是以询问方式进行信息搜集的方法，如访谈询问、问卷询问和网络交互询问等；观察法是调查者亲临现场对被调查者的行为进行全方位观察、了解而获取相关信息的一种方法，该法具有信息来源真实、信息零散等特点；实验法是指从影响调查问题的一系列因素中选择若干具有代表性的因素，将其置于某种条件下进行小规模试验，然后对实验结果进行分析，研究其是否值得大规模推广的一种调查方法。

②特殊手段搜集法是指在激烈对抗的竞争环境中为获取竞争对手的有关信息而采取各种非常规手段搜集信息的一种方法，具体包括通过高新技术聚集点搜集、通过解剖分析公开情报源搜集、通过接触竞争对手内部人员并深入其活动过程来搜集、通过特殊的人际网络搜集、通过逆向解剖单项技术应用来搜集、通过建立全员调查制度搜集等。

对于一次信息的搜集，可综合采用访谈法、观察法、电话咨询、派人参加各种交易会或博览会、外派考察小组等传统方式进行，这些方法具有直观、快捷等优点，但其缺点是耗时长、投资多、接触面有限、难以了解全面情况等；对于二次信息的搜集宜采用多种公开渠道相结合的组合式方法，其特点是需要依靠专业情报人员，信息来源相对丰富，搜集费用相对较低等。

2.2.3 信息整理和鉴别

经过搜集而获取的原始信息通常繁杂无序且真假混合，因此需要进行整理和鉴别。

信息整理的主要任务是对所搜集的信息进行初步加工，目的是使之由无序变为有序，成为便于利用的形式。例如，将搜集来的信息按某个标准进行计算机分类、排序以及建立有关竞争对手的文件档案系统等。这一环节包含着对某些明显重复或不符合要求的信息加以淘汰。

信息鉴别则是对整理出来的原始信息进行价值评判的过程，目的是筛选出有用信息，淘汰掉无用或不良信息。这两个过程通常交替进行，没有明显的先后之分，而且随着一个过程的深入，另一个过程也进入到更深的层次。其共同作用的结果是使所搜集到的信息成为有序且有用的信息。

(1)信息整理

从各种渠道搜集回来的原始信息只是一种信息资料，往往真伪共存、杂乱无章，如果把这样一些无序的原始信息直接应用于企业竞争情报活动，那只会是浪费时间。因此，完整的竞争情报工作流程要求竞争情报人员必须对这些原始信息进行分类集中和系统整理，使之实现条理化、层次化、有序化。其具体的工作内容包括分类、合并查重、格式转换、同类集中、按类排序等。

以分类为例。从表象上看，分类的目的，一是为了便于信息管理和信息检索；二是为了信息利用上的方便。分类时通常用类号来标引各种信息概念，将信息内容一一予以揭示，并分门别类地将其组织起来，形成信息分类目录。信息经过分类整合，便能有效地显示出各类信息的性质及其相互之间的关系，性质相同的可以聚类，相近的可以建立关联。信息的分类整合一方面要遵循科学规律，依照科学分类法进行；另一方面要兼顾信息需求者的利用要求和使用习惯，根据不同的竞争环境、竞争对手、信息需求层级、竞争领域和信息类型，对原始信息分门别类地整合和整序。信息的分类整理大体上包括形式整理和内容整理两个方面。

形式整理基本上不涉及信息的具体内容，而是凭借某一外在依据对原始信息进行分门别类处理。这种整理工作对人的素质没有太高的要求，通常可由一般的信息人员来承担。形式整理的方式因人而异，但从实践上看，按承载信息的载体分类整理、按使用方向分类整理、按内容线索或部分要点分类整理是三种最基本的形式整理方式。

内容整理是在形式整理基础上的进一步深化，是从内容角度对信息的再处理，通常包括信息内容的理解、信息内容的揭示和按内容细分归类三阶段。内容整理过程的实质是对原始信息的消化和吸收的过程。在这一过程中，要特别注意各种观点或事实的比较，包括矛盾的观点或事实的剖析、不同观点或事实的列举、相近观点或事实的归并、相同观点或事实的去重等。此外，在内容整理过程中，一些重要的特别是连续性数据最好在进行比较、鉴别、换算、订正和补遗之后制成相应的统计表和图形，以便于直观地观察和分析其变化特征。可供选择的统计表和图形类型很多，如方格表、多因素表、坐标图、直方图、饼形图等。

（2）信息鉴别

伴随着信息整理过程，通常还需要对所搜集到的信息进行可靠性、新颖性和适用性鉴别。

①可靠性鉴别。

信息是否可靠在很大程度上会影响企业决策的准确性。竞争情报人员可以通过考察以下方面来判断信息源的可靠程度：

第一，该渠道过去所提供的信息是否可靠。

第二，该渠道提供信息的基本动机是否良好。

第三，通过对已有正确答案的问题向对方提问，如果对方提供的信息存在明显差异，则该渠道提供的信息不可信。

第四，该渠道有无可能提供该信息。

在信息内容的可靠性方面，可以通过其他信息源来进行反向佐证。如对来自因特网的信息，可通过印刷媒体或电话询问等方式进行查证。一般而言，经过两个或几个信息源证实的信息可被认为是可靠的，但来自单一信息源且不能被其他信息源所证实的信息则应视为不可靠，应继续搜集以辨真伪。

为了更好地鉴别信息，信息机构可建立专门的系统来完成这项工作，以提高工作效率和信息鉴别的科学性。

②新颖性鉴别。

原始信息的新颖性是指该信息所反映的内容是否在某一领域原有基础上提出了新的理论、新的观点、新的假说、新的发现，或者对原有的理论、原理、方法或技术加以创造性地开发和利用。原则上，只要是反映人们各类社会实践活动的新进展、新突破的信息，都可以认为其具备新颖性。

新颖性是一个相对的概念，是与原有的基础相比较而言的，通常可以用时间、空间、内容三个矢量合成的结果来衡量。但在具体实践中，人们更倾向于采用一些易操作的指标。例如，对于文献信息的新颖性，可借助于文献的外部特征(如类型、出版机构、发表时间)、计量特征、内容特征等指标加以考察。

③适用性鉴别。

适用性是指原始信息对于信息接收者而言可资利用的程度。一般来说，原始信息的适用性取决于特定研究课题和信息用户两大因素，如特定研究课题的背景、内容、难易程度、研究条件以及信息用户的信息吸收能力、条件、要求等。

原始信息的适用性鉴别通常是在可靠性和新颖性鉴别的基础上进行的，即对可靠而新颖的信息按照适用性的要求作进一步的筛选。通常可通过考察信息发生源和信息吸收者吸收条件的相似性、实践效果和战略需要来加以鉴别。

◎ **思考题**

1. 企业竞争情报活动中的信息源有哪些类型？各有何特点？
2. 简述企业竞争情报活动中的信息搜集原则和范围。
3. 比较信息搜集的正式渠道法和非正式渠道法。
4. 试述信息整理和鉴别的内容。

第3章
企业竞争情报研究的内容

competition 无处不在、无时不有，"适者生存"永远是竞争的主旋律。"夫竞争者，文明之母也。竞争一日停，则文明之进步立止。"①在革命年代，梁启超将"竞争"解释为生存斗争甚至是激烈的战争。随着经济全球化和社会信息化的推进，竞争呈现出新的态势：一方面，企业面临的竞争环境日益呈现出复杂多变的特点，竞争规则也发生了根本改变；另一方面，企业面临的竞争形式由原来单一的恶性竞争转变为既相互竞争又相互合作，与关联企业甚至竞争企业实施一定程度的合作，成为企业转移风险、共享资源和保持竞争优势的重要战略。② 新的竞争态势使得企业对竞争情报的需求不断增长，竞争情报日益成为企业获得竞争优势和核心竞争力的战略资源。企业如何有效利用竞争情报、准确识别竞争对手并制定科学的竞争战略，已成为企业界和学术界关注的重点。

3.1 企业竞争情报需求

企业竞争情报活动是为企业的战略决策而开展的信息服务，带有强烈的目的性和针对性。需求是开展企业竞争情报活动的首要环节，也是竞争情报活动中最重要、最关键的要素之一。在当前大数据环境下，数据总量规模巨大、数据呈指数级速度增长、数据来源及数据类型不断更新，一方面，这为企业获取所需信息带来了极大便利；另一方面，若不明确信息需求，则很容易迷失在海量数据中，无法获取到有用的关键信息，导致企业难以做出科学的决策，从而在激烈的市场竞争中失去先机。只有做好企业竞争情报需求分析，帮

---

① 梁启超．梁启超选集［M］．上海：上海人民出版社，1984.
② 曹如中，郭华，李丹．合作竞争环境下企业竞争情报战略联盟研究［J］．情报理论与实践，2013，36（3）：7-10.

助企业明确其显性或隐藏的情报需求，并据此制定竞争情报工作的范围和内容，才能提供及时且高质量的竞争情报产品，帮助企业获得竞争优势。反之，若企业竞争情报需求不明确，企业竞争情报人员的工作则难以有效地开展，产生的竞争情报产品与企业需求不一致，甚至可能导致企业错失发展良机的严重后果。

3.1.1 企业竞争情报需求的类型和内容

(1) 企业竞争情报需求的类型

根据不同的划分方法，企业竞争情报需求大致可以分为以下几种类型：

①根据企业竞争情报需求对象，企业竞争情报需求可以划分为：管理决策竞争情报需求和具体应用竞争情报需求。前一种竞争情报需求主要来自于企业的高层管理者，他们在制定有关企业未来的发展方向、远景等宏观战略决策过程中需要大量的可靠情报作支撑。这类竞争情报常常包括一些长期跟踪的政策信息、市场环境信息等，具有覆盖范围广、耗时长、综合程度高等特点。具体应用竞争情报需求主要产生于具体部门的日常工作或者市场活动中，是各部门在日常具体经营活动中具体的信息需求。这类竞争情报为具体部门工作的进行或市场活动的开展提供信息支持，一般包括竞争对手动向追踪、市场环境变化监测、用户需求调整关注等，具有时效强、针对性明确、范围具体等特点。

②根据企业竞争情报的内涵，企业竞争情报需求可以划分为：竞争对手情报需求、竞争环境情报需求和竞争战略情报需求。企业竞争情报主要涉及竞争对手、竞争环境和竞争战略三个方面的信息。企业竞争情报人员通过专门采集整理这三个方面的信息并加以分析提炼，形成有助于企业赢得或保持竞争优势的情报产品。

竞争对手分析是企业建立竞争战略的核心，通过搜集竞争对手的相关情报，企业可以了解到竞争对手的战略和目标，评估对手的优势和劣势，并据此制定或调整自身的竞争战略。根据迈克尔·波特的"五力"模型，企业的竞争对手主要包括现有企业竞争、供应商议价、购买者议价、替代品威胁和潜在进入者威胁。[①] 因此，企业在进行市场活动过程中也会产生相应的竞争情报需求。同一行业中的现有企业之间必然存在着天然的竞争关系，每个企业都希望能够获得相较于其他竞争对手的竞争优势，这就使得行业内的现有企业竞争不可避免。因此，企业需要识别出行业中的关键竞争对手，并对关键竞争对手进行长期监测，据此制定出相应的策略，从而在激烈的竞争中保护自身，有效地应对其他竞争者的举动。企业在关注现有企业之间的相互竞争时，还要同时关注潜在进入者对现有市场的冲

---

① [美]迈克尔·波特.竞争战略[M].陈小悦,译.北京:华夏出版社,2006.

击,以及替代品对自身产品市场造成的威胁。对潜在进入者和替代品的情报需求具体体现为对其固定资产规模、财力状况、生产能力、产品销售及盈利状况、目标市场、增长速度等信息的需求。供应商和购买者的议价能力,能够对企业的盈利能力和产品竞争力造成冲击。[①] 关于供应商,企业需要了解的情报涉及供应商的规模、数量,可替代供应商的数量、产品,供应商与竞争对手的业务往来情况等。企业应准确把握购买者的消费心理和需求变化,制定相应的策略,开发满足消费需求的产品和功能,才能保持竞争力和市场。企业需要了解与购买者有关的情报,一般包括:购买者的消费能力、需求变化、购买习惯、用户黏性、对竞争产品的态度等。

竞争环境情报需求又可以划分为企业内部环境情报需求和企业外部环境情报需求。企业内部环境情报需求主要针对的是企业自身的信息需求,也就是实现"知己"的信息需求。这类情报需求主要包括对企业的核心竞争产品、企业拥有的资源、企业在行业中所处的位置、企业优先发展方向、企业财务和人力等信息的需求。企业外部环境情报需求涉及多个方面,包括对所处市场环境、相关政策、社会文化、法律、经济、自然、科技等方面的信息需求。如,当企业准备进入或退出某一市场时,会产生对该市场现有环境、相关政策、法律等方面的信息需求;当企业准备在新的地区开发市场时,需要先考察该地区的风土人情、自然环境,了解当地政府的政策法规等信息,自然会产生这些方面的信息需求。

竞争战略是关乎企业整体的、长期的、全局的规划与决策。竞争情报能够为企业的战略决策提供有效的依据和论证。[②] 竞争战略情报需求,是企业在进行关系企业生存和长远发展的战略规划过程中表达出的情报需求,一般涉及所在行业中的机会、现有威胁和潜在威胁、企业的能力、政治及法律等的变化、市场需求变化以及竞争对手的动向等。竞争战略情报需求有时与竞争环境和竞争对手情报需求部分重合,但从整体来看,竞争战略情报需求表现得更为宏观、范围涉及更广且具有长期性。

③根据竞争情报需求的表达程度,可以划分为:显性竞争情报需求和潜在的竞争情报需求。显性竞争情报需求指的是企业能够清楚认识到并能够清晰地表达出来的竞争情报需求,这种情报需求也是企业的主要情报需求,能够满足企业的日常经营活动需要;潜在的竞争情报需求是企业没有清晰认识或者无法明确表达出来的竞争情报需求,此类情报需求较难处理,需要由专业的竞争情报工作人员进行引导分析,帮助企业明确潜在的情报需求,将其清楚地表达出来。

(2)企业竞争情报需求的内容

在信息时代,竞争情报是企业在市场竞争中不可或缺的"制胜法宝"。在企业参与市场

① 吴晓伟.企业竞争情报(第二版)[M].大连:大连理工大学出版社,2018.
② 岳增蕾.企业战略规划阶段竞争情报需求与服务研究[J].图书馆学研究,2011(11):79-84.

竞争时，竞争情报可以帮助企业发现未来可能出现的机遇或危机，提供早期预警；为企业的竞争决策提供情报资料和具有战略意义的情报支持；能够监测市场环境，及时察觉市场环境的动态变化；帮助企业开展竞争对手跟踪，建立相对于竞争对手的情报优势；在企业内部采取措施保护企业自身信息，保障企业自身信息安全。企业在发展的各个阶段都离不开充分的信息保障，企业的战略决策也离不开有效的情报支持。但并非所有的信息都需企业给予关注，只有那些与企业竞争需求有关，影响企业战略决策的信息才需要进行搜集和处理。根据企业竞争情报的功能和作用，企业对竞争情报需求的内容往往可以具体体现为企业自身、竞争对手、竞争环境、竞争战略等方面。

①企业自身情报。企业自身的情报需求主要目的在于了解企业目前的基本运营状况，为企业管理和经营决策提供依据。企业自身情报涉及企业日常管理和经营过程中产生的各种信息，包括生产信息、管理决策信息、财务信息、技术研发信息、人力资源管理信息、物流仓储信息、市场营销信息等，如本企业当前的战略规划及目标、企业的核心竞争优势、竞争劣势、合作情况、企业的盈利能力、负债情况、企业固定资产信息、企业的特色产品及服务、产品库存与销售情况、市场占有情况、新产品的开发进展、企业员工构成与流动信息、客户反馈信息等。

②竞争对手情报。竞争对手情报是企业竞争情报的主要需求内容。根据迈克尔·波特的"五力"模型，我们将竞争对手情报分为现有企业竞争者情报、供应商情报、购买者情报、替代品情报和潜在进入者情报。

通常，一个行业中进行直接竞争的企业很多，企业不可能了解每一个与之存在竞争关系的竞争对手，因此，企业首先需要做的是识别出关键竞争对手，再有针对性地去获取关键竞争对手的有关情报。有关现有企业竞争者的情报一般具体包括：企业的战略及目标、企业的现有规模、经营模式与理念、企业文化、竞争策略、信息化程度、人员构成与流动、企业的管理者信息、危机管理能力、盈利能力、负债情况、股价波动、技术创新能力、合作能力、仓储与物流情况、市场营销手段、市场占有率、产品类型、产品质量及结构、产品定位及价格走向、新产品的推出、成本管理、生产能力、投资方向、现金流量、消费者构成、消费者评价、供应商政策倾斜、政府的支持程度等信息。

对于潜在进入者，企业需要了解的内容包括：潜在进入者的企业规模、核心竞争产品、生产能力、在本行业的行业经验、进入壁垒、产品类型和质量、产品特色、产品成本、新产品研发能力、产品定价、目标市场、宣传和营销手段、销售渠道、供应来源、已拥有的品牌知名度和客户群体、市场增长速度等。

对于替代品，企业需要了解：替代品所在企业的规模、核心产品、生产能力、产品质量、产品差别、产品的创新程度、产品定价、产品成本与利润、客户转移成本等。

有关供应商和购买者的情报非常重要，直接决定了企业的生产能力和市场大小。企业需要了解关于供应商的情报内容包括：供应商的数量、供应商的生产规模、供应商的生产能力、买方的数量、本企业的购买数量所占比例、可替代产品、替换成本等。企业需要了解关于购买者的情报内容包括：购买者的数量与规模、购买者的构成、购买者的运营状况、产品对于购买者的必需程度、购买者的购买渠道与购买对象、购买者的忠诚度、购买者的消费心理及习惯、需求变化等。

③竞争环境情报。企业的任何活动都处在一定的竞争环境中。竞争环境的复杂多变，对企业的生存与发展带来错综复杂的影响。企业只有充分了解并利用竞争环境，适应竞争环境的变化，不断调整本企业的竞争战略，从而保证自身的竞争优势。

竞争环境情报涉及企业的内部竞争环境和外部竞争环境。其中，内部竞争环境情报主要是与企业自身有关的情报，涉及企业的各个部门，是企业日常经营和管理过程中产生的各种信息，例如，企业的组织结构、企业文化、企业拥有的资源（有形资产、人力资源、无形资产）、资金状况、自身具备的优势和劣势等。

外部竞争环境情报包括宏观上的环境情报和行业竞争环境情报。宏观上的环境情报涉及企业所处的政治环境、经济环境、社会环境以及技术环境情报。政治环境情报包括：与企业有关的国家政策、政府颁布的政策法规、政策倾斜和扶持、国家的战略规划走向、相关的法律法规、惯例条例、国际法律制度等；经济环境情报包括：国家的经济发展程度、财政金融政策、国际经济形势、劳动力状况、国民生产总值、物价水平、人均消费能力、收入水平、支出结构、储蓄情况、消费偏好等；社会环境情报包括：风俗习惯、宗教信仰、教育发展水平、文化投入程度、社会风尚、价值观念、历史背景、人口统计信息等；技术环境情报包括：材料、设备等的现有水平及发展动向，与技术有关的政策，新产品的创新与突破能力等情报。行业竞争环境情报主要包括与五种竞争力相关的信息以及与行业整体发展相关的信息。与五种竞争力相关的具体的情报需求内容已在前文中叙述，此处不再赘述。与行业整体发展相关的信息包括企业所在行业的协会或联盟发布的分析报告、行业规范、行业整体的供需状况、行业的发展态势、行业整体竞争力分析、行业集中程度、市场进入特征、退出壁垒、横向合并自由度、技术密集度、市场细分程度、行业生产总量、劳动力和资本情况、市场容量等。

④竞争战略情报。竞争情报研究是为实现企业的竞争战略目标服务的。竞争战略情报着眼于长远性、全局性和整体性，主要涉及战略意义上的客户资源、产品状况、市场营销、销售渠道、竞争策略、历史状况、销售区域、销售力量、组织管理、技术实力等方面。随着危机管理越来越引起企业的高度重视，危机预警情报成为竞争战略情报的重要内容。危机预警情报一般包括：企业员工的有害行为、品牌形象受损、核心竞争机密的泄露、产品缺陷、产品利润下降、市场份额降低、原材料价格增长、竞争对手合并及收购、主要竞争对手的财务策略变化、战争爆发、经济衰退、国内或国际政策法规的变化、自然

灾害等信息。

3.1.2　企业竞争情报需求的表达和处理

（1）企业竞争情报需求的识别与表达

企业竞争情报需求的产生更多源自企业参与市场竞争的战略决策需要，以及竞争对手跟踪分析和竞争环境动态监测的需要。[①]　竞争情报工作开展的首要环节就是企业用户情报需求的识别与表达，需求是后续所有竞争情报流程的催化剂。没有需求，或者需求不清晰、模糊不明，都会对后续的竞争情报工作造成不利的影响，可能会出现竞争情报工作无疾而终或得到的分析报告偏离目标。可以说，用户对自身情报需求的认识程度在很大程度上决定了竞争情报服务的成功与否。

企业对自身竞争情报需求的识别与表达程度受制于多种因素，如信息的流通速度、行业的竞争情况、行业的技术创新速度、企业的行业地位、企业规模、企业管理层的竞争情报意识与能力、竞争情报工作人员的专业素养等。根据企业竞争情报需求的识别和表达程度的深浅，企业竞争情报需求可以划分为多个层次，如图 3-1 所示。

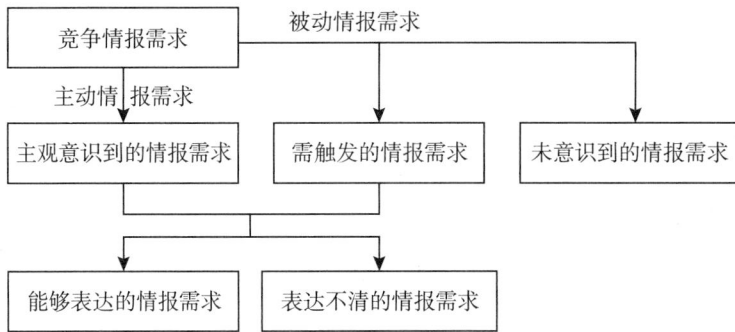

图 3-1　企业竞争情报需求层次

由于企业的行业地位、信息的流通速度以及管理层对市场竞争敏感程度等因素，企业对自身的竞争情报需求的程度不同，存在主观意识到的情报需求、需要触发的情报需求以及未意识到的情报需求三种形式。第一种是企业的主动情报需求，是企业明确意识到的情报需求。后两种则是企业的被动情报需求，需要触发的情报需求是企业可能需要特定的情景或者情报人员的提醒，才能意识到的情报需求；而未意识到的情报需求，是企业自身目前还未察

觉到但又与企业相关的情报需求。对于企业主观意识到的情报需求和触发后的情报需求，有些需求企业能够清晰地表达出，有些需求尽管企业能够意识到它们的存在，但受限于个人的知识水平或对需求的认识深度等因素，只能模糊笼统地描述，无法明确地表达出对信息具体内容、数量等的需求，从而出现了能够表达的情报需求和表达不清的情报需求。

需求的表达一般有两个先决条件：其一是情报目的，也就是为什么需要竞争情报？其二是实现情报目的所需的基础。[①] 这些基础既包括实现情报目的所需的"硬基础"，如完善的信息技术、充足的财务预算等，也包括为实现情报目的应具备的"软基础"，如企业管理层的支持、企业员工的情报服务素养等。在表达自身的情报需求前，企业要明确为什么需要这些情报？希望这些情报能够帮助实现哪些目的？这样，企业相关人员才能清晰地认识到自身的情报需求，进而尽量清楚地表达出来。同时，考虑到企业的现有资源以及管理层的情报意识，竞争情报工作人员要主动、及时与企业管理人员保持互动沟通，准确了解企业相关对象需要情报的目的，帮助企业管理人员发现和理清企业的情报需求，并发现企业潜在的、未能及时认识到的情报需求。另外，企业情报服务部门一方面要提高情报人员的情报素养，如对竞争环境的敏感度等；另一方面要提升在企业中的被认可度，获取更多的支持，包括设备、财政和政策支持等，并加强与其他部门的沟通互动，帮助企业管理人员增强情报意识，从而弥补双方在认知与表达上的差异，就情报需求达成共识。

（2）企业竞争情报需求的处理

①企业竞争情报需求的处理流程。

企业竞争情报需求的处理一般包括四个主要步骤（如图 3-2 所示）。具体包括：识别企业竞争情报需求的目标对象、了解并分析企业竞争情报需求、制定竞争情报需求计划方案及具体实施与反馈。

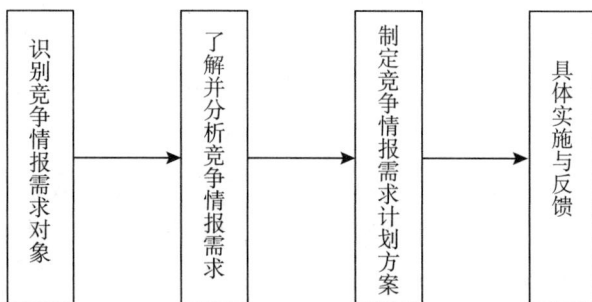

图 3-2　企业竞争情报需求处理流程

---

① 沈固朝，等 . 竞争情报的理论与实践[M]. 北京：科学出版社，2008.

首先，要识别企业竞争情报需求的目标对象，也就是企业中需要竞争情报的，或与竞争情报活动密切相关的人员。目标对象一般包括：企业的高层管理者、具体职能部门的管理者、某一项目的负责人员等。

其次，在识别企业竞争情报需求的目标对象后，准确地了解并分析目标对象的竞争情报需求。情报需求既可能是目标对象主动表达出来的，也可能是情报人员在与目标对象沟通过程中察觉到、对目标对象加以提醒后表达出来的，还有可能是情报人员对企业整体状况、竞争环境综合分析后挖掘得到的。在了解并分析企业竞争情报的过程中，情报人员与目标对象应进行多次深入有效的沟通，沟通方式可以是一对一的咨询谈话，也可以是小组讨论等形式，目标对象应尽量主动且准确地表达自己的情报需求，情报人员应考虑从目标对象的角度分析其需求，利用规范的情报需求获取方法，详细了解情报需求的细节，并注意给予目标对象适时的反馈，及时关注需求变化情况。

再次，在准确了解企业的竞争情报需求后，情报工作人员需要据此制定合理的计划方案。一份合理的计划方案有助于企业高效快速地获取所需情报，方案制定要结合企业的战略规划、企业的整体状况以及管理层的情报需要。计划方案一般包括：情报需求的目标对象、情报需求的类型与数量、关键的情报需求、情报需求的紧急程度、所需竞争情报的范围、情报需求的时间节点、需要的技术与人员、涉及的业内规范等。

最后，企业情报人员依据制定的计划方案逐步实施，利用合法规范的技术和手段，获取所需的竞争情报；在此过程中，情报人员要注意及时与目标对象进行沟通，反馈当前进展，并根据与目标对象的沟通不断调整情报工作的内容和方向，从而提供有针对性、满足目标对象真正的情报需求的竞争情报产品。

②企业竞争情报需求的获取方法。

第一，问卷调查法。问卷调查法是由竞争情报工作人员做好统一的调查问卷，向目标对象发放问卷，情报人员根据回收的问卷了解目标对象的竞争情报需求。问卷调查法利用规范的书面形式调查目标对象的情报需求，突破了时空限制，能在短时间内同时得到很多反馈，省时省力，是获取竞争情报需求最常用的方法之一。

第二，访谈法。访谈法是由竞争情报工作人员事先列好问题，向情报需求目标对象提问，并记录下回答。在访谈过程中，可以直接了解到用户的情报需求，还能根据与目标对象的交流，帮助用户挖掘潜在的情报需求。访谈法具有灵活性好、反馈及时等特点，但同时也存在比较耗时耗力的缺陷。

第三，实地观察法。实地观察法是竞争情报工作人员直接参与到企业具体职能部门的日常工作中，对目标对象的日常工作进行观察、记录及访问，来获取情报需求。根据情报工作人员的参与程度，可以分为完全参与和观察、不完全参与和观察以及非参与和观察三种类型。

第四，头脑风暴法。头脑风暴法是竞争情报工作人员将与竞争情报需求相关的人员集中在一起，请大家表达出自己需要的竞争情报，在这过程中，鼓励大家畅所欲言，充分讨论，互相启发和补充，情报工作人员将所有发言记录下来，并与参与者进一步讨论，制定出双方认可的竞争情报需求计划方案。头脑风暴法可以尽可能地启发和挖掘目标对象对情报需求的认识和表达，是较为理想的情报需求获取方法；但同时，头脑风暴法受时间和空间的限制，并且对参与者的素质要求较高。

第五，企业关键情报课题。关键情报课题(Key Intelligence Topics，KIT)是由美国中央情报局官员、美国国家科学技术情报官、摩托罗拉情报主管、美国竞争情报创始人之一的简·赫林先生从国家情报课题引入企业竞争情报活动中，用以识别和确定企业管理情报需求。关键情报课题的核心在于与企业决策层进行互动对话，识别决策层的真正情报需求，据此准确选择决策层最迫切需要的、对企业最关键的情报课题，集中所有力量研究这些关键情报课题。[①]

关键情报课题主要可以分为三种功能类型：一是战略决策和实施类，包括战略计划和开发、战略规划与实施、战略联盟和收购等，一般只要涉及企业的战略目标以及未来发展方向的情报需求，都可以归为此类；二是早期预警课题，早期预警课题大部分是与企业的潜在危机有关，包括竞争对手对企业的威胁评估、行业内技术的新突破或创新、机会评估、政府行为等；三是市场关键参与者的描述与评估课题，主要针对竞争对手、客户、供应商、管理者以及潜在的合作对象，目的在于更深入地了解市场关键参与者，预测其行动意图，制定相应的应对措施。

3.2　竞争对手分析

什么是竞争对手分析？对企业生产管理者而言，竞争对手分析主要是比较竞争对手的生产流程管理；对企业营销者而言，竞争对手分析主要是监视竞争对手对共同市场的争夺；对企业研发者而言，竞争对手分析主要是研究各竞争对手的技术创新；对企业决策者而言，竞争对手分析的内容是诸多竞争对手的竞争战略。基于不同的视角，竞争对手分析的内容各不相同。一般地，竞争对手分析主要借助竞争情报，识别和确认企业的主要竞争对手，综合评估其竞争优势和竞争力，全面分析其竞争战略。竞争对手分析是企业在激烈的市场竞争中制定竞争战略和获得持续竞争优势的利器，是企业竞争情报研究的关键内容

---

① 沈固朝，等．竞争情报的理论与实践[M]．北京：科学出版社，2008.

之一。① 总体上，竞争对手分析主要包括竞争对手分类、竞争对手选择和竞争对手情报研究。

3.2.1　竞争对手的分类

要准确分析竞争对手，必须清楚竞争对手的类型，全面掌握各类竞争对手的特征。所谓竞争对手，是指限制和影响本企业竞争优势发挥的企业外部组织和个人，② 即与本企业有共同的目标市场和相似的资源并对本企业的生存和发展构成威胁的竞争者。根据不同的分类标准，竞争对手可分为不同类型。

(1)按照表现形式划分

按照竞争对手的表现形式，竞争对手可分为现实竞争对手和潜在竞争对手。

①现实竞争对手。

现实竞争对手是指与本企业有明显利益冲突的竞争对手，表现为全方位的正面竞争态势，包括明争、暗斗、排挤、报复等竞争行为。一般而言，现实竞争对手是同行企业，比较容易识别，其综合实力与本企业相当，要想在竞争市场上获得绝对优势比较困难。现实竞争对手竞争力的强弱不仅影响市场供需，还影响其市场占有率。

②潜在竞争对手。

企业不能只关注现实竞争对手，有时真正巨大的威胁可能来自那些新出现的、潜在的竞争对手。潜在竞争对手一般来自其他相关或相邻行业，其竞争往往呈"隐形"状态。根据迈克尔·波特的行业竞争理论，决定行业竞争强度和企业利润率的五种作用力分别是现有企业竞争、供应商议价、购买者议价、替代品威胁和潜在进入者威胁。③ 也就是说，除了行业内现有的竞争对手之外，供应商、购买者、替代品、潜在进入者均有可能是本企业的潜在竞争对手。

潜在竞争对手很可能向一个行业壁垒较低的细分市场进行迂回式攻击，通过逐步蚕食，不仅能避免严厉的报复，还能顺利占领目标市场。例如，发展之初的微信主要是社交工具，随后开通了支付功能，成为支付宝的潜在竞争对手。相较于现实竞争对手，潜在竞争对手来源更广、数量更大、活动更隐秘，要准确地识别潜在竞争对手，全面分析其竞争行为实属不易。一般地，以下企业很可能是潜在竞争对手，需重点跟踪这些企业，一旦发

---

① 包昌火，谢新洲．竞争对手分析[M].北京：华夏出版社，2003.
② 查先进．信息分析[M].武汉：武汉大学出版社，2011.
③ [美]迈克尔·波特.竞争战略[M].陈小悦，译.北京：华夏出版社，2006.

现对本企业造成威胁的"蛛丝马迹"，应立即采取应对措施。①

第一，不费气力进入本产业的企业。

第二，进入本产业产生明显协同效应的企业。

第三，战略延伸后加入本产业竞争的企业。

第四，可能后向整合或前向整合的企业。

第五，可能发生兼并或收购行为的企业。

（2）按照性质划分

按照竞争对手的性质划分，可分为"好"竞争对手和"坏"竞争对手。

①"好"竞争对手。

尽管所有竞争对手都可能对企业构成威胁，但行业中存在合适的竞争对手，有时并不一定会削弱企业的竞争地位，反而会增强企业的竞争优势。这样的竞争对手就是"好"竞争对手，他们可能是行业领先者、企业追随者或合作者、"坏"竞争对手的打击者。② 例如，eBay 在中国为淘宝培育了 C2C 市场，淘宝通过学习 eBay，成为电子商务巨头，因而对淘宝来说，eBay 就是一个"好"竞争对手。对本企业来说，"好"竞争对手的存在是挑战，能够防止企业产生自满情绪，促进企业不断进步；可以带来一些战略好处，例如增加竞争优势、改善当前产业结构、增加整个产业的市场需求、开拓新市场、扼制其他竞争对手进入本行业。与"好"竞争对手间的竞争不会使本企业陷入旷日持久的冲突，③ 因此在某种程度上应该善待那些"好"竞争对手，应该给予他们一定支持和帮助。若过于激进地将竞争对手"赶尽杀绝"，可能使"好"竞争对手因绝望而出售自己，新竞争对手的进入可能会带来更大的威胁。

②"坏"竞争对手。

与"好"竞争对手相反，"坏"竞争对手不仅对本企业采取破坏行为，还在整个行业中掀起恶性竞争，降低产业集群整体竞争力，可谓集群中的"害群之马"。例如，开始采取低价竞争的"坏"竞争对手，导致同行其他企业为了争取顾客、扩大市场份额，纷纷进行掠夺式的低价竞争，从而使整个产业陷入恶性竞争的泥潭。尽管领先企业能够暂时提高市场占有率和获得极其微薄的利润，但恶性价格竞争使企业和整个产业都付出了惨痛的代价，企业逐渐陷入不能自拔的困境，产业前景堪忧。可见，"坏"竞争对手的危害很大，它是企业竞争的主攻对象。企业通常可采取对抗或者避开的策略，对"坏"竞争对手进行打击和

---

① 王超．竞争战略[M]．北京：中国对外经济贸易出版社，1999.

② 张泽洪，陈肖沫．学会选择——论波特的竞争对手理论[J]．现代企业教育，2004(5)：16-18.

③ [美]迈克尔·波特．竞争优势[M]．陈小悦，译．北京：华夏出版社，1997.

防范。

　　总之,"好"竞争对手和"坏"竞争对手对企业造成的影响截然不同,正确区分竞争对手的好坏,有助于采取正确的进攻方向,避免同有利于自己的竞争对手交锋,相互残杀,也有助于集中精力打击"坏"竞争对手。

3.2.2　竞争对手的选择

　　企业的竞争对手可能很多,每个竞争对手的目标、行为特征和构成的威胁都不同,企业需要区别现实竞争对手和潜在竞争对手、"好"竞争对手和"坏"竞争对手,选择出主要的竞争对手和次要的竞争对手,对不同的竞争对手采取有针对性的竞争策略。

(1)竞争对手选择原则

　　①战略性原则。

　　企业选择竞争对手时,要从企业竞争战略出发,对竞争对手进行辨析。一方面,企业高层要足够重视,对竞争对手选择行为进行总体规划和严密部署,成立专门的竞争对手分析小组;另一方面,在选择竞争对手时,不能片面地看待竞争行为的利弊,而要全面深入地分析竞争战略。

　　②针对性原则。

　　竞争对手通常与本企业具有某种关联性。大部分竞争对手生产相同产品或提供同质服务,拥有类似资源或争夺共同市场,其余竞争对手可能是本企业的上下游企业、相邻企业、相关企业等。选择竞争对手时,企业不能大海捞针,而要有计划地针对同行业和相关行业的一部分企业进行选择和评估。

　　③动态性原则。

　　随着竞争的加剧,竞争界限越来越模糊,竞争方式越来越多,企业的竞争变得越来越动态化,竞争对手也不断变化。企业要想准确地揭示出竞争对手的性质和竞争强弱程度,清晰地展示出竞争对手的竞争态势,需要长期跟踪竞争对手,根据企业竞争环境的变化调整竞争战略。

(2)竞争对手选择对象

　　正如营销大师杜拉克说的那样,"选择对手也是一种艺术"。从某种角度说,企业选择了什么样的竞争对手,决定了本企业在市场上会走出怎样的一条道路。在选择之初,应该运用恰当方法确定竞争对手选择对象。可考虑的做法是:根据迈克尔·波特的竞争对手分析模型,初步确定竞争对手选择的大致范围:行业内的现有企业竞争者、供应商、购买者、替代品和潜在进入者。① 此外，贸易组织、工会等其他相关利益者也可划入竞争对手选择的范围。在此基础上，根据市场共性和资源相似性，对竞争对手进行二维分类，形成竞争对手分析框架。②

根据竞争对手选择经验，主要竞争对手可能具有以下特征。③

①市场份额接近或近期有潜力接近或超过本企业。

②技术实力强，创新能力强，产品性能或服务质量与本企业接近。

③企业规模与本企业接近。

④可能使本企业用户发生重大转移。

⑤与本企业存在稀缺资源的激烈争夺。

⑥对本企业的市场份额构成现实的及未来的挑战和威胁。

⑦规模和市场份额都与本企业相差甚远，但近期有可能通过技术创新、产品改进、管理变革、重组改制、降低成本、改善销售策略等使企业市场地位发生改变。

⑧本企业发展战略锁定的竞争对手。

(3) 竞争对手选择步骤

竞争对手选择是企业竞争情报工作的重点，需要遵循科学的原则和规范的程序，主要步骤如图 3-3 所示。

①需求分析。

竞争对手选择是企业竞争情报的常规工作，对于竞争战略制定具有重要意义。每个企业竞争战略定位不同，面临的竞争对手各异，需要根据企业实际情况进行需求分析，明确竞争对手选择对本企业到底有何重要意义？企业竞争对手选择的目标是什么？

②定义竞争对手。

一般而言，分布于本行业或相关行业的竞争者往往不在少数，企业应该根据经典的竞争理论，结合企业实际，重新定义竞争对手，区分竞争者和真正的竞争对手，明确竞争对手选择的具体范围。

③构建评估体系。

评估体系是竞争对手选择的依据，企业应该围绕竞争对手与本企业的市场共同性和资源相似性，建立一套科学、有效的评估体系。具体指标可能包括：竞争对手的市场地位、市场占有率、产品质量、产品结构、用户构成、经营模式、管理理念、信息化程度、资源

---

① [美]迈克尔·波特. 竞争战略[M].陈小悦，译. 北京：华夏出版社，2006.

② 陈明哲. 动态竞争[M].北京：北京大学出版社，2009.

③ [德]方伟翰，哈拉德·维泽. 市场竞争中的企业策略[M].罗敏，译. 上海：上海社会科学院出版，2000.

```
┌──────────────┐        ┌──────────────┐
│   需求分析   │────────│ 竞争对手选择 │
└──────┬───────┘        │ 对本企业有何 │
       │                │   重要意义   │
       ▼                └──────────────┘
┌──────────────┐        ┌──────────────┐
│ 定义竞争对手 │────────│ 哪些组织或个 │
└──────┬───────┘        │ 人是本企业的 │
       │                │   竞争对手   │
       ▼                └──────────────┘
┌──────────────┐        ┌──────────────┐
│ 构建评估体系 │────────│ 分析竞争对手 │
└──────┬───────┘        │ 选择的主要影 │
       │                │ 响因素并构建 │
       │                │   指标体系   │
       ▼                └──────────────┘
┌──────────────┐        ┌──────────────┐
│   综合评估   │────────│ 对各种竞争对 │
└──────┬───────┘        │ 手进行综合评 │
       │                │ 估后加以分类 │
       │                │    和排序    │
       ▼                └──────────────┘
┌──────────────┐        ┌──────────────┐
│ 识别与选择   │────────│ 根据评估结果 │
└──────────────┘        │ 识别和选择   │
                        └──────────────┘
```

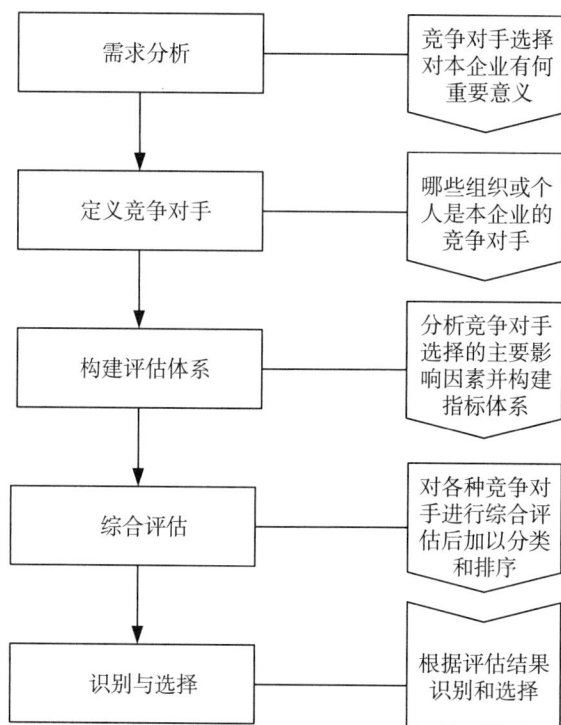

图 3-3 竞争对手选择步骤

配置效率、所在供应链、快速响应能力等具体指标。

④综合评估。

在广泛搜集了各竞争对手信息的基础上,根据评估体系,利用竞争对手动态分析框架,比较竞争对手各项指标,分析竞争对手与本企业的关联程度,评估竞争对手可能对本企业造成的影响。通过综合评估,本企业掌握了各竞争对手的竞争优劣势、竞争战略、竞争力等情况,可进一步对各竞争对手进行科学分类和排序。

⑤识别与选择。

根据综合评估结果,企业可以准确区分主要竞争对手与次要竞争对手、"好"竞争对手与"坏"竞争对手以及潜在竞争对手与现实竞争对手,从而选择出主要的竞争对手。

3.2.3 竞争对手情报

根据迈克尔·波特提出的竞争对手分析模型(如图 3-4 所示),① 竞争对手情报包括竞

---

① [美]迈克尔·波特. 竞争战略[M]. 陈小悦, 译. 北京: 华夏出版社, 2006.

争对手的未来目标、现行战略、假设和能力四个方面内容。

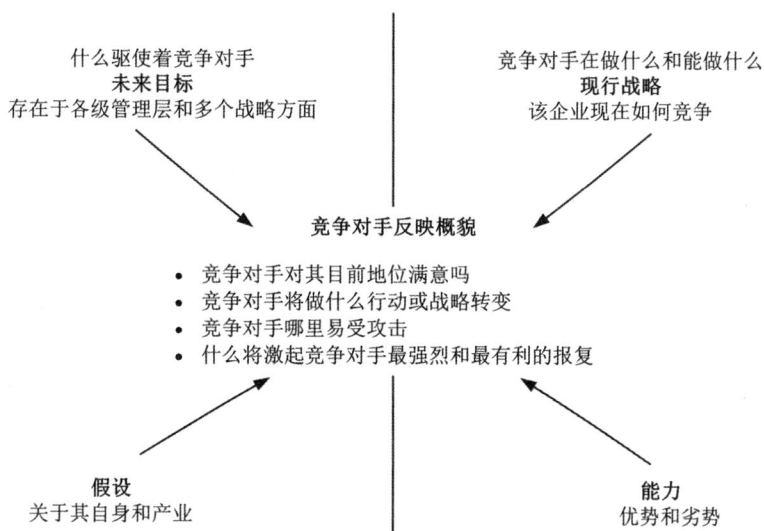

图 3-4 竞争对手分析模型

(1) 未来目标

分析竞争对手目标可预测每个竞争对手对其目前的竞争状况是否满意，预测竞争对手对战略变化和环境变化可能做出的反应，帮助企业制定恰当的竞争战略。了解竞争对手是为了识别出本企业主要的竞争对手及其竞争战略，因此，预测竞争对手未来的目标需要重点关注竞争对手的盈利能力、市场占有率、技术创新和服务领先等方面内容。①

(2) 现行战略

分析竞争对手现行战略可以了解竞争对手现在在做什么和将来能够做什么。在分析竞争对手未来目标和假设的基础上，进一步分析竞争对手现在如何参与竞争。竞争对手的战略取决于其战略目标和市场地位。通过对竞争对手新产品开发、价格变化、市场占有率、产品多样化程度、成本管理等方面竞争情报的分析，确定竞争对手现行的基本战略是成本领先战略、差异化战略、聚焦战略或其他某种战略，据此调整本企业的竞争战略。

(3) 假设

竞争对手假设是指竞争对手对自己和行业及行业内其他企业的认知。关于竞争对手假

---

① 王曰芬，甘利人．竞争对手的情报研究[J]．情报理论与实践，2001，24(4)：271-273.

设的情报可以从竞争对手的投资、产品定价、营销手段、广告宣传、企业文化等方面获取，通过分析这些竞争对手假设情报，能够预测竞争对手的竞争行为和发展态势。

（4）能力

评估竞争对手能力主要是比较分析竞争对手具有哪些优势和劣势及其对竞争力的影响。竞争对手能力是指企业的综合实力，包括优化配置企业各种资源和适应环境的能力。有关竞争对手能力的情报主要包括投资收益、现金流量、扩展模式、企业信息化、知识共享、顾客评价、危机管理能力等方面内容。

3.3　竞争环境分析

《孙子兵法》指出："不知山林、险阻、沮泽之形者，不能行军。"熟悉并充分利用环境是取得战争胜利的重要因素。企业经营也是如此，任何企业都处于竞争环境中。竞争环境为企业竞争行为提供必要条件，同时也限制着企业的竞争行为。经济全球化使市场竞争变得空前激烈，竞争环境愈加复杂多变，一个企业能否在日益激烈的竞争中脱颖而出，在很大程度上取决于企业对竞争环境的分析和把握。

3.3.1　竞争环境的特点和类型

环境是企业生存的空间，是影响企业经营的各种条件和力量的总和。企业依托环境谋求发展，反过来又影响和改变着环境。竞争环境中机会与威胁并存，对企业经营活动及其生存和发展的影响错综复杂、相互交织。

（1）竞争环境的特点

总体上，企业的竞争环境具有以下特点，如图 3-5 所示。

①复杂性。

竞争环境的复杂性主要来自两个方面：一方面是影响竞争环境的各种因素，影响因素越多，环境就越复杂，特别是当这些因素之间存在着很强的异质性和多样性时，竞争环境愈加复杂；另一方面，竞争环境构成要素的动态变化及其相互间的非线性关系也造就了环境的复杂性。

②动态性。

企业竞争环境是不断变化的。经济环境不断变化，技术进步层出不穷，市场供求关系

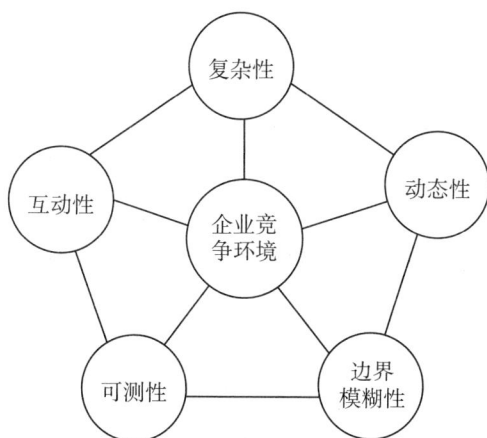

图 3-5 企业竞争环境的特点

瞬息万变,每个企业的决策都会影响整体竞争局势,竞争环境始终处于无休止的动态变化中,这些变化有快慢、大小之分,有的具有渐进性,有的具有突变性。竞争环境的动态性决定了企业竞争优势的短暂性,企业必须适应竞争环境变化,通过不断调整和修正其竞争战略以获取竞争优势。

③边界模糊性。

技术进步、信息化发展以及经济全球化使得企业与竞争环境之间的联系加强。企业竞争环境由原来的同行业静态的链状结构逐渐向行业间动态的网状和立体状结构转变,竞争边界变得模糊。

④可测性。

尽管在动态的竞争环境中,竞争者数量激增、竞争形式更多样、产业结构更复杂、竞争边界更模糊,但竞争环境变化仍然具有一定规律。一方面,环境因素之间的相互影响和相互作用符合一些基本原理,可以通过环境因素的变化推演其他因素的变化;另一方面,特定环境因素的变化可以通过一些数据、指标和观察值进行评价和预测。

⑤互动性。

竞争具有的高频互动性主要体现在以下两个方面:一是在动态竞争环境中,竞争对手间以快速的合作、对抗、打击、报复等方式展开动态竞争,竞争总是处于动态、反复的挑战与反挑战的斗争中,竞争对手通过学习和模仿不断克服自身劣势而建立新的竞争优势。[①] 二是竞争环境的各种因素相互依存、相互制约,企业面临的宏观竞争环境、产业竞

---

① 赵骅,李德玉. 企业持续竞争优势动态模型[J]. 中国软科学,2004(1):85-88.

争环境和企业内部竞争环境相互影响。

(2) 竞争环境分类

企业竞争环境是指对企业的生产经营活动产生直接或间接影响的一切竞争性因素。从影响范围来看，企业竞争环境分为宏观竞争环境、产业竞争环境和企业内部环境三类。如图 3-6 所示，最外层是宏观竞争环境，中间层是产业竞争环境，内层是企业内部环境。这三类竞争环境都对企业竞争行为产生影响，但对于不同的企业，在不同时间段，每一类竞争环境对企业影响程度都不同。

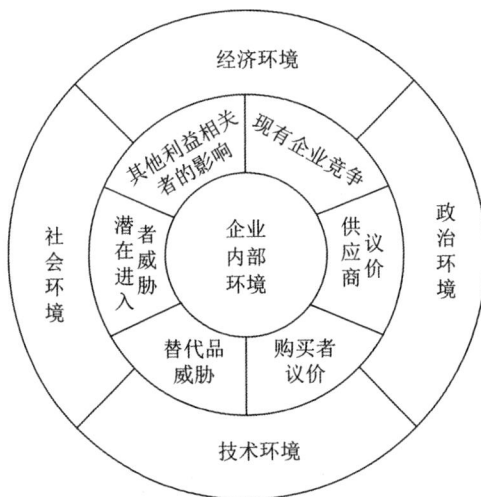

图 3-6　企业竞争环境的构成

①宏观竞争环境。

宏观竞争环境是指可能对该企业的活动产生影响的宏观环境，包括企业所处的政治环境、经济环境、社会环境和技术环境，这些宏观竞争环境可能对企业产生决定性影响。

第一，政治环境。政治环境包括政局的稳定性、国际关系以及影响企业经营的法律体系。对企业经营行为产生的影响，特别是对企业的长期投资行为和长期发展战略，以及企业成本管理行为的影响。稳定的政局和完善的法律法规能够为企业的公平竞争提供条件，有利于企业长期经营发展。

第二，经济环境。经济环境是影响企业竞争行为的重要环境因素。经济环境涉及经济发展趋势、国家经济体制、物价水平、劳动力情况以及财政金融政策等内容，具体可分为两类：一是国家的国民收入、国民生产总值及其变化情况，以及通过这些指标能够反映的国民经济发展水平和发展速度；二是企业所在地区或所需服务地区的消费收入水平、消费偏好、储蓄情况、就业程度等因素，直接决定企业目前及未来市场占有率。

第三，社会环境。社会环境指的是一个社会中形成的传统风俗、道德信念、价值观念、知识水平等因素的总和，这些因素会影响企业员工工作方式和表现。不同国家、不同地区的人由于教育、历史、伦理、宗教信仰等方面的不同，常有着不同的社会文化和心态。企业要想长期立足，必须了解社会风俗，尊重不同的文化。

第四，技术环境。技术环境是指一个国家和地区的技术水平、技术政策、新产品开发能力以及技术发展的动向等。知识经济时代，技术发展日新月异，技术的突破与创新对提升企业竞争能力具有重要作用。革命性的技术发展可能改变整个企业的竞争格局。企业应特别关注所在行业的技术发展动态和竞争者技术开发、新产品开发方面的动向，重视技术革新和技术开发，以增强其产品竞争力。

②产业竞争环境。

产业竞争环境是相对于行业来说的，产业竞争环境是指企业在其特定的经营领域所面临的环境。根据迈克尔·波特的五力竞争模型,① 产业竞争环境包括行业内的现有企业竞争、供应商议价、购买者议价、替代品威胁和潜在进入者威胁。考虑到当今竞争的新特征，我们将其他利益相关者也视为产业竞争环境因素(如图 3-7 所示)。

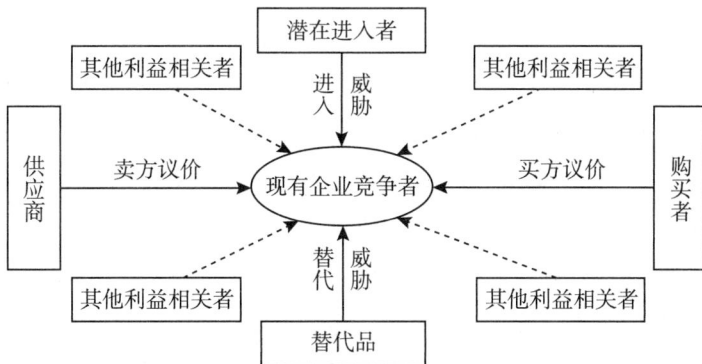

图 3-7 产业竞争环境

第一，现有企业竞争者。同行业企业之间具有相互影响、相互依存的关系。某企业的竞争行为往往会对竞争对手的行为产生影响，甚至引发行业的整体变化。虽然不同行业企业间的竞争激烈程度不同，但影响企业间竞争强度的基本因素大致相同，主要包括：主要竞争者的数目与分布情况、产品和行业特征、行业销售增长程度、企业获利能力以及退出

① [美]迈克尔·波特. 竞争战略：分析产业和竞争者的技巧[M]. 陈小悦，译. 北京：华夏出版社，2003.

某种产品生产的难易程度。

第二，供应商。供应商是企业维持正常生产经营活动所需要的人、财、物、信息、技术等各种要素的来源企业。供应商通过提高产品或服务价格或质量对整个行业产生影响，表现在两个方面：一是供应商能否按照企业需求按时、按质、按量提供各种要素，这决定了生产经营活动能否正常运行；二是供应商的价格谈判能力，这决定了企业的生产经营成本和利润。

第三，购买者。购买者包括产品的各级分销商和最终用户。购买者的需求水平决定了企业市场需求，其价格谈判能力影响企业收益。任何行业的购买者都会在价格、质量、服务等各种交易条件上尽力迫使对方让步，以便获得更多的收益。购买者通过压低价格、要求更高的质量或服务、让竞争对手互相竞争等方法来影响行业。购买者讨价还价的能力对成交结果产生重要影响，而讨价还价能力由以下因素决定：行业的集中程度、交易量的大小、产品差异化程度、转换供货单位费用、纵向一体化程度、信息可靠程度和其他因素。

第四，替代品。替代品是指那些与本行业产品具有相同或相似功能的其他产品，如洗衣粉可替代肥皂、圆珠笔可部分替代钢笔。当产品的使用价值或功能相同，能够满足消费者的需要相同，在使用过程上就可以相互替代，若用户购买了替代商品，那么具有相同或相似功能商品的市场需求就会相应减少，因而生产这些产品的企业就可能形成竞争。企业在制定竞争战略时，必须识别替代品的威胁。

第五，潜在进入者。潜在进入者是指那些可能进入本行业参与竞争的企业。他们能给行业带来新产能，是行业的重要竞争力量。但是，该行业中的原有企业则面临着市场份额的争夺和竞争。潜在进入者威胁的大小取决于行业进入壁垒和原有企业的反应。如果进入壁垒高，原有企业反应激烈，潜在进入者很难进入该行业，此时进入威胁小；反之，进入威胁就会增大。一般地，影响进入障碍大小的主要因素有：规模经济性、产品差异化、资本量、转移成本、进入分销渠道、政府政策、专利权等。

第六，其他利益相关者的影响。其他利益相关者主要是政府、社区、信贷供应方、特殊利益群体、贸易组织、工会、股东及其他辅助企业或相关产业，这些利益相关者对各个行业的影响程度各不相同。

③企业内部环境。

企业内部环境是微观竞争环境，包括企业的组织结构、企业文化、企业制度、企业资源和能力，是企业正常运行、利润目标实现以及企业内外环境匹配的保证。一个企业要想在激烈的市场竞争中立足并得到较好的发展，除了要深入分析竞争对手外，还要全面获取企业内部情报，分析自身具有的优势和劣势，这样才能真正做到"知己知彼，百战不殆"。

3.3.2 竞争环境分析的意义

竞争环境分析对于企业竞争情报研究具有重要意义，为企业竞争情报活动提供理论支持，是企业制定竞争战略的前提，也是企业获得持续竞争优势的保障。

(1)企业制定竞争战略的前提

企业制定竞争战略是为了让企业资源配置比竞争对手更加优化，能力比竞争对手更强。制定竞争战略时，企业需要分析竞争对手、竞争环境和企业内部条件，因而竞争对手分析是制定竞争战略的前提。企业只有对竞争环境进行准确的分析，才能制定出有利的竞争战略，协助企业扬长避短，获得外部机会并回避潜在威胁。

(2)企业获得持续竞争优势的保障

企业要在动态而激烈的市场竞争中保持竞争优势，就必须根据竞争环境的变化不断调整竞争战略，调整的依据是竞争环境情报。通过对竞争环境的监视和分析，企业能够获得关于环境变化的先兆信息，根据危机早期预警情报或新增商机的相关情报，调整企业竞争战略，对危机进行早期预警和对环境变化进行快速响应以获得持续竞争优势。因此，竞争环境分析是企业获得持续竞争优势的保障。

3.3.3 竞争环境分析的内容

竞争环境分析包括竞争环境现状分析、竞争环境趋势分析和竞争环境协同分析三部分内容。

(1)竞争环境现状分析

宏观竞争环境的现状分析主要是利用环境扫描法，全面分析对企业未来产生重要影响的各种政治、经济、社会、技术因素，寻求这些外部因素与企业战略目标、管理工作之间的关联，分别对各种要素的重要性进行比较分析，根据这些因素对企业影响的重要程度排序，识别出其中的机会和威胁。

产业竞争环境分析的主要任务是：分析行业竞争要素，在行业内现有竞争者、供应商、购买者、替代品生产商、潜在进入者以及其他相关利益体中，识别出影响本企业的关键竞争力量；在已确定的关键竞争者中，找出需要立即处理或对付的威胁。

企业内部环境分析的内容包括企业组织结构、企业文化、资源条件、价值链、核心能力分析等。

(2)竞争环境趋势分析

竞争环境复杂多变，要提高企业对竞争环境的快速响应能力，不仅需要确定竞争环境中的主要影响因素，还需要搜集相关信息预测这些因素可能发生的变化。

宏观竞争环境的趋势分析需要综合利用定性和定量两种预测方法。其中，定性预测方法是利用竞争情报专家的个人经验和知识，结合宏观环境特征，对宏观环境的未来和发展趋势做出推测。定量预测方法通常是在已有数据的基础上，利用趋势外推分析法，建立预测模型，计算能反映宏观环境变化的指标值，推算出发展趋势。为了得到更加准确的预测结果，竞争情报分析人员需要输入正确的数据，了解每种方法的适用范围，综合应用多种方法加以分析。

产业竞争环境的趋势分析主要是分析产业发展前景。从产业技术发展、市场需求、竞争特征、组织特征判断产业处于生命周期的初创、成长、成熟和衰退的哪个阶段，分析产业发展态势和同行其他企业的变化趋势。

企业内部环境的趋势分析是在分析本企业资源和能力优劣势的基础上，分析企业组织结构、生产、销售、产品研发等随着宏观竞争环境和产业竞争环境的变化可能会有的变化、变化大小及难易程度。

(3)竞争环境协同分析

"协同"从狭义上理解，是与竞争相对立的合作、互助和同步等行为；从广义上理解，是指在复杂大系统内，为了实现系统的总体演进目标，各子系统或各个组成部分之间的相互配合、相互支持而形成一种良性循环状态。在该状态下，各子系统的协同行为优于单个要素行为之和，形成整个系统的统一性和整体性。对于企业管理协同，可以理解为"企业之间共生共存关系"①、"组织整体产生的共同效应"②、"企业在业务单元间共享资源的活动"③、"事物或系统内部各要素之间结合、协作配合的一致性和和谐型"④。本书中，我们认为竞争环境协同有两层含义：一是企业内部环境组成要素之间高度耦合，与企业发展阶段相适应；二是企业内部环境与外部竞争环境(包括宏观环境和产业环境)协调一致，能

---

① Ansoff H I . Corporate strategy[M]. Sidgwick&Jackson, 1986.

② Hofer C W, Schendel D. Strategy Formulation：Analytical Concept[M]. New York：Weat Publishing, 1978.

③ Porter M E. Competitive Advantage：Creating and Sustaining Superior Performance[M]. Free Press, 1998.

④ 刘友金，杨继平. 集群中企业协同竞争创新行为博弈分析[J]. 系统工程，2002，20(6)：22-26.

够快速响应外部竞争环境的各种变化。

竞争环境协同分析首先要分析企业内部环境如何做到整体最优？即如何以最小成本创造最大收益？这需要分析企业组织结构、企业文化、资源配置状态和企业制度能否为企业价值创造提供一个有利的内部条件和氛围，能否提高企业生产经营效率并获得竞争优势和核心竞争力。

其次，在竞争环境协同分析过程中，还需要分析企业的宏观竞争环境、产业竞争环境和企业内部环境间的相互作用。由于企业内部环境是存在于企业组织边界以内的对企业价值创造过程产生影响的所有内部因素，企业可以根据需要对企业内部环境进行调整与改造，企业内部环境是可控的；而宏观竞争环境和产业竞争环境是指企业外部的各种影响因素，企业虽然可以在一定程度上影响企业外部环境，甚至对企业外部环境进行一定程度的改造，但无法像对待企业内部环境那样对外部环境进行控制，即企业外部环境是不可控的。所以，竞争环境协同分析的内容是企业外部竞争环境对内部环境的影响，以及企业内部环境对外部竞争环境的反馈，也就是企业内部环境对外部竞争环境变化的响应。

从协同路径看，宏观环境通过实施行业管制、控制行业风险、道德关注等对产业竞争环境施加影响；产业竞争环境则通过产业结构升级、提升行业竞争力等来反馈宏观环境的影响；宏观竞争环境和产业竞争环境通过资源配置、产品与服务定价、市场占有率对企业内部环境产生影响；企业内部环境则通过主动选择、自我调整来反馈外部竞争环境的影响。

3.4 竞争战略分析

要想在竞争中取胜，获得持续竞争优势，企业不仅要深入研究竞争对手、主动响应竞争环境变化，还需要根据竞争对手情况和客观环境，设计和实施正确的竞争战略，并对其进行有效地控制与管理。

3.4.1 竞争战略的内容和过程

(1)企业竞争战略的内容

20世纪80年代以来，西方经济学界和管理学界一直将企业竞争战略理论置于学术研究的前沿地位，有力地推动了企业竞争战略理论的发展。目前，企业竞争战略理论研究主要有四大学派：行业结构学派、核心能力学派、战略资源学派和动态竞争战略学派。其中行业结构学派的创立者和代表者是迈克尔·波特，他提出行业结构分析是确立竞争战略的基石，理解行业结构永远是战略制定的起点。① 核心能力学派以 C. K. Prahalad 和 Gary Hamel 为代表，他们认为企业战略的目标就在于识别和开发竞争对手难以模仿的核心能力。② 战略资源学派的代表者是 David J. Collins 和 Cynthin A. Motgomery，他们提出企业战略的主要内容是如何培育企业独特的战略资源，以及最大限度地优化配置这种战略资源的能力。③ 动态竞争理论则强调企业竞争战略的"动态"和"能力"两个方面。可见，不同理论学派对企业竞争战略研究的侧重点不同，对企业竞争战略的认识存在差异。

　　总结已有研究，我们认为企业竞争战略是企业为了获得并保持竞争优势，充分利用企业资源和能力实现企业战略目标的策略过程和结果。竞争战略的核心概念是顾客价值、战略制定和战略组织，分别回答如下三个问题：竞争什么？如何竞争？谁来竞争？从构成要素看，企业竞争战略包括战略目标、企业资源、经营能力、战略组织、产品/市场五个方面的内容，如图 3-8 所示。

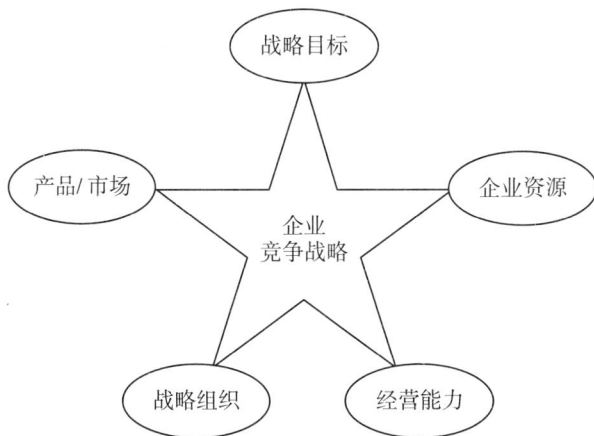

图 3-8　企业竞争战略的内容/要素

　　①战略目标。

　　战略目标是企业的使命或宗旨，是指企业对其当前和未来在市场结构中位置的规划和期望。战略目标包括两方面内容：一是描述企业拟进入的市场领域，获取竞争优势的活动

---

　　①　[美]迈克尔·波特. 竞争优势[M]. 陈小悦，译. 北京：华夏出版社，1997.

　　②　Prahalad C K, Gary Hamel, The core competence of the corporation[J]. Harvard Business Review, 1990(5/6)：79-90.

　　③　Collis D J, Montgomery C A. Competing on resources：Strategy in the 1990s[J]. Harvard Business Review, 1995(73)：118-129.

范围、规模、途径等；二是将企业战略目标加以细化并明晰地归纳表达出来，表明企业如何获得和保持竞争优势。

②企业资源。

企业资源包括物质资源、人力资源、管理资源、金融资源和信息资源等多种资源。企业要获得持续的竞争优势，不仅要尽可能多地占有这些资源，尤其是竞争对手无法或难以获得的稀缺资源，还要优化配置多种资源。资源配置过程中，一方面要强调资源配置效率，这直接影响企业战略目标实现程度；另一方面要注意资源的动态配置，当竞争环境变化时，资源配置模式能快速响应外界变化，以支持企业实施动态战略。

③经营能力。

经营能力指企业开发和利用资源创造价值的能力，是企业在研发、生产、营销等各项职能活动及其管理领域所拥有技能的总和。经营能力包括企业创造和满足需求的能力、研究开发能力、市场营销能力、生产制造能力以及风险管理能力等。

④战略组织。

竞争战略的实现需要借助于一系列基于价值主张的承诺及其手段和工具。也就是说，竞争战略的执行效果需要良好的组织结构和组织文化支撑。一方面，企业组织架构、领导方式、合作氛围、业务流程、权力分配、激励方式等要与企业竞争战略相适应；另一方面，企业文化在组织层次或制度层次上与战略目标一致，企业成员要具有相同战略的价值取向和价值主张，遵循共同的行为规范。

⑤产品/市场。

产品是企业实施竞争战略的载体；市场是企业与其竞争对手较量的场所，在某种程度上直接决定了企业的目标市场、产品种类、营销方式和经营范围。产品/市场是顾客、竞争者、产品、价格、服务以及其他要素构成的综合体。相对于竞争对手，如果企业能更有效地满足细分市场需求，那么就能获得相对竞争优势，保证企业竞争战略能得到有效实施。

(2)企业竞争战略过程

企业竞争战略过程是企业竞争战略活动的流程和实现方式。战略研究范围包括：①战略计划和决策方法的规范性和描述性工作，主要是战略形成和实施方式的选择及有效性研究；②个人和群体特征以及组织结构对战略形成和实施过程的影响。有的学者将战略过程分为战略制定和战略执行两个阶段，① 有的又将其分为战略形成、战略实施和战略评价三

---

① Andrews K R, David D K. A Concept of Corporate Strategy[M]. Homewood, IL: Irwin, 1967.

个阶段。① 本书中，我们将竞争情报战略过程分为竞争战略制定、竞争战略转换、竞争战略实施和竞争战略控制四个阶段（如图 3-9 所示）。

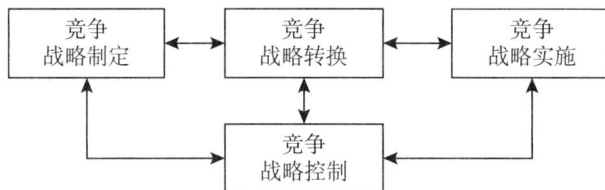

```
┌─────────┐     ┌─────────┐     ┌─────────┐
│  竞争    │◄───►│  竞争    │◄───►│  竞争    │
│ 战略制定 │     │ 战略转换 │     │ 战略实施 │
└─────────┘     └─────────┘     └─────────┘
      │          ┌─────────┐          │
      └─────────►│  竞争    │◄─────────┘
                 │ 战略控制 │
                 └─────────┘
```

图 3-9　企业竞争战略过程

①竞争战略制定。

制定竞争战略时，首先要明确企业的使命和战略目标、企业外部环境和内部条件，然后寻找市场机遇、企业内部资源与能力、企业战略目标和社会职责的最佳契合并做出决策。②

②竞争战略转换。

竞争战略转换是企业竞争战略对环境变化的主动适应，是企业为了动态地适应外部环境和内部条件的变化，或者为了利用潜在的机会而从原有的战略转变到新的战略，从而不断创造新的竞争优势。③ 竞争战略转换是联结竞争战略制定和实施的纽带。

③竞争战略实施。

竞争战略实施阶段是把决策转化为具体行动，企业从组织、管理、领导各方面来保证战略得到认真的贯彻，最终取得预定目标的过程。竞争战略实施需要企业各个阶层对竞争战略意图的理解和战略行动上的协调。

④竞争战略控制。

在竞争战略制定、转换和实施过程通常伴随着竞争战略控制，其目的在于确保形成和执行正确的战略，并提高执行力和增强动态环境下的战略应变能力。

控制就是规范相关人员的战略行动，使其不偏离战略目标。假如不能达到预期目标，竞争战略控制便可跟踪和评估实施的状态，提供有效反馈，修正战略、改变实施途径或者提高企业完成战略目标的能力，继续进行竞争战略的转换和实施。

---

① 武亚军 . 90 年代企业战略管理理论的发展与研究趋势[J]. 南开管理评论，1999(2)：4-11.
② 周三多 . 战略管理思想史[M]. 上海：复旦大学出版社，2002.
③ 简兆权 . 动态竞争环境下的企业战略转换[M]. 北京：经济科学出版社，2005.

3.4.2 竞争战略的类型

企业竞争战略种类繁多，根据不同的分类标准，可将其分为多种类型。本书分别按基本战略、竞争行为性质和竞争模式三种角度进行分类。

（1）按基本战略分类

一个企业与竞争对手相比可能有许多优势和劣势，但决定企业进入市场的基本竞争优势为低成本或独特性。据此，迈克尔·波特将基本竞争战略分为总成本领先战略、差异化战略和聚焦战略三种类型。

①总成本领先战略。

强调企业努力减少生产及分销成本，使价格低于竞争者的产品价格，以提高市场占有率。当产品或服务在性能方面缺乏差异时，低成本可以获得价格方面的竞争优势，从而形成利润空间，成为有效的竞争战略。

②差异化战略。

强调企业努力发展差异性大的产品和营销项目，为客户提供独特的产品及营销服务，领先于同行竞争对手。成功的差异化战略有利于企业以较高的价格出售产品，同时又赢得顾客的忠诚。

③聚焦战略。

企业选择产业内一个或一组细分市场，向目标客户提供所需的产品和服务。实施聚焦战略的企业一般会集中力量于一种或几种产品市场，而不是将力量均匀地投入整个市场。

（2）按竞争行为性质分类

制定总战略的标准是市场竞争的总体发展态势，企业竞争战略可以分为进攻战略、防御战略、撤退战略和合作战略。

①进攻战略。

进攻战略是指企业依靠自身力量或同其他企业联合以促进企业发展的一种战略。采取进攻战略的企业常常是行业的第二、第三位企业，他们有一定的竞争实力时，主要从本行业的其他企业那里争夺顾客，从而提升企业的市场地位。

②防御战略。

防御战略是指企业在一定时期内对产品、技术、市场等方面采取以守为攻，伺机而动，以安全经营为宗旨的一种战略。采取防御战略的通常是行业领导者，他们对当前的市场地位比较满意，主要采取各种策略维系已有顾客，防止其他竞争对手侵入。防御战略包括收缩战略、剥离战略、清算战略和合资经营战略等。①

③撤退战略。

撤退战略是指企业在一定时期内缩小生产规模或取消某些产品生产的一种战略。当企业的产品或服务在激烈的市场竞争中已经没有任何优势时，企业的经营方向可能会发生转变，这时企业一般需要采取撤退战略。

④合作战略。

合作战略是企业为增强自身竞争力，与竞争对手合作而获得双赢的战略。合作战略是相对的、有条件的，相对于市场竞争而言，它只是市场上局部的、短暂的战略现象，企业通过寻找有效的合作方式进行竞争，只是为了获得更大的竞争优势。通常企业通过与其竞争对手建立战略联盟、虚拟组织、供应链、企业集群等来实施合作战略。

(3) 按竞争模式分类

从竞争模式看，竞争战略可分为一体化战略、多元化战略和专业化战略三类。

一体化战略，是指通过重组、并购等方式进入相关业务领域，强化对产业的影响和控制，扩大市场范围，提高企业利润。一体化战略可进一步细分为三种：前向一体化战略，即企业对分销商和零售商进行控制；后向一体化战略，即企业对供应商进行控制；横向一体化战略，即企业对同类竞争者进行控制。

多元化战略，是指企业通过提供多样化产品或服务，扩大业务领域和开拓新市场来增加竞争能力的战略。多元化战略可以细分为三种：同心多元化战略，即开发与现有产品业务相关的新产品或服务；水平多元化战略，即为现有顾客增加新的不相关的产品或服务；混合多元化战略，即增加新的与原有业务不相关的产品和服务。

专业化战略，是指企业主攻某个特定的顾客群、一个细分区段或某个细分市场的一种集中战略。它要求企业充分利用环境机会和内部能力优势，对资源要素进行有效整合，使资源配给向核心要素倾斜，其目的是为少数细分市场提供最佳服务，充分发挥自身的核心竞争力。专业化战略包括市场渗透、市场开发和产品开发三种策略。市场渗透是指企业通过加强市场营销，提高现有产品或服务在现有市场上所占的份额；市场开发是指企业将现有产品或服务打入新市场；产品开发是指企业通过改进产品或提升服务以提高销量。

① 周三多，陈传明，鲁明泓．管理学——原理与方法［M］．上海：复旦大学出版社，2003．

3.4.3　竞争战略选择的依据

企业在不同的发展阶段、发展区域和竞争环境中会选择不同的竞争战略。[①] 为了识别并利用环境变化带来的机会，避免环境变化产生的威胁，赢得持续竞争优势，企业需要选择与环境条件相适应的战略及其行为方式。

竞争战略选择存在着组织推动力与环境驱动力。[②] 一方面，企业拥有的资源是企业获得竞争优势的基础，企业核心能力是企业获取竞争优势的源泉，资源和能力的变化推动战略发生改变；另一方面，及时响应竞争环境变化，与竞争环境相匹配是保持企业持续竞争优势的必要条件，因而企业改善竞争战略并提高环境适应性是战略选择的推动力。

如图3-10所示，企业选择竞争战略主要考虑企业资源变化、企业能力变化以及企业外部环境变化带来的影响。具体而言，企业资源和能力的变化主要体现在企业组织结构、企业规模、企业文化、质量、成本、价格、品牌、差异化、管理、技术创新、企业家精神、核心能力等；外部环境变化的影响因素主要包括市场结构、产业结构、企业社会资本、顾客需求、制度环境、政府政策、市场环境、行业因素和外部联盟等。

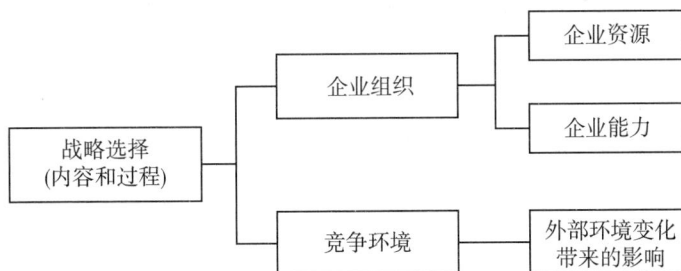

图3-10　企业竞争战略选择依据

3.4.4　不同企业的战略选择

对于特定企业，到底哪一方面或者哪些方面的关键影响因子会是竞争战略选择的重要

---

① Zahra S A, Kirchhoff B A. Technological resources and new firm growth: A comparison of start-up and adolescent ventures[J]. Research in the Sociology of Work, 2005(15): 101-122.

② Zajac E J, Kraatz M, Bresser R. Modeling the dynamics of strategic fit: A normative approach to strategic change[J]. Strategic Management, 2000, 6(21): 429-453.

依据，还得遵循一定的原则，利用科学方法做出判断。

（1）基于竞争地位的战略选择

在市场竞争中，处于不同竞争地位的市场主导者、挑战者和追随者在竞争战略行动目标、战略重点、战略方式和战略手段等方面具有不同的特征。

①市场主导者的战略选择。

市场主导者在进行竞争战略选择时，其主要行动目标是使市场竞争结构处于平衡稳定的状态。它所采取的对策是尽量避免行业内的企业在价格、市场占有率、技术、销售等方面发生激烈的竞争，要让市场的发展和变化以自身为中心，获得稳定的市场竞争环境，保持企业已经取得的市场竞争优势地位，提高对市场变化的控制能力。稳定市场的同时，市场主导者还要和市场挑战者保持差距。

市场主导者的战略重点：一是继续保持进攻态势，肩负行业使命，保持基业长青；二是设置障碍进行防守；三是迫使市场追随者服从。

②市场挑战者的战略选择。

市场挑战者选择竞争战略时重点应从两方面考虑：一是在企业资源达到极限时要与市场主导者休战，不能毫无休止地与市场主导者争夺市场份额；二是在与市场主导者竞争时努力寻找新市场，并成为新市场的主导者，在条件具备和时机成熟时向市场主导者发起挑战。

市场挑战者的战略目标通常是提高市场占有率和收益率，进而提升自身的市场地位。为此，他们需要采取进攻战略来获取竞争优势，包括正面进攻、侧面进攻、全方位进攻、迂回进攻和游击进攻等。

③市场追随者的战略选择。

市场追随者无论在市场份额还是竞争实力上，都与市场主导者和市场挑战者有着较大差距，生存和发展是需要解决的首要问题。市场追随者的竞争战略不是追求高位次的企业竞争，而是努力寻求与市场主导者共存、稳定市场的战略目标。

市场追随者成功的关键在于主动地细分和集中市场、有效地研究和开发新产品与服务、着重于盈利而不重视市场份额。通过模仿或改进革新者推出的新产品，大量推广市场销售。

在市场竞争中，追随者必须懂得如何保持现有顾客，以及如何争取一定数量的新顾客，例如，可通过在地点、服务和融资等方面给予优惠达到以上目标。追随者是挑战者攻击的重要目标，为了保持稳定的市场份额，追随者必须提供低廉的成本和良好的产品质量和服务，随时注意打进新开发的市场。处于市场追随者地位的企业，可供选择的战略有紧随其后、有距离追随和有选择追随三类。

(2) 基于生命周期的战略选择

竞争战略选择与企业和产业生命周期存在密切关系。企业生命周期分为创业阶段、成长阶段、成熟阶段和衰退阶段，它反映了影响竞争战略选择的内部条件的变化。产业生命周期分为初创期、成长期、成熟期和衰退期，它反映了影响竞争战略选择的外部环境的变化。企业选择战略时需要考虑技术、需求、竞争和组织四个方面的因素，[①] 分析处于不同生命周期阶段的企业和产业特征，确定处于不同产业生命周期的企业在自身生命周期的不同阶段采取何种竞争战略，基于生命周期的竞争战略选择见表3-1。按照竞争战略的分类，处于不同生命周期的企业根据所在产业生命周期的特征对各种竞争战略进行选择和组合。

在产业初创期，产业内已有的竞争者主要围绕技术的标准化和新产品的开发以及产品质量的稳定性进行竞争。此时，处于创业阶段的企业规模小、实力弱，缺乏核心能力，应当充分利用所有资源，集中力量在细分市场上占有一席之地，不断发展壮大，因而创业阶段企业可以选择聚焦战略、进攻战略和专业化战略；处于成长阶段的企业发展迅速，规模不断扩大，生产成本降低并注重产品创新，因而可以选择成本领先或差异化战略、进攻战略、一体化或多元化战略；成熟阶段是企业最辉煌的时期，限制企业发展的一些障碍逐渐被突破，企业规模、销量、利润等都达到了最佳状态，处于成熟阶段的企业在保持竞争优势的同时，还需要向外扩张，可以选择成本领先或差异化战略、进攻战略、多元化战略；处于衰退阶段的企业，通过加强合作和推陈出新获得新的发展前景，可以选择差异化或聚焦战略、合作战略、多元化战略。

表 3-1   **基于生命周期的竞争战略选择**

企业 产业	创业阶段	成长阶段	成熟阶段	衰退阶段
初创期	聚焦战略、进攻战略、专业化战略	成本领先或差异化战略、进攻战略、一体化或多元化战略	成本领先或差异化战略、进攻战略、多元化战略	差异化或聚焦战略、合作战略、多元化战略
成长期	聚焦或差异化战略、进攻或合作战略、专业化战略	成本领先或差异化战略、进攻或合作战略、一体化或多元化战略	成本领先战略、进攻或防御战略、多元化战略	差异化或聚焦战略、进攻或合作战略、多元化战略

---

① 汪群，张阳，郑声安. 基于产业生命周期视角的企业战略制定的影响因素研究[J]. 南京社会科学，2008(5)：48-52.

续表

企业＼产业	创业阶段	成长阶段	成熟阶段	衰退阶段
成熟期	聚焦战略、进攻或合作战略、专业化或一体化战略	成本领先战略、进攻战略、多元化战略	成本领先战略、防御战略、一元化战略	成本领先或差异化战略、撤退战略、多元化战略
衰退期	差异化战略、合作战略、专业化战略	差异化战略、合作或撤退战略、多元化战略	成本领先或差异化战略、防御或撤退战略、多元化战略	成本领先战略、撤退战略、多元化战略

在产业成长期，随着更多的企业进入，企业之间的竞争日益激烈并逐渐转变为市场份额之争。此时，处于创业阶段的企业可以选择聚焦或差异化战略、进攻或合作战略、专业化战略；处于成长阶段的企业可以选择成本领先或差异化战略、进攻或合作战略、一体化或多元化战略；处于成熟阶段的企业可以选择成本领先战略、进攻或防御战略、多元化战略；处于衰退阶段的企业可以选择差异化或聚焦战略、进攻或合作战略、多元化战略。

在产业成熟期，产品的技术和性能已经相当稳定，市场增长速度放慢，成本竞争成为企业间的主要竞争。处于创业阶段的企业可以选择聚焦战略、进攻或合作战略、专业化或一体化战略；处于成长阶段的企业可以选择成本领先战略、进攻战略、多元化战略；处于成熟阶段的企业可以选择成本领先战略、防御战略、一元化战略；处于衰退阶段的企业可以选择成本领先或差异化战略、撤退战略、多元化战略。

在产业衰退期，新技术和新产品的出现会导致现有市场衰落，企业之间往往会爆发价格大战，有的企业通过开发新技术延长产业的生命周期，企业之间的竞争表现为创新之战。处于创业阶段的企业可以选择差异化战略、合作战略、专业化战略；处于成长阶段的企业可以选择差异化战略、合作或撤退战略、多元化战略；处于成熟阶段的企业可以选择成本领先或差异化战略、防御或撤退战略、多元化战略；处于衰退阶段的企业可以选择成本领先战略、撤退战略、多元化战略。

◎ 思考题

1. 简述企业竞争情报需求的类型和内容。
2. 如何表达和处理企业竞争情报需求？
3. 试述竞争对手的分类和选择方法。
4. 竞争对手情报包含哪些内容？

5. 试述竞争环境的特点和类型。

6. 试述竞争环境分析的意义和内容。

7. 试述竞争战略的内容和过程。

8. 试述竞争战略的类型和选择依据。

9. 比较不同企业的竞争战略选择特点。

第4章
企业竞争情报研究的方法

4.1 概　　述

"工欲善其事，必先利其器。"在科学实践中，方法是指认识的途径、理论或学说，或指为解决具体问题而采用的手段、工具或操作的总和，以及解决这一问题所需的一套程序。企业竞争情报研究的方法很多，如竞争情报搜集方法、竞争情报分析方法、竞争情报表达方法等，几乎涉及竞争情报活动的每一个环节。在实践中，每一种方法的应用又都是一个完整的过程。

一般地，各种信息搜集、分析、表达等方法原则上都可应用于竞争情报研究领域，这些方法通常可划分为定性研究方法、定量研究方法和半定量研究方法三大类。

4.1.1　定性研究方法

定性研究方法是竞争情报研究的基本方法。它以认识论及思维科学领域的有关理论为基础，根据有关研究对象的各种原生信息及其相关性，对研究对象进行比较、评价、判断、推理、分析、综合，从而揭示出研究对象本身所固有的、本质的规律。

定性研究方法具有定性研究、推论严密、直感性强的特点，在竞争情报研究中有广泛的应用。特别是对于那些不需、不易或不能用定量数据进行研究的研究对象，定性研究方法具有无与伦比的优越性。

这种方法的缺点在于其推论虽严密但不够精确、分析问题虽深刻但不够具体，特别是所得的结论仅仅是一种定性的认识或描述，没有强劲的说服力，因此在竞争情报研究中仅用于这样几种场合：为定量研究做准备；对定量研究的结果进行验证或评价；在缺乏定量研究条件或不需进行定量研究的情况下独立使用。

4.1.2 定量研究方法

定量研究方法以基础数学、数理统计、应用数学以及其他数学处理手段为基础，通过分析研究揭示出研究对象本身所固有的、内在的数量规律性。常见的定量研究方法有聚类分析法、回归分析法、主成分分析法、时间序列分析法、信息计量方法、投入产出分析法、系统仿真法(如系统动力学方法)等。

定量研究方法具有定量研究、结论具体、高度抽象的特点，在竞争情报研究中有十分广泛的应用。如利用文献增长模型可判断文献内容的新颖性和适用性，利用投入产出模型可进行经济分析、经济预测和经济政策模拟，利用马尔科夫链可对产品或服务的市场占有率和利润期望值进行预测等。这种方法的缺点在于其不能完全替代人脑进行创造性思维。此外，定量研究方法中所构造的曲线、模型或公式仅仅是客观事物抽象化和理想化的结果，与复杂的、多参量的、动态变化的客观事物本身相比，仅仅是一种近似的、简单的、静态的描述，因此，其结论在许多情况下仅具有参照意义。

在具体实践中，人们往往根据研究对象的具体条件和要求交叉使用定性研究方法和定量研究方法，以达到相互补充、相互完善的效果。

4.1.3 半定量研究方法

半定量研究方法是一种定性和定量相结合的方法。其主要做法是在定性方法中引入数学手段，将定性问题(如专家评估意见和分析结论)按人为标准打分并作出定量化处理，具有数理统计的特征。半定量研究方法主要有德尔菲法、交叉影响分析法、层次分析法、内容分析法等。例如，利用层次分析法及其相关模型可对经济、管理、研究与开发等领域的方案或成果进行评估。

从使用效果来看，半定量研究方法比定性研究方法更具有可操作性，但又不像定量研究方法那样繁琐。当然，半定量研究方法也不能"包打天下"。它在综合了定性、定量两类方法的优越性的同时，也产生了新的缺陷和问题，如它不像定性研究那样推论严密，也不像定量研究那样可以利用数学曲线、模型或公式详细求解。特别是专家选择、调查表设计和数据处理的技巧性以及专家的评估意见和打分标准的主观性都很强，有时甚至缺乏科学的依据。因而半定量研究方法的使用也是有条件限制的，目前主要用于原始数据不足或不易获取、研究对象所涉及的相关因素过多等不易或不宜采用定量研究方法的场合。

　　除了一般的信息搜集、分析、表达等方法以外，在长期的竞争情报实践中，人们还积累和提炼出了一些颇有特色且行之有效的方法。例如，国外的一些大公司和管理决策研究人员就曾经归纳和整理，总结出了政治风险和国家风险分析、产业情景描述法、衡量工业吸引力的"经济学家"模型、规划信息管理系统数据库、技术评估、多点竞争分析、关键成功因素分析、战略群体分析、价值链分析及现场图、经验曲线、下注者分析以及假设显性化和检验、市场信号分析、资产组合分析、SWOT 分析、协同力分析、财务报告分析、以价值为基础的规划、管理层面分析、反求工程、竞争者文档、顾客满意度调查、问题分析、合并与收购分析、核心能力分析、战略同盟、定标比超、经营过程重组、分散投资等方法。① 这些方法各有其适用的条件、范围和目标，在很多情况下还注重将其中的两种或多种组合起来使用。

4.2　定　标　比　超

4.2.1　定标比超的概念

　　定标比超是国内学者在接触英文 benchmarking 及其活动时所采用的一个概念。所谓定标比超，本义上是指选择基准目标进行对比，找出差距，并力争赶上和超过。在企业竞争情报领域，定标比超是指将本企业各方面的状况与竞争对手或行业内外一流的企业进行对照分析的过程，是将外部企业的成就业绩作为自身企业的内部发展目标并将外界的最佳做法移植到本企业的一种方法。

　　定标比超是质量管理系列工具中的一种，可帮助企业测算和改进其产品或服务质量，开展动态管理。② 它一般可分为战略层、操作层和管理层三个层面。战略层的定标比超主要是将本企业的战略与所对照的企业的战略进行比较，找出成功战略中的关键因素；操作层的定标比超主要是用定量化的指标来比较成本和产品的差异性，重点是功能分析；管理层的定标比超涉及分析企业的人力资源管理、营销规划、管理信息系统等支撑功能。这三个层面分别有不同的内容(见表 4-1)。

---

　　① 缪其浩. 市场竞争和竞争情报[M]. 北京：军事医学科学出版社，1996.

　　② Bullivant J. Benchmarking for Continuous Improvement in the Public Sector[M]. Harlow：Longman，1994.

表4-1	不同层面定标比超的主要内容	
战略层	操作层	管理层

● 市场细分化
● 市场占有率
● 原材料供应
● 生产能力
● 利润率
● 工艺技术
	● 竞争性价格
	  ◇ 原材料
	  ◇ 劳动力和管理
	  ◇ 生产率
	● 竞争性差异
	  ◇ 产品特性
	  ◇ 产品设计
	  ◇ 质量
	  ◇ 售后服务
		● 日常运作维护
		● 项目管理
		● 订货发货
		● 新产品开发
		● 合理化建议系统
		● 财务
		● 仓储和配销

从企业竞争情报工作的角度来看，定标比超有助于确定和比较有关竞争对手经营和管理战略的各组成要素，通过对这些要素的深入分析，可以挖掘出许多对评价竞争对手竞争态势有重要参考价值的信息；可以从任何产业中的一流企业那里获取有价值的信息，这些信息可用于改进本企业的经营管理，使之再上新台阶；可以深刻认识和掌握用户的信息需求，使企业的竞争战略能够贴近目标市场和用户；可以鼓励和引导本企业的员工"从干中学"和"从用中学"，形成"比、学、赶、超"的创新热潮。

4.2.2 定标比超的由来和发展

定标比超是一种评价自身企业和研究其他企业的手段。以高技术产品复印机主宰市场的美国施乐公司被公认为是最早在全公司范围内实施定标比超并取得巨大成功的典范。[①]1979年施乐公司率先提出"定标比超"这一概念，并在公司内部的几个部门试验。从1980年开始，这一做法开始推广应用到全公司范围。当时，由于受到日本高质低价复印机的冲击，施乐公司产品的市场占有率锐减。为了应对这一挑战，公司制定了一系列改进产品质量和提高劳动生产率的计划，其中之一就是实施定标比超，即设计一套方法来评价公司竞争对手和公司本身在各运行环节上的状况，进而根据所掌握的情况来制定并实施一个计划，以达到在市场上居于领先地位的目的。其具体做法是：首先广泛调查客户对公司的满意情况以及客户对产品的反映；然后将本公司的产品质量、售后服务等情况与本行业的领先企业作对比；在此基础上，公司再派雇员考察日本公司及其研究与开发能力，并对竞争对手的产品作反求工程；最后，公司根据所掌握的情况确定竞争对手是否领先、为什么领

---

① Garrod P, Kinnell M. Benchmarking development needs in the LIS sector [J]. Journal of Information Science, 1997, 23(2): 111-118.

先以及如何消除存在的差距。① 经过对比分析和研究，施乐公司确信本公司从产品设计到销售、服务及雇员的参与意识等方面都需要加以改进。由此，公司提出了改进的目标，并制定了达到这些目标的计划。

实践证明，实施定标比超后的效果是显著的。通过这一手段，施乐公司的产品制造成本降低了 50%，产品开发周期缩短了 25%，人均创收能力增加了 20%，产品的开箱合格率由 92% 提高到 99.5%。公司重新赢得了原先的市场占有率，并在 1989 年获得了 Malcolm Baldrige 国家管理奖。所有这些成就促使施乐公司最高管理层决定将定标比超作为全公司的一项经常性活动，不论是战略性规划还是战术性计划，其制定或实施前都必须进行定标比超分析。

定标比超方法提出后，很快得到世界各地企业的高度重视，例如美国的福特、柯达、通用汽车、摩托罗拉、AT&T、杜邦、康宁公司以及日本钢铁、汽车、半导体和家用电器等行业的一些公司均曾引入这种方法。此外，为了更有效地开展这方面的工作，美国生产力和质量中心还发起成立了国际定标比超情报交流所，成立该所的宗旨在于加速并简化国内和国际定标比超情报的流程、为定标比超专业人员形成联系网提供机会、帮助发现潜在的定标比超合作伙伴、成为工商业活动有价值的信息源、为 Malcolm Baldrige 国家质量奖的评选提供信息保障。②

定标比超方法发端于企业但并不局限于此，一些公共部门已经开始推崇这种方法。例如，英国大不列颠图书馆对将定标比超方法应用于图书馆信息服务部门就有着十分浓厚的兴趣；③ 有着 31 年联邦图书馆管理经验的古尔凯（A. Gohlke）也认为"定标比超是图书馆用于检验其运行是否具备效率和经济性的极好工具"④。所有这些都表明，定标比超作为一种方法已经引起了各行各业管理部门的关注。

4.2.3　定标比超的程序

作为一种方法，定标比超通常要考虑与所实施的企业的实际情况相结合，以增强实施效果。这一要求导致了一些有代表性的定标比超程序的形成。例如，美国施乐公司实施的定标比超通常分为规划、分析、合成、行动和见效五个环节；国际定标比超情报交流所实

① 张左之. Benchmarking：竞争情报的一种重要手段[C]//全国竞争情报与企业发展研讨会会议录. 北京：北京科学技术情报学会，1996：45-48.

② 缪其浩. 市场竞争和竞争情报[M]. 北京：军事医学科学出版社，1996.

③ Garrod P, Kinnell M. Benchmarking development needs in the LIS sector[J]. Journal of Information Science，1997，23(2)：111-118.

④ Gohlke A. Benchmark for strategic performance improvement[J]. Information Outlook，1997(8)：22-24.

施的定标比超分为规划课题、搜集数据、分析数据和修正改进四个环节。

由此可见,基于不同背景的各种定标比超程序大同小异。其完整过程都大致包括制订计划、分析、综合数据和实施计划四个前后相接的方面(如图4-1所示)。[①]

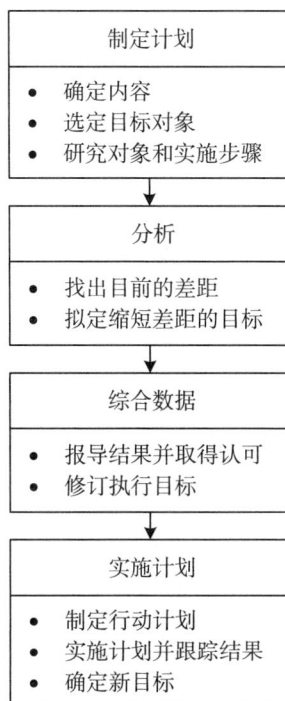

图 4-1　定标比超的程序

4.2.4　案例

这里,我们以汽车行业中的板簧行业为例,探讨定标比超在汽车行业中的应用。

(1)汽车板簧行业的现状

目前国内有各类大小板簧厂 1000 余家,其中年产 5000 吨板簧的厂家有 70 多家。与国外同行业比较,国内板簧行业存在的主要差距有:

第一,品种较国外厂家少,劳动生产率低,不能适应多品种生产需要。国外一家公司

①　陈翔宇,郎诵真,甘利人. 企业竞争情报研究[M]. 北京:兵器工业出版社,1995.

一般生产 3000~4000 个品种，而国内一般为 500~600 个品种。

第二，高性能的复杂板簧生产能力不足。对于渐变刚度、横置式板簧产品，与国外产品相比，我们还有较大差距。

第三，质量保证能力差，包括材料、协配件、关键装备上有差距。

第四，国外高级大客车普遍采用空气悬架，部分重型卡车也采用空气悬架，特别是美国，70% 的卡车已采用了空气悬架。而我国到目前为止，完全具有自主知识产权的空气悬架设计开发尚属空白。

（2）确定定标比超的内容和对象

第一，定标比超的内容。根据行业状况分析，我国汽车板簧行业的竞争力主要体现在：

①生产规模。板簧行业普遍存在生产集约化程度低、规模小的缺点，这样就不可能形成规模效应，也难以有效地降低成本。

②柔性生产能力。客户需求呈现出多品种、小批量的特点。没有快速、可靠的生产制造系统，企业就不可能在第一时间赢得客户、占领市场。

③成本控制能力。板簧行业是高材耗、高能耗、劳动密集型行业，采购成本占总成本的 60% 以上，所以较强的成本控制能力是企业竞争优势的最大体现。

④信息化水平。信息化为企业实现全面跨越式发展提供了可能。企业信息化水平的高低直接体现了企业的综合实力和管理水平。

⑤国际市场开拓能力。在国内市场趋于饱和，国际市场全球化采购的形势下，企业能否具有国际市场开拓能力，成为企业争取更大市场份额的不可或缺的途径。

⑥前瞻的产品战略。空气悬架产品是高附加值板簧的未来替代品。瞄准未来市场，着手研发空气悬架产品是企业生存和发展的关键。

第二，标杆企业的确定。在汽车板簧行业，A 公司行业排名第一，在生产规模、管理水平、产品研发和国际市场开拓能力等方面具有明显的优势，值得作为标杆企业供行业排名第二的 B 公司学习和赶超。

（3）A 公司和 B 公司的对比分析

第一，A 公司概况。A 公司现有职工 1590 人，总资产为 32174 万元，净资产 13986 万元。目前可生产 13 个系列 220 个品种的汽车钢板弹簧，包括多种叠片簧、渐变刚度弹簧、少片变截面钢板弹簧以及双曲率半径和平直段的汽车钢板弹簧，具有为 40 万辆中重型卡车配套的年生产能力，是国内最大的汽车悬架弹簧专业生产厂家。无论从产量、品种、质量、效益还是新产品开发能力等方面来看，该厂都处于国内同行业领先地位。

第二，B公司概况。B公司现有职工1200人（其中技术人员82人），年工业总产值达4.2亿元，年生产能力5万余吨。产品主要为某汽车配套装车及市场配套，同时面对社会提供备件。从1998年起，产品已远销美国、加拿大、意大利、菲律宾等十多个国家和地区。公司除本部外，还有下属两家合资企业。

第三，竞争力对比。我们选择生产规模、柔性化生产能力、成本控制能力、信息化水平、国际市场开拓能力、前瞻的产品战略作为汽车行业竞争力的构成要素。A公司和B公司的竞争力对比见表4-2。

表4-2　　　　　　　　　　A公司和B公司竞争力要素及其对比

比较项目	A公司	B公司
生产规模	生产能力8.5万吨/年，某年份实际生产7.2万吨，生产能力有1.3万吨盈余	生产能力为5万吨/年，某年份实际生产5.8万吨，其中0.8万吨外包
柔性化生产能力	有3条总装线、6条热处理线，工艺装备498台（套）。拥有先进的进口及自动化设备，现有三个钢板弹簧生产车间，各具特色，优势互补，形成一个中、轻、重、多片、少片各类钢板弹簧均能制造的强大的生产体系	有3条总装线、5条热处理线，工艺装备380台（套）。检测、试验设备老化严重，进口等先进设备较少；工序能力不平衡，部分工序瓶颈；生产线布置缺乏差异化，不能满足多品种、少批量的市场需求
成本控制能力	成本控制能力强，产品定价平均为等截面产品6500元/吨，变截面产品8000元/吨。地处交通位置便利，物流成本较低	成本控制能力差，特别是采购成本高，产品定价平均为等截面产品6500元/吨，变截面产品9000元/吨。其中变截面产品定价明显高于标杆企业。地处山区，交通闭塞，物流成本偏高
信息化水平	在企业内部全面施行ERP系统，实现了规范化管理，极大地提升了企业管理水平。新产品从设计到交付时间可以缩短到7天，最长不超过15天	实现了财务、人事、销售等单一的管理信息系统，但系统缺乏集成，不能实现充分共享。工作效率没有大幅提高
国际市场开拓能力	产品长期出口美国、法国、澳大利亚等国家，外贸销售收入达1000万元。通过了德国莱茵公司对QS9000和VDA6.1汽车行业国际质量体系标准的认证，为企业参与国际市场的竞争提供了坚实的保证。有自己的外贸产品生产线	产品远销美国、加拿大、意大利、菲律宾等十多个国家和地区。通过了ISO/TS16949汽车产品质量认证，外贸销售收入160万元。没有专门的外贸产品生产线，外贸产品生产组织困难
前瞻的产品战略	企业充分认识到研究空气悬架技术的重要性，其母公司已经调配集团内部技术力量，实行联合开发，部分产品正在试验阶段	公司成立了空气悬架事业部专门从事该技术研究，产品研发取得了实质性进展，并积极推进与国外企业合资、合作

第四，分析及结论。通过 A 公司和 B 公司竞争力的对比分析不难发现，B 公司在以下方面与 A 公司存在明显差距，需要进一步提高和完善：

①生产能力不足，设备老化严重，工序能力不平衡。这必然造成生产成本居高不下，外贸产品生产组织不畅。

②成本控制能力差。特别是变截面产品成本、采购和物流成本需要加强控制。

③公司信息化水平不高。特别是缺乏系统集成，不能实现数据完全共享。

(4) 对策措施

第一，扩大产品开发和生产能力，加快材料工艺及装备的开发步伐。

①扩大产品开发能力。围绕产品结构调整，形成自主开发全系列钢板弹簧的体系。特别是建立和完善高技术含量、高附加值的变截面、变刚度及空气悬架弹簧产品的开发体系。

②扩大生产能力建设。为适应产品结构调整的需要，对现有的工艺设备进行更新改造，扩展变截面、变刚度的生产阵地，形成变截面、变刚度板簧 2.2 万吨至 2.4 万吨的生产能力。

③材料工艺及装备的开发。针对变截面弹簧的要求开发形变热处理新工艺并应用于生产。开发可靠、节能的中频感应加热电源。开发节能、环保型的新装置用于加热、烘干等工序，降低能耗，降低生产成本，提高生产柔性化水平。

第二，积极推行精益生产方式，降低各类成本。

①针对变截面产品成本偏高的现状，提高变截面产品的材料利用率，加大轧制工序设备改造，降低设备能耗，降低生产成本。

②加大降低采购成本的力度。分析采购成本的构成，对原材料、油料、备件工具、协配件、自制件、动力备件等的采购成本实行分类管理，促使采购成本下降到行业中下水平。

③构建物流系统，降低物流成本，提高物流效率。

第三，推进信息化，全面提升企业综合管理水平。

在上述对策中，推进企业信息化是关键。企业信息化建设宜采取"逐步完善、稳步推进"的策略，按以下三个步骤循序渐进：第一步，开发完善的生产管理子系统，以解决各工序之间的信息传递不畅、计划反馈失真等问题，全面提高产品计划的准确率和控制能力。第二步，初步实现 MRPII 系统，通过集成综合计划、主生产计划(MPS)和物料需求计划，提高生产系统的快速反应能力。第三步，全面施行 ERP 系统，集企业人、财、物、产、供、销、预测、决策等为一体。通过 ERP 系统具体实施运行来完成企业整个生产经营活动中所有数据的接收、传递、处理、控制、统计、分析，实现数据资源的充分共享。

4.3 SWOT 分析

4.3.1 SWOT 分析的内涵

SWOT 分析最早由美国旧金山大学韦里克(H. Weihrich)教授于 20 世纪 80 年代初提出来。所谓 SWOT 分析，就是将与研究对象密切关联的各种主要的内部优势因素(strengths)、弱势因素(weaknesses)和外部机会因素(opportunities)、威胁因素(threats)，通过调查分析并依照一定的次序按矩阵的形式排列起来，然后运用系统分析的思想，把各种因素相互匹配起来加以分析，从中得出一系列相应的结论。对企业进行 SWOT 分析，总的目的是为了发挥内部优势因素、利用外部机会因素、克服内部弱势因素和化解外部威胁因素，通过扬长避短，争取最好的结局(如图 4-2 所示)。

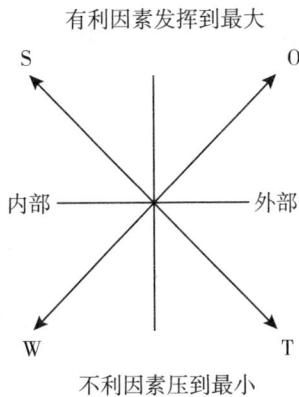

图 4-2 SWOT 分析图

SWOT 分析是企业竞争情报研究的重要工具。企业通过使用这一工具，可获得大量有关内部优势和弱势以及外部机会和威胁的信息，对这些信息进行系统、综合的分析，有助于对企业自身及所处外部环境的有利和不利因素有比较透彻的把握，有助于制定成功地达到企业发展战略目标的战略决策和规划。

4.3.2 SWOT 分析的程序

在具体进行 SWOT 分析时，大体包含以下几个环节。

（1）明确目标

企业在进行SWOT分析时，除了要将企业自身作为研究对象外，还要将其他组织和环境作为研究对象。这里的"其他组织"主要是指竞争对手以及处于行业领先地位的一流企业。之所以要将这些组织列为研究对象，主要是因为企业SWOT分析中的内部优势和弱势是两个相比较的概念，没有比较，就无法谈及企业有什么优势或弱势；"环境"主要是指直接影响企业活动的股东、政府、供应商、经销商、顾客、债权人、竞争者、中介机构、行业协会等作业环境以及间接影响企业活动的政治、法律、经济、科技、文化等一般环境。

（2）分析S、W、O和T因素

这一环节的任务是运用各种调查研究方法，分析研究并罗列出具体、主要的S、W、O、T因素。其中，S、W因素属于主观因素，一般涉及管理、营销、财务、生产、研究与开发五个领域；O、T因素属于客观因素，一般涉及作业环境和一般环境两大方面。在分析研究和罗列这些因素时，要注意在空间上兼顾国内和国外，在时间上兼顾过去、现在和未来。

（3）构造SWOT矩阵

这一环节的任务是按照轻重缓急或影响的程度将罗列出来的因素依次排序，构造SWOT矩阵（见表4-3）。在此过程中，要注意将那些对企业发展产生直接的、重要的、大量的、迫切的、久远影响的因素优先排列，将那些对企业发展产生间接的、次要的、少许的、不急的、短暂影响的因素作次要排列。

表4-3　　　　　　　　　　　　　　　　SWOT矩阵

内部条件		外部环境	
S（+）	W（-）	O（+）	T（-）
•管理	•管理	•作业环境	•作业环境
•营销	•营销	•一般环境	•一般环境
•财务	•财务		
•生产	•生产		
•研究与开发	•研究与开发		

(4) 制订行动计划

这一环节的任务是运用系统分析的思想，按照"发挥优势因素、克服弱势因素、利用机会因素和化解威胁因素"的要求，将 SWOT 矩阵中排列出来的各种因素相互匹配起来加以综合分析，从中组合出一系列可供选择的关于企业未来发展的战略。

从理论上讲，这些可供选择的战略有 15 种，即 S、W、O、T、SW、SO、ST、WO、WT、OT、SWO、SWT、WOT、SOT 和 SWOT 战略。但从实践来看，经常采用的战略主要是以下四种：

①SO 战略：着重考虑充分发挥内部优势、利用外部机会。

②ST 战略：着重考虑充分运用自身长处、避免外部威胁。

③WO 战略：着重考虑充分利用外部机会、克服内部弱势。

④WT 战略：着重考虑尽量克服内部弱势、避免外部威胁。

上述战略各有其适用条件。在具体选择时，应注意具体问题具体分析。例如，当企业内部优势大有潜力可挖、企业外部存在许多发展机遇时，应考虑选择 SO 战略；当企业内部弱势很多、外部威胁较大时，应考虑选择 WT 战略。表 4-4 是 IBM 公司的 SWOT 分析表。

表 4-4　　　　　　　　　　　**IBM 公司的 SWOT 分析表**

外部环境 内部力量	机会（Opportunities） • PC 普遍进入家庭 • 互联网络逐渐兴起并主导市场需求 • 客户更需整体解决方案	威胁（Threats） • 各种网络相关产品公司的兴起 • 微软占有 PC 系统 S/W 市场 • 硬件价格下降
优势（Strengths） • 经深度培训过的专业人才 • 广大的客户群 • 优势的研发能力	优势机会策略（SO） • 成立全球服务事业部门，着手提供整体解决方案——系统整合 • 创新并持续推出符合网络需求的新产品	优势威胁策略（ST） • 增加策略联盟与并购有潜力的公司，以增加网络与整合的能力 • 投入研发数据库系统与 NT 的中间件以及配合 Linux 的研发投入
弱势（Weaknesses） • 组织庞大，不易指挥 • 对低价或 PC 相关产品的营销策略不太内行 • 思想上仍有人难脱中大型硬软件才是最重要营收来源的窠臼	劣势机会策略（WO） • 将人员往有潜力的市场区域调整并配备所需人力 • 将人员按整合模型、混合编组、区域编组来开拓市场 • 逐渐导向以网络为基础的整体解决方案的公司	劣势威胁策略（WT） • 裁员数万不适任员工，并将组织改为矩阵式 • 强调思想教育与绩效管理 • 积极与低阶产品的大型渠道建立联系

分析后之整体结论：定位在电子商务时代，借着提供整体解决方案和系统整合而成为电子商务时代的市场领导者

4.4　情　景　分　析

情景分析方法又称未来前景描述法、情景描述法、脚本法等，广泛应用于未来模拟和战略规划,[①] 是一种重要的竞争情报分析方法。

4.4.1　情景分析的概念及其应用

(1) 情景分析的概念

"情景"(scenario)于 1967 年由 Kahn 和 Wiener 提出,[②] 是在对经济、社会、产业或技术的重大变化提出各种关键假设的基础上，通过对未来情形以及能使事态由初始状态向未来状态发展的一系列事实的描述、推理和构想，提出对未来各种可能的决策方案。[③] 情景分析的依据是对各种态势基本特征的定性和定量描述、各种态势发生可能性的描述以及对各种态势发展路径的分析。[④] 情景分析(scenario analysis)是预测这些态势的产生并比较分析可能产生影响的整个过程。从提出之初，情景分析就作为一种有效的预测技术，得到了广泛应用：1972 年，SHELL 公司规划人员采用情景分析方法，对石油危机、东欧国际政治体制变化和全球经济一体化做出了成功预测；SRI 国际咨询公司利用情景分析方法辅助战略规划；戴姆勒-奔驰公司和美国的波音公司利用情景分析制定企业战略规划；南非白人政府在情景分析的基础上成功地选择了种族隔离制度的和平变革。另外，情景分析对于欧盟的未来研究、全球通讯业发展、美国国防业等问题研究也有重要作用。[⑤] 情景分析法的突出优势在于帮助企业管理者发现未来变化趋势，避免过高或过低估计未来变化。具体地，企业利用情景分析法积极应对各种机会和威胁，将正面因素的作用最大化，负面因素的作用最小化。

---

① 王克平. 企业竞争情报危机预警信息分析方法研究综述[J]. 情报科学, 2014, 32(2)：151-156.

② Kahn H, Wiener A J. The Year 2000：A Framework for Speculation on the Next Thirty-three Years 1967 [M]. New York：Mac Millan Press, 1967.

③ 徐芳，陈全平，王树义. 竞争情报过程优化研究：情景分析法的运用[J]. 图书情报工作, 2010, 54(22)：16-19.

④ 张学才，郭瑞雪. 情景分析方法综述[J]. 探索与争鸣, 2005(8)：125-126.

⑤ Ringland G. Scenario Planning：Managing for the Future[M]. New York：John Wiley, 1998.

(2)情景分析的应用

在动态竞争环境下，企业竞争模式更加复杂多变，竞争对手识别更加困难，企业很难获得全面、可靠的竞争情报，对竞争环境变化和竞争对手反应难以做出准确预测。企业需要一种在不确定状态下解读未来的竞争情报方法。而情景分析法认为未来的发展呈多样化，充满不确定性，其中的部分内容是可以预测的，得到多维的预测结果，该方法适用于变化大且难以预测的未来趋势研究，[①] 帮助企业在面对多种不确定因素的情况下，对未来的各种可能进行预测，对各种突发的、不确定的问题进行预警，提前对未来变化做好多手准备，积极采取相应行动。在企业竞争情报中，情景分析方法有如下应用。

①监测竞争环境。

情景分析通过对企业宏观竞争环境和产业竞争环境的扫描，以及对企业内部环境的分析，识别出竞争环境中的关键影响因素，利用专家经验和概率统计知识对这些关键影响因素进行排列组合，构造出竞争环境可能存在的多种情景，分析多种可能的前景，预测多种可能的趋势。这样，竞争环境情景分析结论的准确性更高，可将一般的、抽象的预测推论变成具体的情景描绘，能够清晰地展现各种竞争环境变化可能对企业带来的机会和威胁。

②分析竞争对手。

分析竞争对手时，首先需要从行业内现有竞争者、供应商、购买者、替代品、潜在进入者以及其他利益相关者中，识别出主要竞争对手，再从市场共同性和资源相似性来分析主要竞争对手的未来目标、现行战略、假设和能力。此外，竞争对手是动态变化的，各竞争对手在选择和执行竞争战略时相互影响、相互制约，企业利用情景分析可预测出竞争对手对本企业的战略行为倾向以及竞争对手对环境变化的反应。

对于识别潜在竞争对手，情景分析比其他方法更具有优势。情景分析是描绘事物未来前景全貌或若干细节的一种创造性方法，不受固定模式影响，不依赖于统计调查和历史数据，对各种竞争对手的反应行为能够做出大胆描述，很可能会得到一些让人"吃惊"的结果，也更有可能识别出那些威胁巨大、隐蔽性高的潜在竞争对手。

③制定竞争战略。

制定竞争战略时，企业应注重与环境的交互。好的竞争战略能够保证企业与竞争环境相对一致，当竞争环境变化时，能够指引企业在组织、产品、价格等方面做出调整，尽量适应竞争环境变化。而情景分析特别强调组织与环境一致性关系分析，应用情景分析制定竞争战略，能够全面地考虑影响竞争战略的诸多因素，提高竞争战略的科学性和前沿性，提升竞争战略的灵活性和适应能力。

---

① 黄晓斌，马芳. 情景分析法在竞争情报研究中的应用[J]. 情报资料工作，2009(6)：22-25.

4.4.2　情景分析的步骤

情景分析法的价值在于它能使企业对一个事件做好准备，并采取积极的行动，以保证企业按希望的方向发展。情景分析法首先对最有可能影响企业经营环境的各种因素的变化进行定性分析，然后构想可能出现的多种情况，通过严密分析和科学筛选将这些可能减少到最低，并由此制定相应的对策。

(1) 主题确定

明确竞争情报情景分析的目的和主要任务，包括涉及的时间范围、具体对象、区域等。一般而言，所选主题是企业决策焦点，具备重要性和不确定性两个特征。

确定主题是一个综合性很强的工作，一方面，需要竞争情报人员深入调研，结合企业资源和能力条件、战略目标和当前竞争环境，最终提出有实际价值的竞争情报分析主题；另一方面，竞争情报分析主题的确定是一个非程序化决策过程，直接影响分析结果，因而主题确定需要企业各级管理人员的参与和支持。

(2) 关键影响因素识别

关键影响因素是指影响未来发展趋势的主要因素，可造成未来情景变化。关键影响因素状态的改变决定着未来的发展趋势和方向。利用情景分析法对未来的竞争情景进行预测和描述，必须先确定已选主题的关键影响因素，可采用头脑风暴法和德尔菲法。

首先，通过大规模调研和竞争情报分析，整理出影响因素列表，从中选择出未来不确定性强、影响程度大的因素。然后，在此基础上，集中所有参与的专家和其他人员开展头脑风暴法讨论，集思广益，选择或提出其他的关键影响因素。最后，由竞争情报人员整理讨论结果，并从中选择出较多的关键影响因素。

为了提高分析结果的准确性，还应该利用德尔菲法对选出的关键影响因素进行评估和提炼。通过对领域专家进行四轮左右的反复调查，最终选择出多位专家认可的最重要的关键影响因素。

(3) 核心情景描述与选择

对关键影响因素进行分析，形成多个初步的未来情景描述。要从这些情景描述中辨别出核心情景，需要考虑情景发生概率和战略重要性两个方面。将各种情景按照"发生概率"纵坐标和"战略重要性"横坐标进行归类，通常分为Ⅰ、Ⅱ、Ⅲ、Ⅳ四大类，如图4-3所示。

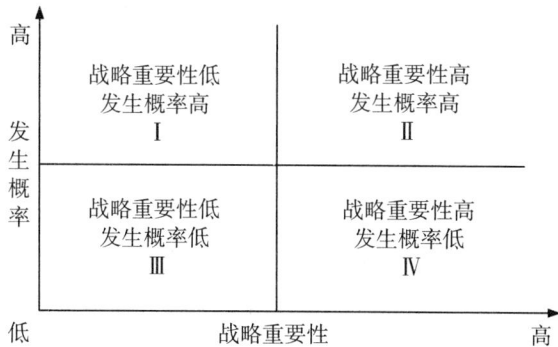

图 4-3　核心情景描述选择图

　　其中，位于 I 象限的情景拥有相对较高的发生概率和较低的战略重要性，适合于追求稳定发展的企业；位于 II 象限的情景与 I 象限的情景相比在战略重要性上明显增高，如果预测准确，该象限内的情景描述可作为企业制定竞争战略的重要依据；III 象限的情景发生概率低，战略重要性低，通常可以忽略，但在某些特殊情况下，III 象限的情景也能给企业带来很好的收益；IV 象限的情景与 II 象限的情景都拥有非常高的战略重要性，较低的发生概率，该象限的情景不如 II 象限的情景重要。以上的分析和排序并不一定完全科学，具体哪些情景对企业来说是核心的，最能反映竞争态势和发展趋势，还需要来自竞争情报、企业管理、经济管理等领域的专家与企业管理层共同评估，全面考察，最终从中选择出几种核心情景描述。

（4）情景预测

　　让企业管理者进入描述的情景中，调查他们面对情景中出现的状况或问题时做出的反应。首先详细地、形象地描绘出每种核心情景，列举出每种情景下可能出现的问题，尽可能给人身临其境的感觉。然后，将企业各层的管理者按照核心情景的数量进行分组，每组分开模拟，模拟过程中，每个管理者要逐一对所列举的可能出现的所有问题进行讨论并做出相应的决策。

（5）制定竞争战略

　　分析每组模拟时的记录信息以及该情景之下制定的竞争战略，确定每个竞争情景对应竞争战略的真实性和准确性。在充分肯定每个竞争战略后，让企业所有管理人员甚至包括一些资深的普通员工集中讨论，对所有竞争战略进行汇总，找出未来企业竞争环境的主要变化趋势和企业竞争情报工作的重点，最终制定出企业竞争战略。

4.4.3 情景分析的优点和缺点

（1）情景分析的优点

①情景分析承认人在未来发展中的"能动作用"，把分析未来发展中决策者的群体意图和愿望作为情景分析中的一个重要方面，并在情景分析过程中与决策者之间保持畅通的信息交流。对于情景分析，企业管理层不仅能表达出他们对竞争情报的具体需求，还能够实现专家知识共享，提高情景分析的准确性。

②与传统趋势外推法相比，情景分析在对随机因素的影响和决策者意志的处理上具有更大的灵活性和实用性。[①] 竞争情报情景分析通过系统地分析假想的未来竞争情景，选择研究几种有代表性的典型情景，考虑突变事件对未来竞争情景的影响，给出未来情景的几种可能预测结果，从而使企业能够抓住时机，避免突发事件的不良影响。

③与德尔菲法相比，情景分析更强调专家之间的观点差异，考虑更周全。[②] 尽可能地列举将来会出现的各种状况、各种不同的环境因素和多种可能的趋势，有利于决策者进行全面分析。

（2）情景分析的缺点

①过程复杂。情景分析过程本身过于复杂，而且一定程度上依赖于企业管理者的直觉，缺乏程序化模式，操作起来比较困难。另外，竞争环境中一些极其重要的变化往往是逐渐演变，不易察觉，忽略这些渐变因素可能会影响分析结果。

②近期效果不显著。情景分析作为长期预测的工具，短期内效果不明显。运用情景分析进行预测，需要高层管理者投入大量宝贵的时间，而且使用者常常经过数年时间才能对情景分析有深入的理解和信任，[③] 使得情景分析的近期效果并不显著。

③容易受到企业传统模式的制约。一些企业的高层管理者相信自己和外部专家知道所有问题的答案，他们往往根据企业过去的经验来判断未来变化，习惯使用传统的、程序化模式进行预测。这类企业管理者往往难以利用情景分析获得满意结果。

---

① Fahey L. Randal R M. Learning from the Future：Competitive Foresight Scenarios［M］. New York：Wiley，1998.

② Shiftan Y，Kaplan S，Hakkert S. Senario building as a tool for planning a sustainable transportation system［J］. Transporation Research Part D，2003，8(5)：323-342.

③ 黄晓斌，马芳. 情景分析法在竞争情报研究中的应用[J]. 情报资料工作，2009(6)：22-25.

4.5 反求工程

反求工程(reverse engineering)是一门开拓性、综合性和实用性都很强的技术,广泛用于多个领域,也是竞争情报分析的重要方法。

4.5.1 反求工程的概念及分类

(1)反求工程的概念

反求工程又称逆向工程,是指从实物上采集大量的三维坐标点,并由此建立该物体的几何模型,进而开发出同类产品的先进技术。反求工程与一般的设计制造过程相反,是先有实物后有模型。目前,在汽车和摩托车的外形覆盖件和内装饰件的设计、家电产品外形设计以及艺术品复制等方面,反求工程应用十分普遍。随着技术进步,反求工程的应用已从单纯的技巧性手工操作,发展到采用先进的计算机及 3D 数字化测量设备,利用三维几何建模方法重建实物的 CAD 模型,进行设计、分析、制造等活动,如获取修模后的模具形状,分析实物模型,基于现有产品的创新设计,快速仿形制造等。

在竞争情报工作中,反求工程是指将竞争对手的产品实物、有关产品的文件资料、相关专利、产品废料或零部件,通过合法手段获得后,按照产品的构造进行拆分、深入分析或重新复原,然后反向研究其结构、性能、功能原理、工艺材料、技术参数、使用条件和其他与之相关的重要因素,从而了解并掌握其关键技术,以期研制出更加先进的同类产品。竞争情报中的反求工程不仅仅是指反求工程过程,还包括前期选择、获取反求工程的对象等步骤。

(2)反求工程的分类

①实物反求。

实物反求是指以产品实物为依据,对产品的设计原理、结构、材料、精度、制造工艺、包装、使用等方面进行分析研究和再创造,最终研制出与原型产品相近或更佳的新产品。实物反求的对象可以是整机,也可以是部件、组件或零件。

②软件反求。

软件反求是指对产品样本、技术文件、设计书、使用说明书、图纸、有关规范和标准等技术软件进行反求。

③影像反求。

影像反求是指在无实物、无技术软件的情况下，对产品照片、图片、广告介绍、参观印象、影视画面等进行反求。一般要利用透视变换和透视投影，形成不同透视图，从外形、尺寸、比例和专业知识等方面，去探索其功能和性能，进而分析其内部可能的结构。

4.5.2　反求工程的实现过程

反求工程具有与传统设计制造过程截然不同的设计流程。以实物反求为例，典型的反求工程流程如图 4-4 所示，一般可分为四个阶段。①

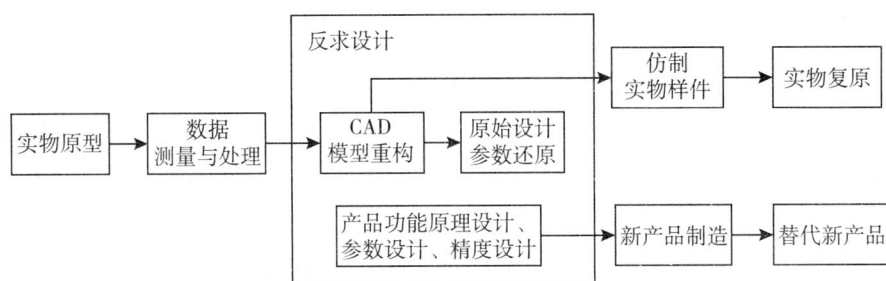

图 4-4　典型的反求工程流程图

(1) 零件原型的数字化。通常采用三坐标测量机或激光扫描等测量装置来获取零件原型表面点的三维坐标值。

(2) 从测量数据中提取零件原型的几何特征。按测量数据的几何属性对其进行分割，采用几何特征匹配与识别的方法来获取零件原型所具有的设计与加工特征。

(3) 零件原型 CAD 模型的重建。将分割后的三维数据在 CAD 系统中分别做表面模型的拟合，并通过各表面片的求交与拼接，获取零件原型表面的 CAD 模型。

(4) 重建 CAD 模型的检验与修正。根据获得的 CAD 模型，采用重新测量和加工出样品的方法，检验重建的 CAD 模型是否满足精度或其他试验性能指标的要求，对不满足要求者重复以上过程，直至达到零件的设计要求。

4.5.3　反求工程在竞争情报中的应用

反求工程作为获取企业竞争情报的一种重要方法，主要应用在获取竞争对手情报和开

---

① 蔡玉俊，王敏杰，王建玲. 基于数字化反求工程的快速模具设计[J]. 电加工与模具，2003(6)：43-47.

展反竞争情报两个方面。

（1）获取竞争对手情报

企业可以从竞争对手的产品成品、样品、半成品、产品废料、原材料、专利文献、简报甚至广告宣传图片、视频中提取产品技术信息，通过情报人员和企业研发人员的分析、处理，可以得到企业所需要的工艺设计、技术诀窍等重要情报，过程如图4-5所示。通常，竞争对手为防止核心技术流失，会加以严密保护，要想直接获得竞争对手核心技术的文献资料非常困难。在竞争情报实践过程中，情报搜集人员若不能直接获取对方技术说明资料或样品等，可以多搜集些生产废品、广告宣传资料等，从多角度挖掘产品技术信息。另外，应该有选择地、重点突出地开展反求工程，通过长期跟踪，选择同行先进企业的领先技术。

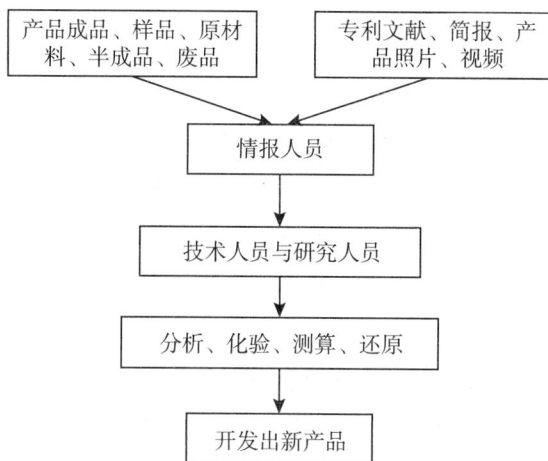

图 4-5　竞争情报反求工程

（2）针对反求工程开展反竞争情报

按照国际惯例，用反求工程解析竞争对手的产品是合法的，并且由反求工程解析出的技术秘密可视为己方财富而加以保护。[①] 因此，企业需要防范竞争对手利用反求工程，获取自身的核心技术情报。一般需要采取相关的保护措施，保护产品的关键技术及其相关的实物信息和文献资料，使竞争对手无法利用反求工程破译自己的核心机密，或者因需要大费周折破解而放弃。具体地，企业通过建立内部人员保密制度、产品保密制度、严格审查

[①]　陈育挺. 新竞争环境下企业对竞争情报搜集方法的运用[J]. 现代情报，2002(6)：122-124.

制度、废品处理制度和稳妥的专利申请策略，最大限度地防止竞争对手获得本企业的技术情报。[①]

总之，反求工程不仅能降低企业研发成本，还有利于企业快速跟进新技术发展的步伐，在消化掌握先进技术的基础上创新，迅速赶上甚至超过原先的技术拥有者。[②] 但是，反求工程也有不足：获取情报比较困难，而且一般只能得到产品技术情报，很少获得管理、投资等方面的情报。

4.6 关键成功因素分析

4.6.1 关键成功因素的概念及特征

(1) 关键成功因素的概念

关键成功因素(Key Success Factor，KSF，或者 Critical Success Factor，CSF)的观念最早出现在 Daniel 发表的 "Management Information Crisis" 论文中，他提出大部分的产业具有 3~6 项决定成功因素，一个企业要想成功，必须清楚其关键成功因素。1979 年，麻省理工学院的 John Rockart 将关键成功因素的概念引入信息系统研究领域，用于分析高层管理者的信息需求。[③]

有关关键成功因素的概念，目前尚无统一说法。Boynton 与 Zumd 认为，关键成功因素不仅是一个概念，还是一种管理方法或机制，[④] 即通过对少数几个关键成功因素的分析、确认、管理和持续控制来有效地实现管理目标。同时，关键成功因素还是一种研究框架，研究者可以通过对少数几个关键成功因素的观察和分析，有效地获得研究本质，而没必要考察所有影响因素。另外，Tillett 将关键成功因素的概念应用到动态的组织系统理论中，认为一个组织必须维持且善于利用拥有更多资源所带来的关键优势，同时避免因欠缺某些资源所造成的劣势。[⑤]

① 刘惠敏. 反求工程与反竞争情报[J]. 内蒙古科技与经济，2006(21)：67-68.

② 王瑶. 谈企业技术竞争情的开展[J]. 图书情报工作，2006(12)：66-70.

③ Rockart J F. Chief executives define their own data needs[J]. Harvard Business Review, 1979, 57(2)：81-93.

④ Boynton A C, Zmud R W. An assessment of critical success factors[J]. Sloan Management Review, 1984, 25(4)：17-27.

⑤ Tillett B B. Authority Control in the Online Environment[M]. New York：Haworth Press, 1989.

总之，关键成功因素是指那些最能影响企业实现战略目标、获得持续竞争优势的因素，包括特定的战略因素、产品属性、资源、能力、竞争能力以及业务。它有两方面的含义：第一，关键成功因素是企业获得竞争优势的必要条件；第二，关键成功因素并不是全部因素，而是少数几个最具影响力的因素。

(2) 关键成功因素的特征

研究者从不同视角总结了关键成功因素的特征，企业应根据自身实际情况进行分析。

①Aaker 提出关键成功因素不是一成不变的，企业在投入生产时只有掌握市场趋势和产品特征，才能掌握产业的关键成功因素。在考虑关键成功因素时，应注意下列几项特性。①

第一，关键成功因素因产业、产品、市场的不同而不同。

第二，关键成功因素会随产业生命周期的变化而变化。

第三，关键成功因素会因产业形态的不同而不同，亦会随时间的改变而改变。

第四，关键成功因素也应考虑未来发展趋势，如果不了解关键成功因素变化方向而贸然投入该产业，将会给企业带来很大危机。

第五，管理者不应将所有的事件都当作关键成功因素，而是集中考虑某些特定事件作为决定企业的关键成功因素。为此，管理者必须深入研究、评估与分析少数几个关键成功因素，为制定企业竞争战略和发展决策提供依据。

②陈庆得将关键成功因素的特性及掌握产业关键成功因素对企业经营的意义归纳如下。②

第一，关键成功因素会随时间、环境而改变。

第二，关键成功因素会因产业不同而有所差异。

第三，关键成功因素是企业高阶管理者必须掌握的最重要的管理信息。

第四，关键成功因素涵盖现在与未来的经营活动。

第五，关键成功因素是企业成功必须具备的变量。

第六，掌握产业的关键成功因素才能建立持久的竞争优势。

总之，关键成功因素会随着时间、地域、产业特性、产业生命周期、企业竞争目标、竞争态势之不同而有所差异，企业若能掌握产业变动和发展趋势，找出产业的关键成功因素，便可确保该企业在产业中的竞争地位和竞争优势。因此，管理者应深入研究和分析总结产业环境以及企业内部环境，将资源与能力集中投入到特定事物或关键环节上，并据此

---

① Aaker D A. Strategic Market Management[M]. John Wiley & Sons. Inc., 1989.
② 陈庆得. 连锁式经营关键成功因素之探讨——以美语补习业为例[D]. 新北：淡江大学，2001.

提出竞争策略，这样才能产生事半功倍的效果。

4.6.2　关键成功因素的来源

企业制定竞争战略时，需要综合考虑企业所处的宏观竞争环境、产业竞争环境和企业内部环境，在识别外部机会与威胁、分析自身优势与劣势的基础上提取影响企业竞争战略的关键成功因素，如图 4-6 所示。

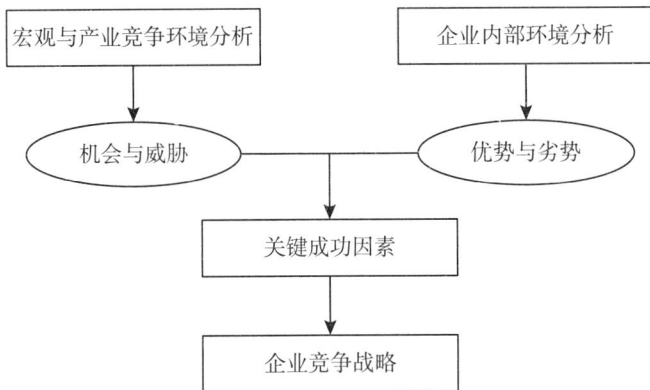

图 4-6　关键成功因素来源

据此，分析关键成功因素有以下来源。

（1）宏观竞争环境

企业所在的政治环境、经济环境、社会环境和技术环境包含的因素都有可能成为企业的关键成功因素。

（2）产业竞争环境

企业的竞争优势要与产业关键成功因素相符。企业只有把握了产业竞争环境的关键成功因素，才能建立持久竞争优势，否则，即使拥有极强的实力，也不能获得竞争优势。产业竞争环境包括同行企业数量、产业结构、产业生命周期等。

（3）企业的竞争地位

企业的产业地位由过去的历史与现在的竞争策略所决定，在产业中，每个企业竞争地位不同，其关键成功因素也会有所不同。

（4）企业内部

企业文化、管理体制、产品质量、价格等都有可能对企业能力的发展、资源的配置产生重要影响而成为关键成功因素。

（5）偶然因素

偶然因素是一些原先无法估计到的临时性或暂时性因素，它们对整个企业战略的实施会产生巨大影响。例如一些天灾人祸，无法提前预测，一旦发生将对企业产生非常严重的影响。

4.6.3　关键成功因素分析的步骤

一般地，关键成功因素分析主要包含以下几个步骤。

（1）确定企业战略目标

确定企业战略目标是关键成功因素分析的前提。确定企业战略目标需要企业高层在全面考虑企业内部和外部环境、评估企业资源和能力的基础上，通过多次讨论最终确定。

（2）识别关键成功因素

通过多轮调查和评估，识别出影响战略目标的各种因素。采用产业结构分析法、头脑风暴法、德尔菲法、管理人员访谈法、因果图示方法等，尽可能全面地获取关键成功因素，并对这些因素的重要程度进行评价，赋予一定权值。

（3）搜集竞争对手情报

除了通过报纸、期刊、网站、行业报告等渠道获得竞争对手情报外，还应该重视通过人们之间的非正式交流获得相关情报。此外，也可以利用问卷调查法、访谈法等获取竞争对手情报。

（4）关键成功因素评估

利用 Hofer 和 Schendel 的关键成功因素矩阵（见表 4-5）进行评估。在确定关键成功因素后，就每个因素在企业中的地位高低进行打分，然后加权相加，最后根据总分进行排序。

表 4-5   关键成功因素矩阵①

关键成功因素	权数(1)	评分(2)	加权分数(3)＝1＊2	排名

(5)制定实施计划

这是关键成功因素分析的最后一步，企业在以上分析的基础上拟定竞争行为方案，结合企业竞争环境和企业内部条件，不断完善而得到一个科学的实施计划。

4.6.4　关键成功因素分析的优点与不足

任何方法都不是完美的，都有特定的适用范围。关键成功因素分析也不例外，它有着其他方法无法比拟的优点，同时也存在一些不足。

关键成功因素分析的优点体现在：

(1)针对性强，关键成功因素分析具有很强的针对性，企业利用关键成功因素分析方法可以较快地取得收益。

(2)成本低，关键成功因素分析主要利用企业已有的管理信息系统或竞争情报系统，并不需要开发新系统而产生太多额外开销。

(3)速度快，关键成功因素分析可以把全部力量集中于少数几点甚至一点。企业可以充分利用有限资源获得最大收益，快速识别出关键成功因素。

关键成功因素分析的不足之处体现在：

(1)容易被模仿，由于关键成功因素分析操作简单，若一个企业因此取得成功，可能会招致其他企业纷纷效仿，最后企业便失去了原有的竞争优势，这就容易降低关键成功因素分析的价值。

(2)具有较大主观性，分析过程和结果十分依赖人们的经验和知识，主要通过讨论、分析、比较和总结评估关键影响因素，缺乏定量化的分析和计算，很难保证分析结果与客观事实相符。

---

① Hofer C W, Schendel D. Strategy Formulation：Analytical Concept[M]. New York：Weat Publishing, 1978.

（3）失效快，外界环境的动态变化，使得分析出特定时间的关键成功因素，并不能据此形成长期的竞争战略，不能作为获得持续竞争力的来源。

4.7 价值链分析

价值链分析是竞争情报分析的主要方法之一。利用价值链分析法开展竞争情报活动可以看清企业本质，帮助竞争情报人员有的放矢、条理清晰地开展竞争情报活动。

4.7.1 价值链的内涵与特征

（1）价值链

价值链概念由迈克尔·波特在其 1985 年出版的著作《竞争优势》一书中率先提出。他将价值而不是成本作为考察对象来研究企业的经营活动，并进一步分析企业竞争优势。他认为企业是由内部物流、生产经营、外部物流、市场营销及服务等基本活动加上企业基础设施、人力资源管理、技术开发、采购等一系列辅助活动组成的集合体，如图 4-7 所示。

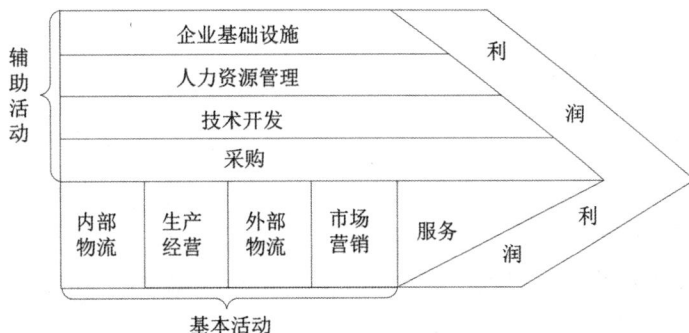

图 4-7 企业价值链

价值链上那些在技术上和物质上界限分明的对企业价值增值产生直接或者间接作用的活动称为价值活动。根据这些活动对价值增值的作用，可将其分为两大类：基本活动和辅助活动。

第一，基本活动。

①内部物流是指为企业提供保障的活动，包括购买原材料、动力、燃料、部件等，对

这些采购品进行接收、储存、分配、检查等管理，以及车辆调度和向供应商退货等活动。

②生产经营是指将各种投入转化为最终产品或服务的活动，它有五大构成要素，即生产过程、生产能力、生产库存、生产质量和生产人员管理。

③外部物流是指集中、存储和将产品发送给买方的各种活动，具体包括产品库存管理、送货车辆调度管理、订单处理、生产进度安排等。

④市场营销是指销售和市场促销活动，具体包括销售渠道选择、广告策略决策、市场调查与定位、促销、定价等。

⑤服务是指与提供服务以增加或保持产品价值有关的各种活动，如安装、维修、培训、零部件供应等。

第二，辅助活动。

①企业基础设施由总体管理、计划、财务、会计、法律、政府事务和质量管理等内容组成。

②人力资源管理包括对各类人员的招聘、雇佣、培训、开发、报酬等的管理以及员工关系管理和培养员工的知识创新能力。

③技术开发是指价值链中每项价值活动所需的技巧、步骤和技术输入，包括产品研究与开发、流程改进、设备设计、计算机软件开发、计算机辅助设计等。

④采购是指购买用于从事企业价值链各项活动必需品的行为。采购作为一项辅助活动比一般的进货活动范围更加宽泛，其作用是为各项价值活动提供必需物品。采购活动具体包括：用于生产的原材料的采购；办公消耗品、企业设施的采购；知识专利的采购；同供应商打交道的程度、手段；供应商的资格审定。

虽然企业的价值活动有基本和辅助之分，但它们并不是独立的，而是相互影响、相互联系的有机统一体。基本活动和辅助活动之间的联系体现和决定了各环节之间紧密的信息联系。企业半成品或成品在各环节的流动过程，不仅是物质形式的流动，更是信息的流动和生成，竞争情报研究就是从信息流中提取与企业有关的各种情报。价值链为竞争情报研究提供了一个清晰的脉络，在识别价值活动时，应对各活动之间的相互联系进行分析，考察每种活动受到其他哪些活动的什么影响以及本项活动对其他活动的影响。

（2）价值链的特征

①企业价值链是一种将企业分解成许多与战略性相关的价值活动的工具。价值活动是企业从事的在物质和技术上界限分明的各项活动，价值链是由各个相对独立的价值活动组成的。

②企业价值链具有内部联系性。虽然企业的价值活动有基本活动和辅助活动之分，但这些活动并不是独立存在的，而是相互影响、相互作用而形成的一个综合系统。

③企业价值链不仅存在于企业内部，还延伸到企业外部。横向上，企业价值链是产业价值链的组成部分；纵向上，企业价值链受供应商价值链和顾客价值链影响。

④企业价值链具有动态性，并且不同企业的价值链具有很大差异。企业价值链是各自资源、能力、战略的体现，随着以上要素的变化而变化。不同行业、地域、时间、规模的企业具有不同的价值链，而且同一企业在不同时期也具有不同的价值链。

4.7.2　价值链分析的原理

运用价值链分析法时，将竞争情报研究有针对性地渗透到价值链的各个环节，分析各环节的运作情况，并搜集、分析有价值的情报，确定具有竞争优势的关键环节，对战略环节进行竞争情报研究用以辅助企业的战略管理，对一般环节的情报研究则用于企业日常运作管理。① 价值链分析包括企业内部价值链分析和企业外部价值链分析。

(1) 企业内部价值链分析

企业内部价值链分析就是了解本企业内部价值链的构成要素(单元价值链)，确定对成本与增值产生影响的基本价值链，发现并消除容易带来高成本和不增值的环节(构成要素)，从战略上调整和重构企业内部价值链。可从以下方面优化企业内部价值链：适时生产系统、零库存、全面质量管理或零缺陷管理、"外包"部分活动、改造流程、提高劳动生产率、引进节约成本的技术、简化产品设计、精简高成本活动的营运流程等。

(2) 企业外部价值链分析

企业外部价值链是指与企业具有紧密联系的外部企业或组织的价值活动，主要包括产业价值链、供应商价值链、顾客价值链以及竞争对手价值链。外部价值链体现了一种进化了的过程思想，它把一种超越企业自身的、全面的作业链导入业务过程，是一种高级的、战略性的过程思想。

①产业价值链分析。

产业的若干价值活动相互影响、相互作用联结成了产业价值链。产业价值链分析就是找到企业在产业中所处的位置，了解企业与上下游企业的联系，找到与本企业从事相同价值活动的竞争对手的比较优势。

②供应商价值链分析。

---

① 王知津，张收棉. 企业竞争情报研究的有力工具——价值链分析方法[J]. 情报理论与实践，2005(4)：439-444.

企业通过了解供应商的生产流程，帮助供应商按照本企业需求，改进原料设计，降低加工成本；企业与供应商通过信息沟通可以协调进货时间、批量、包装和运输的方式，避免企业因为急用、积压和不恰当的包装带来额外的人力成本和资金成本；企业还可以通过与供应商建立战略联盟，整合供应链，以节约采购成本、降低原材料供应风险。

③顾客价值链分析。

顾客价值链分析一方面可以通过对顾客销售活动和需求的了解，合理地安排交货时间、数量和品种，避免因盲目生产而造成库存积压；另一方面，通过与分销商建立战略联盟或者通过前向整合的方式来降低中间交易成本和销售费用。

④竞争对手价值链分析。

通过分析竞争对手价值链可以了解企业竞争对手的相对优势和劣势，发现竞争对手先进的技术或管理水平并视之为标杆，用以衡量和改进本企业活动。一般情况下，很难直接地全面了解竞争对手价值链，可通过调查竞争对手的上下游企业，间接获取竞争对手的原料成本、销售活动、产品生产与设计等情报。

4.7.3 价值链分析的程序

利用价值链分析方法开展竞争情报工作主要包括以下步骤。

(1) 明确价值链分析的目标

利用价值链分析方法开展竞争情报工作主要有以下目标：通过内部价值链分析，了解企业内部各项价值活动及其相互联系，从而不断改进提高自身竞争实力；通过外部价值链分析，明确市场地位和确定竞争战略。为了实现预期目标，企业应该确保情报搜集的系统性，分清竞争情报的主要环节和次要环节。

(2) 识别价值活动，构建企业价值链

以迈克尔·波特的价值链结构模型为基础，结合本企业和所在行业的实际情况，识别每项价值活动并归类为基本活动和辅助活动。尽管每个企业的这两大类活动不完全相同，但大体上，每个企业的基本活动都是指直接创造价值并将价值传递给客户的活动，包括生产产品或提供服务、销售、售后服务等；而辅助活动不直接创造价值，只为基本活动提供条件。将企业价值活动按照其相互关系组织在一起，就形成了企业价值链。

(3) 确定战略环节

在企业的众多价值活动中，并不是每一个环节都会使产品价值增值而实现竞争优势。

只有某些特定的活动或活动之间的联系是创造企业价值的关键环节，具有竞争优势，是企业的战略环节。确定价值链的战略环节，需要估算每一项活动创造的价值及成本增量，求得每一环节的附加价值，进而确定企业价值链上的战略环节。这些战略环节是企业竞争优势的体现，也是竞争情报工作的重点。

（4）识别核心竞争力环节

在确定战略环节的基础上，对价值链进行核心竞争力的定位和识别，主要是通过整合价值链的战略环节和一般环节，将企业竞争优势转化为企业核心竞争力。

（5）系统地开展价值链竞争情报研究

最后，企业可以系统地针对价值链开展竞争情报研究。基于价值链的竞争情报研究可以条理清晰地搜集和整理各活动环节上的信息，将信息按照逻辑上的因果关系组织和管理，方便人们了解价值链上各种活动的前因后果，及时发现企业内外部环境的变化及诱因，为企业制定竞争战略提供情报支持。另外，价值链会随着环境变化而变化，企业需要在竞争情报理论的指导下科学地重构企业价值链。

4.7.4　价值链分析的优点和缺陷

价值链分析的优点体现在：

（1）全面性。价值链分析将一个企业完整的价值活动及其之间的相互关系清晰地展现出来，对企业内部价值链、产业价值链、供应商价值链、顾客价值链和竞争对手价值链进行全面分析，全方位开展竞争情报工作，广泛搜集企业内部、竞争对手和竞争环境情报，准确把握企业的战略环节和核心竞争力之所在。

（2）效率高。价值链分析透过企业组织结构和生产线，识别创造价值的活动，区分价值链的战略环节和一般环节，分清企业情报工作主次，重点关注价值链的战略环节，为企业提供最重要、最需要的竞争情报。

（3）灵活性。价值链会随着企业战略的实施和内外部环境的变化而变化，价值链分析也会随之动态调整，不仅能重新识别出新的价值活动及相互联系，还能再次确定基于价值链的企业竞争情报工作的重点，比较灵活。

价值链分析的缺陷体现在：

①比较复杂。一方面，价值链分析的因素多，不仅要识别企业内部各项价值活动及其相互关系，还要分析外部对企业有影响的价值链；另一方面，价值链分析要求竞争情报工作人员渗透到与价值链紧密相连的各个环节，注重各环节之间的相互作用和影响，任何一

个环节上的差错都可能导致整个分析结果错误。

②主观性强。价值链分析主要是定性分析，十分依赖竞争情报人员的专业素养和综合能力，缺少对各价值链环节的定量化分析和验证，因而主观性较强。

③有一定的局限性。在知识经济时代，许多高新企业利用信息创造价值，其价值链实际上是虚拟价值链。对于这样的企业，以迈克尔·波特的价值链结构模型为基础开展竞争情报工作并不合适。

4.8 商业战争游戏分析

商业战争游戏分析是一种最贴近现实的竞争情报分析工具，填补了传统企业竞争战略分析的空白，是具有独特性、新颖性和战略思维的分析和解决企业竞争问题的方法。[①]

4.8.1 商业战争游戏分析的概念

战争游戏法也称战争模拟法，源于军事上的战争游戏。20世纪80年代，"战争游戏"从军事领域进入企业界，成为企业把握竞争对手、分析竞争环境和制定竞争战略最有效的工具之一。

战争游戏法是一种商业竞争模拟工具，通过角色扮演的模拟过程，[②] 在预演竞争对手和市场环境的各种战略可能性基础上，制定和评估本企业战略，根据模拟数据分析成败得失，对决策或行动计划做出评价或选择，并对未来竞争态势做出预测。从应用实践看，商业战争游戏法是结构化的、有特定规则和易于实施的过程，它能够比其他方法更好地帮助企业理解所处的环境状况，使企业能够更有效地开发和执行计划。[③]

总体上，企业利用商业战争游戏分析，能够实现以下目标：帮助企业分析竞争态势，有利于企业做出科学的战略决策；提高企业战略计划的可行性，有利于企业获得竞争优势；能够获得竞争对手情报动向，有利于企业采取有效的应对策略；企业在游戏过程及结果中吸取经验教训，锻炼人员，能够提高企业对突发危机的应变能力、化解危机的能力和

① 王知津，严贝妮，刘冰，陈婧. 我国企业竞争情报战争游戏解决方案研究[J]. 情报理论与实践，2010(2)：41-45.

② Kurtz J. Business wargaming：Simulations guide crucial strategy decisions[J]. Strategy & Leadership，2003，31(6)：12-16.

③ Kurtz J. Business wargaming：Simulations guide crucial strategy decisions[J]. Strategy & Leadership，2003，31(6)：12-16.

有效处理全球复杂问题的能力。①

4.8.2　商业战争游戏分析的适用范围

企业竞争情报的分析方法很多，每种方法都有其适用范围，商业战争游戏分析法也不例外。商业战争游戏分析法能够有效地帮助企业分析和预测竞争形势，建立企业竞争优势，特别适用于以下情境。

①企业拥有众多竞争对手，有时能够搜集到这些竞争对手的大量情报，却很难开展情报分析工作，难以得到辅助战略决策的竞争情报。此时，利用商业战争游戏分析，可以模拟出每个竞争对手的竞争行为和竞争战略。企业根据模拟过程和结果，结合企业实际情况，初步选择出主要竞争对手，针对他们搜集大量信息，通过处理分析，对竞争对手进行预测。

②竞争对手投放一些虚假信息，阻碍企业的竞争情报工作，企业难以获得有用情报，很难理解竞争对手的真实意图，也难以制定出应对竞争对手的竞争战略。此时，利用商业战争游戏分析，可以模拟出竞争对手的真实表现和企业的最佳应对行为，为企业制定竞争战略提供依据。

③竞争对手行为与竞争环境变化高度相关。无论竞争环境发生什么变化，一些竞争对手总能很好地应对。此时，利用商业战争游戏分析，可以模拟出当市场出现新需求、政府颁布新法规、行业执行新标准甚至出现一些突发事件时，竞争对手采取了怎样的应对行为。企业可以向竞争对手学习，提高对环境变化的应对能力。

④企业所处的竞争环境非常复杂，具有太多不确定因素，企业无法全方位把握各种因素的相互关系。此时，利用商业战争游戏分析，可以模拟出各种因素相互影响的过程和结果，分析主要影响因素，识别主要竞争对手，从而制定合适的应对策略。

⑤随着竞争环境不断动态变化，企业竞争战略可能会渐渐失效，但企业没有认清当前的竞争局势就不能及时制定新的竞争战略。此时，利用商业战争游戏分析，可以模拟出当前竞争环境的新变化、竞争对手的新策略，提醒企业制定新战略，并给予有针对性的建议。

4.8.3　商业战争游戏法的实施

商业战争游戏法的实施步骤如图4-8所示。

---

① Anderwood J. Complexity and Paradox[M]. Oxford：United Kingdom Capstone Publishing Ltd，2002.

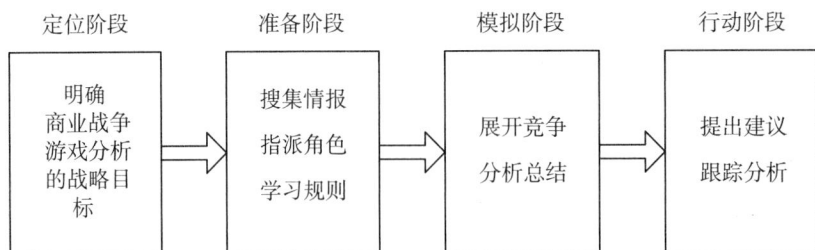

图 4-8　商业战争游戏法的实施步骤

（1）定位阶段

本阶段的任务是明确企业商业战争游戏分析的战略目标。商业战争游戏分析为企业制定竞争战略服务，在实施战争游戏之前，要先明确企业竞争战略需求。在企业竞争战略的指导下，才能形成科学的战略规划，明确实施商业战争游戏的真正目的。同时，通过对企业战略愿景的描述，竞争对手应该具有的特征和所在范围会变得更加清晰。

（2）准备阶段

实施商业战争游戏要做好充分的情报准备。根据游戏的模拟对象确定情报搜集范围，为游戏参与者指派角色，制定游戏规则。

①搜集情报。

开展商业战争游戏需要搜集包括竞争对手、竞争环境以及其他组织在内的模拟对象的相关情报。其中，竞争对手情报可以通过社会调查、文献调查等多种方式获得，包括竞争对手的营销策略、企业文化、社会影响等方面情报；竞争环境情报包括宏观环境情报和产业环境情报，主要从一些公开信息源获得；其他组织主要是指与本企业有利益关系的组织，可以从其发展历史和其他案例了解该组织的相关信息。在此基础上，将搜集到的这些情报进行必要的整理和分类。

②指派角色。

从不同的管理层和领域选择具有相关知识和一定见解的人员，作为游戏参与人。然后，根据个人情况和实际需要，将这些人分成不同组，分别代表本企业、竞争对手、供应商、客户、政府部门、其他组织等。同时，还应该有一个协调小组，负责安排游戏进程和制定游戏规则。

③学习规则。

为了保证游戏顺利进行，所有参与者都要学习游戏规则，清楚游戏的主要目标、环境、程序、评判规则等。

(3) 模拟阶段

这是商业战争游戏的核心部分,参与游戏的各方根据所面临的竞争环境进行模拟竞争。

①展开竞争。

与现实竞争一样,一方制定策略、主动出击,另一方或几方审时度势、适时反击。为客观反映与竞争对手间的胜负,除客户外,还需要安排一些市场专家充当裁判,由裁判根据各方的行动和反应来做出最终判决。

②分析总结。

游戏结束后,应对商业战争游戏得出的结果进行全面总结,分析游戏过程的客观性和游戏结果的可靠性。若存在失误,在制定战略时,应该将这个问题考虑进去。

(4) 行动阶段

基于竞争者的分析计划和预期行动,制定企业竞争战略,并将任务落实到位,将战争游戏转变为真正的企业竞争。

①提出建议。

整个流程结束后,让参与者谈谈自己的感受,为企业发展提出建议,帮助企业制定发展战略,更好地预测竞争对手动向。

②跟踪分析。

为了保证竞争战略的科学性,企业还应在游戏结束后进行跟踪分析,把商业战争游戏与现实竞争进行比较,找出游戏中失误和忽略的环节,以提高商业战争游戏的水平。

4.8.4 商业战争游戏分析的优点和缺陷

商业战争游戏分析最大的优点是能够真实地模拟出现实竞争情况,竞争对手能够在逼真的竞争环境中展开较量,从中获得更加可靠的竞争情报,以帮助企业理解竞争对手利用自身优势和对手弱势建立进攻和防御的战略。另外,商业战争游戏分析比较容易实施,在广泛搜集竞争情报的基础上,只要合理安排好参与者的角色,就能根据需要开展游戏。

但商业战争游戏法也有一些缺陷,例如,不能模拟出真实竞争环境中的非常规变化;整个过程基本是定性分析,可能会忽略一些潜在威胁因素;游戏结果只有一种结论,若现实环境变化趋势与游戏结果差别较大,决策者无法参考游戏得出的结论。

4.9　财务报表分析

财务报表是企业盈亏的晴雨表，能够总体上反映企业内在的财务状况、经营成果和理财过程，是企业常用的一种竞争情报方法。

4.9.1　财务报表分析的内容与作用

财务报表分析是指以财务报表和其他资料为依据和起点，采用专门方法，通过系统分析企业过去和现在的经营成果，比较竞争对手的财务状况和盈利能力，全面评价企业的偿债能力、盈利能力、营运能力和成长能力，帮助企业预测未来，提高财务战略的科学性。

(1) 财务报表分析的内容

财务报表是对企业财务状况、经营成果和现金流量的结构性表述，主要包括资产负债表、利润表、现金流量表、财务状况变动表和财务报表附注等，[①] 分析内容涉及以下四个方面。

①偿债能力分析。

偿债能力是指企业偿还到期债务(包括本息)的能力，分为短期偿债能力和长期偿债能力。其中，短期偿债能力是指企业以流动资产对流动负债及时足额偿还的保证程度，即企业以流动资产偿还流动负债的能力，反映企业偿付日常到期债务的能力，是对企业当前财务能力的衡量。主要用流动比率、速动比率、现金流动负债比等指标。长期偿债能力是指企业有无足够的能力偿还长期负债的本金和利息，用资产负债率加以分析。

②盈利能力分析。

利润是投资者获取投资收益的重要保障。盈利能力是企业获取利润的能力，是企业营销能力、收取现金能力、降低成本的能力以及回避风险能力等的综合体现。盈利能力的大小可用销售毛利率、销售净利率、资本利润率等指标考察。

③营运能力分析。

营运能力反映企业经营管理、利用资金的能力。通常来说，企业生产经营资产的周转速度越快，资产的利用效率就越高。一般可从存货周转率、应收账款周转率、总资产周转率等几个方面展开分析。

---

① 崔也光. 财务报表分析[M]. 天津：南开大学出版社，2003.

④成长能力分析。

企业成长能力是指企业的未来发展趋势与发展速度，包括资产、利润和所有者权益的增加等，其核心是企业盈利能力的增长，可根据总资产增长率、主营收入增长率、主营利润增长率、净利润增长率等指标分析企业成长能力。

（2）财务报表分析的作用

①评价过去的经营业绩，衡量现在的财务状况。

财务报表包括企业各个部分、各个方面、各种因素变化产生的大量经济业务数据，能从整体上反映企业的财务状况和经营成果。财务报表分析可以将报表分解为各个部分后加以研究，揭示企业经营的内部联系，使企业能更深刻地认识和把握企业的财务状况和经营成果。

②预警财务危机，预测未来的发展趋势。

财务危机具有潜伏性。通过分析企业的偿债能力、盈利能力、营运能力和成长能力，有助于企业建立有效的财务预警机制，对危机进行早期预警，采取有效措施，遏制危机爆发或恶化。

③制定正确的财务战略。

财务战略是对企业总体的长期发展起着重大影响的财务活动的指导思想和原则，是企业组织或处理重大而复杂的财务活动或财务关系时的智谋策略，它是企业战略的重要组成部分。通过对企业财务报表分析，能够根据企业实际情况选择扩张型财务战略、稳健型财务战略、防御收缩型财务战略。

4.9.2　财务报表分析的方法与步骤

（1）财务报表分析的方法

财务报表分析方法主要有比较分析法、比率分析法、趋势分析法和因素分析法四种。

①比较分析法。

比较分析法是指将实际达到的数据同特定的各种标准相比较，从数量上确定其差异，并进行差异分析或趋势分析的一种方法。差异分析能够揭示差距，并找出产生差异的原因及其对差异的影响程度；趋势分析能够揭示企业财务状况、经营状况和现金流量的变化趋势和变化规律。比较分析法的目的在于：确定引起企业财务状况和经营成果变动的主要原因；确定企业财务状况和经营成果的发展趋势是否有利；预测企业的未来发展趋势。

②比率分析法。

比率是由密切联系的两个或两个以上的相关数据计算出来的。一般情况下，利用一个或几个比率就可以独立地揭示和说明企业某一方面的财务状况、经营业绩或某一方面的能力。例如，总资产报酬率可以揭示企业总资产所取得的利润水平和能力；投资收益率可以在一定程度上说明投资者的获利能力。比率分析法只适用于某些方面，实际运用时，还需要结合其他资料和实际情况，开展更深层次的分析和研究。

③趋势分析法。

趋势分析法是根据企业连续数期的会计报表，比较各个有关项目的金额、增减方向和幅度，从而揭示企业财务状况和经营成果的增减变化及其发展趋势。趋势分析可以绘成统计图表，采用移动平均法、指数平滑法等进行分析，但通常采用比较法，即将连续几期的同类报表加以比较。企业需要利用趋势分析法对连续多年的财务数据进行纵向分析，真正探索出企业的发展潜力和方向。

④因素分解法。

因素分解法也是财务报表分析常用的一种技术方法，它是指把整体分解为若干局部的分析方法，包括财务比率的因素分解法和差异因素分解法。企业活动是一个有机整体，每个财务指标的高低都会受到许多因素影响。对各影响因素进行定量分析，可以帮助企业抓住主要矛盾，辅助企业做出更好的战略决策。

(2) 财务报表分析的步骤

财务报表分析的内容非常丰富，不同企业出于不同目的，使用的财务分析方法不同，分析流程也不同。但总的来说，财务报表分析的一般步骤如下：

①明确分析的目的。
②搜集有关的信息。
③根据分析目的把整体的各个部分分割开来，予以适当组织，使之符合需要。
④深入研究各部分的特殊本质。
⑤进一步研究各部分的特殊本质。
⑥解释结果，提供对决策有帮助的信息。

4.9.3　财务报表分析的优势和局限性

(1) 财务报表分析的优势

财务报表分析的优势主要体现在财务报表数据的真实、系统和完整，通过定量计算和分析企业及竞争对手的当前和历史报表，能够全面评估企业及竞争对手的偿债能力、盈利能力、营运能力以及成长能力，为竞争战略制定提供客观依据。

（2）财务报表分析的局限性

财务报表分析的局限性主要表现在以下三个方面：

①财务报表本身的局限性。现行财务报表所提供的财务信息主要反映已发生的历史事项，它与使用者决策所需要的有关未来信息的相关性较低；主要反映能用货币计量的信息，而无法反映许多对企业财务状况和经营成果产生重大影响的非财务信息，如企业的人力资源状况、市场占有率等信息；现行财务会计准则允许对同一经济业务有不同的处理方法，这给人为操纵会计报表数据提供了机会，降低了财务信息的客观性。

②分析者自身的局限性。分析者在进行财务报告分析时的心理定势、专业素养和经验都会影响财务报表分析结果。

③分析方法的局限性。财务报表分析方法存在一定局限，例如，比率分析法是企业财务分析的最重要的方法，但是该方法主要是大量单纯数量指标的堆砌，忽视了对问题性质的剖析，而且分析对象是以前的信息，因此不能作为判断企业未来财务状况的绝对标准。另外，各种比率计算公式、名称等尚未标准化，增加了分析的难度。

4.10　专利情报分析

在知识经济时代，企业间的竞争主要表现为科技创新能力的竞争，并集中体现为自主知识产权特别是专利数量和质量的竞争，因此，专利情报分析在企业竞争情报中的地位越来越重要。专利情报分析不仅是企业争夺专利的前提，更能为企业发展提供策略支持，评估竞争对手情报，认清自己的相对专利地位和技术领域的发展趋势，在技术开发、合作和贸易中有效地保护自身权益，制定出科学的技术开发战略、最佳的研发计划。专利情报分析能为企业战略制定以及竞争对手分析提供更高价值和更加准确的判断，越来越成为竞争情报分析的重要方法。①

4.10.1　专利情报分析的原理

专利情报分析是在对专利信息进行筛选、鉴定、整理的基础上，利用各种方法和手段，对其中所含的各种情报要素进行统计、排序、对比、分析和研究，从而揭示专利情报

---

① 刘红光，吕义超. 专利情报分析在特定竞争对手分析中的应用[J]. 情报杂志，2010(7)：35-39.

流的深层动态特征，了解技术、经济发展的过去和现状，并进行技术评价和预测。①

专利情报分析首先需要检索专利数据库或者查阅专利技术文档、专利说明书、专利公报等获得专利文献，这些专利文献包含着技术信息、经济信息、法律信息等重要内容；然后利用统计方法或技术手段对这些信息进行科学的加工、整理和分析，实施深度挖掘和缜密剖析，形成具有价值的专利情报；最后对专利情报进行解读，形成纵览全局的判断并对未来趋势进行预测，为企业的技术战略提供决策依据和策略。从本质上看，专利情报分析就是通过对专利信息的分析，将原始的专利信息转化为企业经营活动中有价值的情报，用以指导竞争战略制定。

4.10.2　专利情报分析的意义

一份专利文献一般只能反映某一项发明创造的具体细节，不能说明整个技术领域的技术创新和发展趋势。只有对大量相关专利进行定性或定量分析，寻求其专利分布规律及发展趋势，将个别的、零碎的信息转化为系统的、完整的情报，才能帮助企业制定竞争战略，这就是专利分析的意义之所在。具体地，专利情报分析的重要意义表现在以下几个方面。

(1)分析和预测技术发展趋势

通过对大量专利文献分析，企业能够获得相关专利技术情报和专利管理情报，界定相关技术热点和预测技术发展趋势，为企业技术创新指明方向。

(2)发现并评估竞争对手

统计同类专利技术的申请人、发明人或设计人，并按照专利数多少进行排序，可发现潜在竞争对手；通过对竞争对手的全部专利进行定期统计分析、分类排序，从中获得竞争对手技术开发及经营策略等方面的数据，密切监视其技术开发动向，及时采取应对措施。

(3)制定专利竞争战略

企业围绕自身技术产品涉及的各种信息进行有计划、有目的、有针对性的专利情报工作，可以得到关于技术、法律和经济方面的专利情报，发现并预知可能发生的变化，为企业专利战略提供全方位的信息服务，提高企业专利战略的实战效果。

---

① 张彦，张为民．专利情报分析[J]．现代情报，2007(3)：185-187.

4.10.3　专利情报分析常用方法

专利情报分析需要利用文献计量学、信息学、数学、统计学等学科知识和其他分析工具，揭示专利信息外部特征和内容中蕴含的情报。专利情报分析常用方法可分为定量和定性方法。

（1）定量分析

定量分析主要是对专利文献的外表特征进行统计分析，利用专利文献所固有的标引项目来识别有关文献，然后对有关指标进行统计，并用不同方法对有关数据的变化进行解释，以获取动态发展趋势方面的情报。定量分析侧重于对专利文献的外部特征(专利文献的各种著录项目)按照一定的指标(如专利数量、被引次数等)进行统计，并对相关的数据进行解释和分析。[1]

①简单统计分析。

按照专利发明人、专利申请人、专利分类号、专利文献数量、专利地区分布等分别进行统计分析。通过对相关情况的统计分析，能够了解各国科技进步的现状、技术研究兴趣或热点的转移情况，能在一定程度上摸清当前技术发明人的注意力以及该项技术领域发展的去向，可以看出在某一技术领域的竞争情况，甚至可以判断出最活跃的领域。

②技术生命周期分析法。

通过对专利申请数量、专利授予数量、专利申请企业数量与相应时间的关系，分析判断专利技术所处的发展阶段，推算未来技术的发展方向。根据技术生命周期，判定该专利技术处于专利技术引入期、专利技术发展期、专利技术成熟期还是专利技术淘汰期，并据此采取不同的专利战略。

③专利引文分析法。

利用数理统计方式，对专利文献信息的引用或被引用现象进行深层次分析，揭示专利文献与专利文献之间、专利文献与科研进展之间存在的相互关联性，以深入揭示技术发展趋势。

④专利地图法。

专利地图就是将专利情报以图表的形式加以表现，用来揭示与技术研发方向息息相关的情报，以了解特定专题的技术动向，预测技术的发展趋势。[2]

---

[1]　张燕舞，兰小筠. 企业战略与竞争分析方法之一——专利分析法[J]. 情报科学，2003(8)：62-64.
[2]　翟东升，周娟，王明吉. 基于多 Agent 的专利地图研究[J]. 情报杂志，2006(7)：2-4.

⑤矢量动态模型法。

专利文献除反映科学技术的量变关系外，还隐含着科技发展的方向。因此借用矢量的概念来加以表示。矢量动态模型法就是把统计的动态数据实行矢量模型化，以对科学发展动向加以评价和预测。

（2）定性分析

定性分析是以专利说明书、权力要求书等技术内容或专利的"质"来识别专利，并按技术特征来归并有关专利并使其有序化。一般用来获得技术动向、企业动向、特定权利状态等方面的情报，以探索技术动向。

企业采用定性分析方法获得技术动向、企业动向、特定权利状况等方面的情报，着重从发明用途、原理、材料、结构和方法 5 个方面来考虑重要专利的内容，并将重要专利按照内容的异同分类。例如，原文分析法就是一种典型的定性分析方法，它主要通过仔细研读、认真分析那些具有代表性、关键性和典型性的专利文献信息，经过相互对比文献研究，找出专利文献信息之间潜在的相互关系，掌握新技术产品的开发特点，寻找技术研发的空白点、突破点、技术改造方案等。

一般地，如果专利内容以原理为主，说明这项技术尚未成熟；如果专利内容以用途的多样性为主，则说明技术实用性较强。另外，分析特定技术领域主要企业专利文献中的专利内容列表可以洞察各企业的技术特色及开发重点；将有关专利按技术内容的不同分成多个专利群，对某企业拥有的不同专利群或对不同时期专利群的变化情况进行分析，可以对特定技术或产品发展过程中的关键问题、今后发展趋势及应用动向、与其他技术的关系等进行分析与预测。由于定性分析的内容是专利情报的技术内容，分析工作比较复杂。

专利情报定量分析与定性分析，一个是通过量的变化，一个是通过内在质的变化来反映专利技术的发展状况与发展趋势。两者既有区别，又存必然的联系。量的分类依赖质，质的体现又离不开量。至于何时使用定量分析，何时使用定性分析，则应根据解决的问题和掌握的专利数据来确定。事实上，在实际工作中，经常需要将定性分析与定量分析结合起来使用才能达到好的效果。比如，可先通过定量分析确定哪些企业在某一技术领域占有技术优势，辨别这一技术领域的重要专利，然后再针对这些企业的重要专利进行定性分析。①

另外，在专利情报分析过程中，需要利用分析软件，从众多信息资源中，挖掘出有用的专利情报。目前，主要的软件有：Thomson 公司开发的 Derwent 专利分析软件、Wisdomain 公司开发的 Focust and PatentLab-II 专利分析软件、Aurigin System Inc 公司推出

①　张彦，张为民．专利情报分析[J]．现代情报，2007(3)：185-187.

的专利分析软件、Search Technology 公司开发的 VantagePoint 专利分析软件、韩国
WinsLAB 公司开发的 INAS 专利分析以及我国台湾联颖公司开发的 Patent Guide 专利分析
软件等。① 这些专利分析软件能够进行一定程度的定量和定性分析，可提高专利情报分析
的效率和质量。

4.10.4　专利情报分析的优势和缺陷

专利情报分析的优势主要表现在：获取专利信息比较容易、分析过程及结论客观、
真实。

同时，专利情报分析在实际的应用中还存在一些缺陷，例如专利数据并不能完全代表
整个领域的创新活动，专利情报分析存在着一定的时滞。

总之，利用专利情报分析法开展竞争情报研究时，应配合其他经济数据、技术文献等
竞争情报，才能有助于企业更好地实施专利战略，辅助企业在市场竞争中做出科学决策。

◎ **思考题**

1. 比较定性、定量和半定量研究方法的特点。
2. 试述定标比超的内涵和程序。
3. 试述 SWOT 分析的内涵和程序。
4. 试述情景分析的内涵、步骤及优缺点。
5. 试述反求工程的内涵、实现过程和在竞争情报中的应用。
6. 试述关键成功因素分析的步骤及优缺点。
7. 试述价值链分析的内涵、特征、程序及优缺点。
8. 试述商业战争游戏分析的内涵、适用范围、实施步骤及优缺点。
9. 试述财务报表分析的主要内容和作用。
10. 试述专利情报分析的意义、方法及优缺点。

---

① 马建霞，孙成权. 专利情报分析软件的现状和趋势［J］. 现代图书情报技术，2006（1）：66-70.

第5章
企业竞争情报系统

大数据环境下，竞争情报的重要性与日俱增，而企业在竞争情报方面暴露的一系列不足必将严重制约企业经营业绩的提升与未来发展的潜力。通过构建企业竞争情报系统则能够在一定程度上有效解决上述问题。

5.1 概　　述

5.1.1 企业竞争情报系统的概念和功能

（1）企业竞争情报系统及其特点

竞争情报是关于竞争对手、竞争环境和竞争战略的信息和研究。在今天的企业中，利用竞争情报已经成为一种必然选择。竞争情报作为一股有序的、系统化的、连续的信息流，在保证企业决策层的决策智能性及环境敏感性方面起着重要的作用。因此，有效地发掘竞争情报资源、对其进行深入分析加工并以最快和最能满足需求的方式输出正成为企业在全国乃至世界市场上提高竞争力的关键因素。而竞争情报的获取、生产和传播是通过竞争情报系统来实现的，竞争情报系统是竞争情报工作的重要组成部分。合理完善的竞争情报系统可以提高竞争情报工作的效能、规范竞争情报工作流程；充当企业的预警系统、决策支持系统和知识学习系统；帮助企业准确把握行业发展趋势；有力推动企业信息化进程；为提升企业竞争力提供有力的情报保障和技术支持。因此，建设一个高效、稳定的竞争情报系统，是企业获得持续竞争优势的根本保证。

近年来，企业竞争情报系统已越来越受各行各业竞争参与者的青睐。美国IBM公司的高层决策者曾明确指出，一个企业要想在自己所属的行业赢得主导地位，就必须建立自己的分析型系统，即那种能为制定战略决策提供信息和思想的系统。实际上，企业竞争情报系统就是这样的一种系统，它可为企业提供及时、准确并具有可操作性的情报。摩托罗拉、奔驰、IBM、索尼、丰田、宝洁、佳能等大公司都设有专门的竞争情报系统管理部门，国内企业如海尔、联想等也纷纷建立了自己的竞争情报系统。

目前，关于竞争情报系统的定义，学术界仍有多种不同的说法。通常认为，竞争情报系统是对组织内部状况与外部态势的有关信息进行集成管理，以支持其竞争战略目标的信息系统。竞争情报系统是以人的智能为主导，充分利用各类信息网络，通过合法的、符合伦理道德规范的手段和技术，对企业自身、竞争对手和企业外部环境的信息进行搜集、处理、存储、分析，以充分开发和有效利用企业内外信息资源、提高企业竞争实力为目标的人机结合的竞争战略决策支持和咨询信息系统。

美国战略与竞争情报专业人员协会(SCIP)前主席、美国匹兹堡大学商学院教授、《竞争情报评论》杂志主编普赖斯科特(John E. Prescott)博士认为，竞争情报系统是一个持续演化中的正式与非正式操作流程相结合的企业管理子系统。它的主要功能是为企业组织成员评估行业关键发展趋势，把握行业结构的进化，跟踪正在出现的连续性与非连续性变化，以及分析现有和潜在竞争对手的能力和方向，从而协助企业保持和发展可持续性的竞争优势。①

中国科学技术情报学会竞争情报分会名誉理事长包昌火指出，竞争情报系统是以人的智能为主导、信息技术为手段、增强企业竞争力为目标的人机结合的竞争战略决策和咨询系统。竞争情报系统可以为企业赢得竞争优势提供强有力的智力支持和情报保障，因此我们可以将其看作是企业领导集团制定经营战略和竞争策略的"中央情报局"。②

苗杰和倪波认为，竞争情报系统是指对反映企业内部和外部竞争环境要素或事件的状态或变化的数据及信息进行搜集、存储、处理和分析，并以适当的形式将分析结果发布给战略管理人员的计算机信息系统。③

王斌等认为，竞争情报系统是指企业为了增强市场竞争能力而建立起来的，通过对竞争对手的追踪报道及相关竞争性情报的搜集整理、分析研究，为企业决策者的竞争战略决策提供信息支持的决策辅助系统。④

由上述观点可见，企业竞争情报系统虽然没有明确、统一的定义，但它具有以下一些特点：企业竞争情报系统以人的智力投入为前提，以信息的集成分析和知识管理为基本内

① 包昌火，谢新洲. 企业竞争情报系统[M]. 北京：华夏出版社，2002.
② 包昌火，谢新洲. 企业竞争情报系统[M]. 北京：华夏出版社，2002.
③ 苗杰，倪波. 面向集成竞争情报系统的数据挖掘应用研究[J]. 情报学报，2001(8)：443-450.
④ 王斌，李正中，寿文霞. 论我国企业竞争情报系统的建设与运作[J]. 情报杂志，1999(3)：31-34.

容，以网络传播为主要手段，旨在规范竞争情报工作，利用计算机技术提高信息集成管理效率，形成竞争情报专门知识库，实现信息利用过程中的人机对话，辅助企业决策者进行竞争情报分析，从而形成高质量的竞争对策建议，更好地服务于企业竞争决策，增强企业的核心竞争力。

具体来说，企业竞争情报系统的特点是：

①企业竞争情报系统是一个管理系统，为企业的经营战略和竞争决策服务。随着知识经济的发展，人们对信息资源的开发利用正由信息管理向知识管理方向转变。竞争情报系统是一种能将信息管理与知识管理有效结合起来的知识管理与决策分析系统。

②企业竞争情报系统是一个竞争战略决策支持系统，通过企业内外信息资源的开发和利用来为企业高层管理者制定竞争战略提供情报支持。竞争情报是企业战略管理的基础，战略的制定和实施都离不开对企业竞争环境的竞争情报分析及研究。竞争情报系统是将竞争情报与企业战略管理相融合的系统。

③企业竞争情报系统是一个信息系统，它的发展与信息技术的进步密切相关。网络环境下的竞争情报系统以现代信息技术(如互联网技术、面向对象技术和数据仓库技术等)作为技术手段，实现企业内外信息资源的交流和共享。

④企业竞争情报系统是一个人机系统，人的智能永远是竞争情报系统中最重要的因素。竞争情报系统具有人机直接对话的功能，它重视与决策人员的沟通，使竞争情报能有效地在企业内部各环节之间进行传播，在知识创新的过程中完成情报工作的使命。因此，不能将当前流行的竞争情报工具，如数据仓库、数据挖掘、联机分析、ERP 等信息系统以及软件产品完全等同于竞争情报系统的功能。

⑤企业竞争情报系统是一个开放系统，其输入的是信息原料，输出的是竞争情报产品，时刻对企业内部和外部竞争环境因素或事件的状态，变化的数据或信息进行搜集、存储、处理和分析，并以适当的形式将分析结果(即情报信息)发布给企业战略管理人员。

(2) 企业竞争情报系统的功能

企业竞争情报系统的基本功能为：为企业跟踪行业发展变化、评估行业发展趋势、把握行业结构的深化并分析现有和潜在竞争对手的能力和动向以及向企业的竞争决策提供论证和依据。具体来说，企业竞争情报系统具备以下功能。

①竞争情报系统有助于企业进行竞争环境监测。

企业的生存和发展与其所处的环境有着密切联系。竞争情报系统能了解影响公司业务的政策、法规的变化以及跟踪市场需求的变化。企业的竞争环境监测包括对企业外部环境进行监测和对企业内部环境进行监测。

企业的外部环境监测包括对宏观环境、行业环境和竞争对手的监测，其目的是发现市场机会，提前预警威胁，跟踪重要技术，分析竞争对手。其中，宏观环境包括政治、法律、经济、社会文化、科学技术、自然环境等因素；行业环境的监视包括迈克尔·波特提出的五种力量，即行业内现有企业竞争、供应商、购买者、替代品、潜在进入者；竞争对手的监测包括竞争对手的未来目标、现行战略、假设和能力，以便能准确地预测竞争对手下一步行动计划，从而主动出击。

企业内部环境是指企业内部的物质、文化环境的总和，包括企业资源、企业能力、企业文化等因素，也称企业内部条件。其本质是组织内部的一种共享价值体系，包括企业的指导思想、经营理念和工作作风。企业必须对自身资源及能力有一个清楚的认识，特别是企业的核心能力。竞争情报系统能帮助企业识别并完善其核心能力，使企业不断发展、获得持续竞争优势。

②竞争情报系统有助于企业跟踪及分析竞争对手。

企业竞争情报系统可以连续不断地跟踪竞争对手的动态。它通过监视、跟踪竞争对手和企业内外部环境信息，并利用 SWOT 等竞争情报分析方法评估竞争对手的能力，预测竞争对手的反应形态，为企业决策提供依据。

③竞争情报系统可以辅助企业制定战略决策。

决策是企业管理的一个关键部分，决策的成效关系到企业的存亡。竞争情报系统可以作为企业为适应外部环境变化而作出战略决策和竞争决策的现代企业经营管理的智囊系统，是企业领导集团的重要参谋部。因此，建立竞争情报系统，可以使企业领导集团充分明确企业在竞争中所处的地位，从而促使企业赢得竞争优势。

④竞争情报系统可以充当企业的信息安全保障。

竞争情报系统监控了企业相关的各类情报，能够快速发现情报泄露等异常情况，因此它不仅是"矛"，同时也是"盾"。竞争情报系统通过分析和评价企业内外部环境和竞争对手的情况，评估企业自身弱点，发掘企业自身有价值、需要保护的信息，并对其进行有效保护，以避免被竞争对手获取和利用。需要注意的是，制定企业信息安全防范措施应从技术、管理、法律等层面综合思考，跳出单纯从技术角度寻找解决办法的思路，建立一个完整的安全体系。

5.1.2 企业竞争情报系统的模式和特点

在信息技术飞速发展的当今社会，企业信息资源管理变得越来越复杂且困难，如何建立一个能保证企业信息资源管理的高效、可靠、风险小且收益高的竞争情报系统，已成为所有企业面临的一个关键问题。

企业首先必须从其战略目标和竞争态势着眼，确定如何建立和完善一个能够充分利用企业内外部信息资源的企业竞争情报系统。然后，企业必须从企业目前的管理组织结构状况及企业竞争情报工作的目标这两方面入手，找到适用于自己的竞争情报系统管理模式。归纳起来，企业竞争情报系统有以下三种管理模式。

（1）职能型模式

职能型企业竞争情报系统是按企业现存的管理职能部门和结构来建立的。这种结构模式以现有的管理职能部门为依托，每一个管理职能部门既是管理工作机构，又是竞争情报系统中的一个子系统（如计划情报子系统、生产情报子系统、供销情报子系统、劳动情报子系统、财务情报子系统），它们分别负责搜集与本管理职能部门所处的环境的有关信息，并将其传递给企业的情报中心。情报中心主要是对外部环境信息和各子系统传递过来的各类信息进行加工处理，并传递到决策层（如图 5-1 所示）。

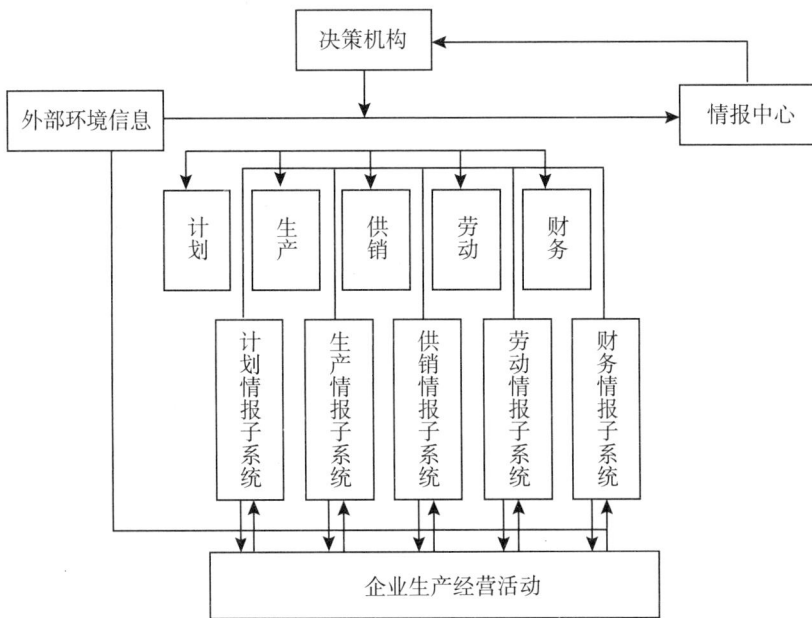

图 5-1　职能型企业竞争情报系统①

（2）集中型模式

集中型企业竞争情报系统是将企业内、外部的信息搜集、加工、分析、储存、传递等工作集中到情报中心来统一进行，企业内部各个不同职能部门所需的情报产品统一由该情

①　包昌火，谢新洲．竞争情报与企业竞争力［M］．北京：华夏出版社，2001.

报中心提供，情报中心统一汇总各个职能部门因业务联系而得到的各类信息以及外部环境信息，并对这些信息进行统一加工处理和存储，然后再提供给企业决策机构(如图 5-2 所示)。

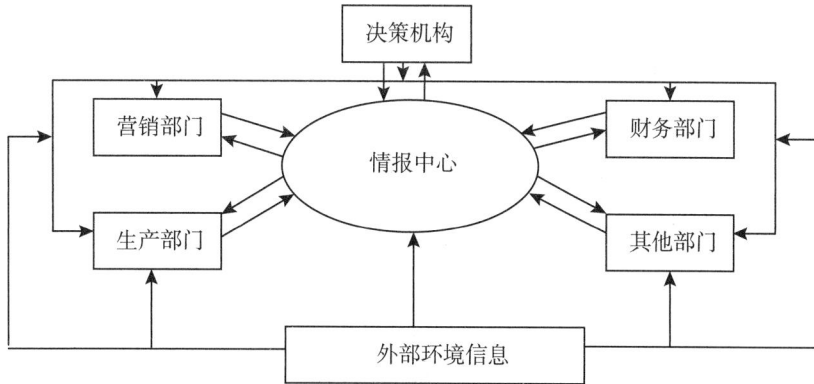

图 5-2　集中型企业竞争情报系统①

(3) 重点分布型模式

重点分布型企业竞争情报系统以接触竞争情报最频繁的重点职能部门作为该系统的核心。这种结构模式比较适合于那些具有较强信息搜集、处理特色的职能部门的企业。如图 5-3 所示，企业以营销部门为核心建立竞争情报系统。在营销部门直接建立竞争情报系统的优点是：

①有利于搜集情报。市场营销人员与市场接触最为紧密，他们经常与销售商和顾客接触，因此深知本企业商品销售以及其他同行竞争对手的销售情况。此外，他们还经常参加各种展览会、订货会、信息发布会，因此往往能掌握大量的第一手资料。一旦以营销部门为核心建立起竞争情报系统，那么，大部分的竞争情报工作都可以由该部门负责完成。

②有利于传递情报。在营销部门设立竞争情报系统，需要从竞争情报系统整体目标出发，通过明确规定一系列搜集制度、方法等，便于搜集非正式的信息，这些信息的搜集都有许多现成的传递渠道，而无需再重新建立搜集渠道，从而利于信息的传递扩散。此外，由于减少了中间环节，营销部门搜集来的信息可直接处理后为营销决策者服务，不仅方便直接而且还使信息传递速度和增值效应得到大幅提升。

---

① 包昌火，谢新洲. 竞争情报与企业竞争力[M]. 北京：华夏出版社，2001.

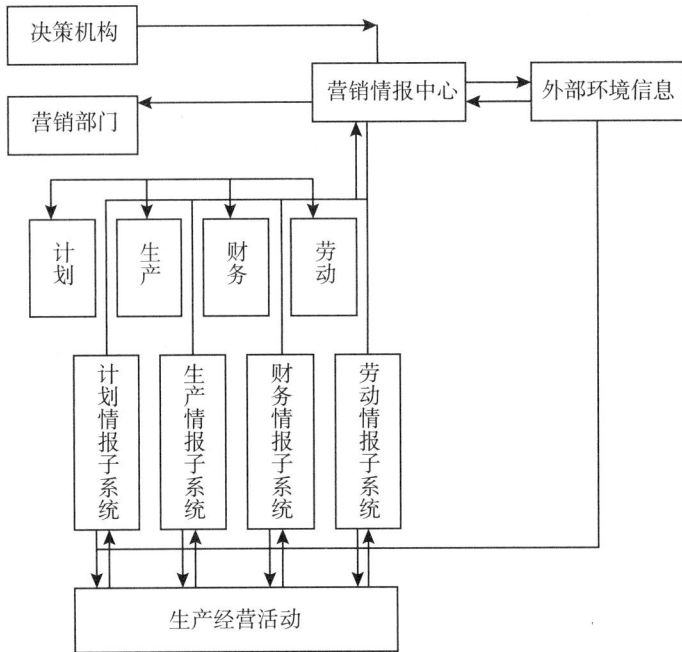

图 5-3　重点分布型企业竞争情报系统①

　　与传统的企业信息系统相比较，企业竞争情报系统应当更加突出其外部动态性信息的快速搜集、处理与传播的特点。因此，在选择企业竞争情报系统的管理模式时应该充分考虑这一点。这一方面要考虑有利于与外部环境的广泛接触；另一方面要考虑有利于信息的快速处理与传递。显然，以营销部门为核心建立的重点分布型竞争情报系统具有上述第一方面的优势；而集中型竞争情报系统具有上述第二个方面的优势，如建立一个以计算机信息处理系统为主要手段的、以数据挖掘和情报分析为重要内容的竞争情报系统，则宜采用集中型结构模式。这样不仅能充分发挥计算机信息处理系统的优势，而且还能最有效地利用情报分析人员的优势。因此，从这个意义上来看，建立一种既能突出营销职能部门优势，又能发挥情报中心信息处理分析优势的综合性的企业竞争情报系统，是企业竞争情报系统管理模式的最佳选择。企业竞争情报系统三种主要模式的特点比较见表5-1。

---

　　①　包昌火，谢新洲．竞争情报与企业竞争力［M］．北京：华夏出版社，2001.

表 5-1　　　　　　　　　　　　企业竞争情报系统主要模式比较

	优点	缺点	适用企业
职能型模式	结构简单，可以更紧密地联系顾客。系统的设计简单、实用，管理比较方便	对竞争情报过程进行的统一管理不如集中式模式，而且各部门之间的信息联系比较弱	比较适合于那些职能部门的管理对象很少交叉的企业
集中型模式	对竞争情报过程能够实行统一管理，尤其便于建立以计算机管理为主的竞争情报系统	不能保持对用户市场和外部环境的动态跟踪，所以缺乏对于企业机遇和需求的深入了解	适用于那些原先就有一支庞大的专业情报队伍的有实力的企业
重点分布型模式	发挥了现有职能部门的情报功能作用，将其本职职能与情报职能融为一体，并通过职能部门的运行来带动情报工作	竞争情报的来源比较单一，搜集竞争情报的范围不如职能型模式广	适用于那些具有较强信息搜集、处理特色的职能部门的企业

5.1.3　企业竞争情报系统的发展趋势

(1) 网络化

信息技术的发展使企业竞争情报系统日益网络化，其内涵从 Intranet、Extranet 扩展到 Internet。从企业竞争情报系统的运作来看，网络化体现在信息搜集、分析、处理、存储、挖掘、检索和信息决策支持的全过程；同时，在竞争中，企业竞争情报系统的情报组织结构不再是固定的，它可以根据目标和竞争环境的变化组合进行调整，依据不同的需求、基于面向对象的逻辑，以需求、目标和任务为导向完成竞争情报服务。竞争情报系统与 Web 相结合，通过提供 Web 的接口，从而能够很好地利用丰富的 Web 资源，不仅支持结构化的数据，同时还支持网络上的非结构化信息。在体系结构上也从 C/S 模式发展到 B/S 模式，只要通过浏览器就可以看到所需要的资源。同时还将新出现的 Portal、RSS、Blog 等网络技术引入系统软件中，不断丰富和完善系统功能。

(2) 个性化

系统体现个性化的情报服务理念。支持专业的竞争情报门户，可以为不同角色的用户提供不同内容，同时也支持个性化的信息推送服务。个性化的信息推送服务，允许用户订阅感兴趣的情报分类和情报文档，系统会将信息推送到用户的 E-mail 或者移动电话中。以群组管理为核心的情报服务方式，为不同的服务对象提供不同服务界面和情报信息，允许用户定制自己的用户界面和自助式的信息服务方式，用户根据自身信息需求的特点来定义搜索和分类规则，从而建立具有自己特色的竞争情报系统。此外，用户还可以设置颜色、字体、图标、报告访问、记录访问等，系统也允许用户进行内容制定。

（3）集成化

集成化企业竞争情报系统通过分布式的网络体系结构完成集成化分布式的数据处理。依托企业信息集成平台，在集成化情报分析工具的支持下，为企业提供集成化的信息服务和决策支持。

（4）智能化

在集成化数据分析的基础上，企业竞争情报系统具有更鲜明的智能分析、学习和检索功能，推动企业竞争情报系统从信息管理向知识管理发展。

（5）可视化

可视化技术能够将隐藏在信息资源内部复杂抽象的语义，以一种直观的图形方式呈现给用户，用户可以直观、方便地获取所需信息。同时，这种方式在揭示信息资源的广度与深度上也有很大的优势。比如，情报分析和文献分析有很多类似的地方，那么将文献分析技术融入企业竞争情报系统中，对竞争情报的分析会有很大的帮助，特别是随着文本挖掘技术的发展，可以实现可视化的文献分析，将类似的信息聚集在一起，从而发现潜在行业、企业、产品的发展趋势。

5.2　企业竞争情报系统的建设

5.2.1　企业竞争情报系统的构建原则

企业竞争情报系统的构建通常需要采取以项目为基础的管理模式，以特定项目、特定任务需求为中心，灵活地组织和调配建设资源。在构建企业竞争情报系统时，要根据企业所处的内外部环境、企业自身实力和条件等正确处理各种关系，充分考虑各种影响因素，先进行规划工作。在做好规划的基础上，再由简单到复杂，有层次、有重点、分步骤地渐进式开发企业竞争情报系统。

企业竞争情报系统的构建一般应遵循如下原则。

（1）客观性原则

企业竞争情报系统所提供的竞争情报必须真实、可靠，对竞争情报的分析研究都必须是客观的，尽量减少人为的不确定因素。

（2）针对性原则

竞争情报系统建设的目标是为企业决策者提供及时、准确、适用、完整的情报，企业竞争情报系统建设必须与企业的实际需要相结合。因此，企业在建立竞争情报系统时，首先，应明确企业构建竞争情报系统的目的和作用，其搜集、分析、处理、服务等各子系统都应围绕这一目标有机地结合在一起。其次，对于一个现代化的企业而言，构建竞争情报系统必须做到以实践为主、以企业未来发展为导向。为此，建成的竞争情报系统要有可操作性、可实践性和应用性，能为企业目前或今后的发展带来社会效益和经济效益。再次，企业的决策者要有超前的战略眼光，将系统设计定位于企业的竞争战略需要，针对企业核心竞争力进行系统的构建，为企业的战略决策服务。

（3）整体性原则

企业竞争情报系统所提供的竞争情报必须是全面的、系统化的。对于某个问题，竞争情报系统应能提供与之相关的全部且真实的信息。同时，竞争情报系统提供的情报应该是有层次、主次分明的，对于关键性的、紧急性的情报应优先进行，并且应力求详细而准确。此外，整个竞争情报系统不是各个子系统的简单相加，而应该是各子系统之间有机协调、共同合作的结果，各子系统的有效运作最终将使整个系统达到最佳状态，使之成为一个有机整体。

（4）时效性原则

竞争情报系统不同于其他信息系统的一个重要特征就是它的时效性。如果一个竞争情报系统在关键时刻不能为企业提供关键的情报，那么该系统也就失去了其意义。竞争情报系统的反应速度是决定竞争情报价值的一个非常重要的因素。针对竞争情报系统的时效性，我们应该着重于两个方面：一是尽可能及时地监测已发生或出现的变化、动态和问题；二是尽可能及时地传递给情报使用者，以发挥竞争情报的最大价值。在当今信息时代，企业内部和外部的信息是瞬息万变的，处于不稳定状态，如果不能及时搜集信息，那么很可能此时有价值的信息过了一段时间就失去了意义。企业竞争情报系统应能及时搜集并提供有关本企业内部活动情况和外部竞争环境变化的最新动态的情报，并在第一时间将这些情报产品提交到决策者手中，确保管理决策者随时根据企业内外环境的变化迅速作出反应，同时及时制定竞争战略决策。

（5）适用性原则

适用性是建立企业竞争情报系统的基石。构建企业竞争情报系统是为企业决策层提供决策依据，从而帮助企业在激烈的市场竞争中获取优势。因此，一方面，要根据企业自身条件和情况构建适用于本企业的竞争情报系统；另一方面，竞争情报系统向决策者提供的竞争情报数量应以有用、适度为原则。

（6）开放性原则

这里的开放性不是指对企业外的其他人员开放，而是对企业内部的员工进行开放，也就是要把竞争情报系统建设为一个学习型系统。计算机系统只是情报人员利用的工具，竞争情报系统应该成为整个企业的学习系统，该系统要具有良好的组织学习功能、和谐的系统环境，使企业员工具有强烈的学习欲望和能力。成功的企业往往能为员工制定职业发展规划，使员工的发展机会与企业的目标相结合。同时，学习型竞争情报系统要具备以多种信息表现形式提供情报供决策者或其他用户使用的功能，应具有高度的柔性和较强的适应能力，能根据正式和非正式的反馈不断调整、更新甚至再造系统，以适应不断变化的环境，创造高质量的智能情报产品和服务，从而增强企业竞争力。

（7）全员性原则

人际网络是企业获取竞争情报非常重要的途径，因此在竞争情报系统中，除了利用代理软件自动搜集信息之外，企业还应该调动全体员工的积极性，建立统一的情报观，通过全面、系统的培训将竞争情报管理理念灌输给企业员工，使更多人重视开发和使用竞争情报，从而鼓励员工寻找、共享和创造情报，把竞争情报视为其工作的一部分。建立面向决策的竞争情报系统应该是包括企业每一位员工在内的全企业的过程，通过提高每名员工的情报技能，建立一种情报驱动的企业文化。

（8）经济性原则

建立一个实用的竞争情报系统应该遵循低投入、高效益的原则。好的竞争情报系统应该是以最低的费用提供最完整、最有价值的情报；在整个系统运行过程中要节省费用，在一定的投入下，使情报获得最大程度的利用。

（9）人机结合原则

竞争情报系统是在手工系统趋于完善并积累了大量敏感性信息的前提下逐步建立的人机互助系统。一方面是因为人是竞争情报系统的核心。另一方面，竞争情报系统是企业信息系统发展的新产物，首先应考虑企业信息化程度和员工接受度，企业要根据自身的实际情况，确定人机所占的比例；其次在进行竞争情报系统的建设时，要提供最方便最有效的人机交互机制，充分发挥人与机器各自在系统中的作用。

（10）持续性和长期性原则

企业竞争情报系统的建设是一个长期的过程，不可能一蹴而就，需要做好长远规划，分阶段、分步骤、有计划地逐步推进。企业必须日复一日持续不断地搜集信息、分析信息，而不仅仅只在进行战略规划时才突击地搜集处理信息。

5.2.2　企业竞争情报系统的构成

（1）企业竞争情报系统的总体框架

企业竞争情报系统由三个子系统组成，包括信息搜集子系统、信息分析处理子系统、情报服务子系统，其总体框架如图 5-4 所示。

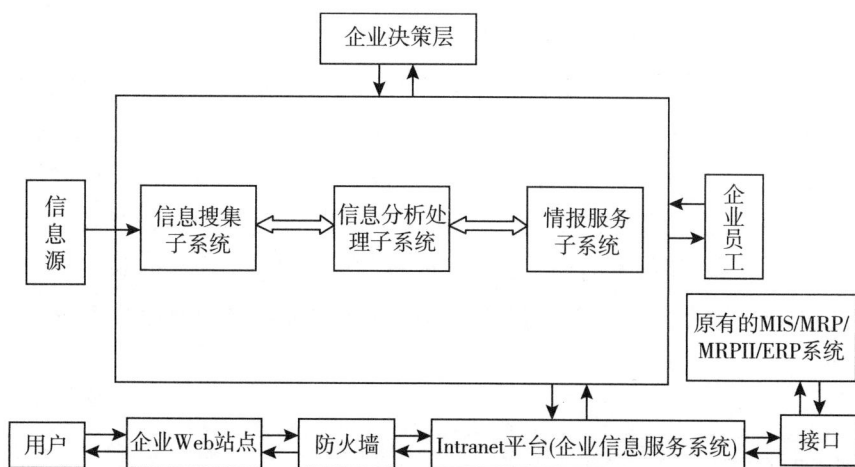

图 5-4　企业竞争情报系统总体框架

(2)信息搜集子系统

信息搜集子系统的主要功能是根据企业的发展规律和结构特点，搜集竞争对手信息、企业自身信息、市场信息以及政治、经济、技术、人口、社会等外部环境信息，经初步组织加工后存入数据库系统待用。信息搜集子系统包括对信息的搜集、存储、检索、处理和维护，并能从来自多种渠道的各类信息资源中抽取分析信息，把它们转换成系统要求的各种内部信息。[1] 传统的竞争情报搜集方式专注于搜集网页却难以从网页中搜集到实用的情报信息，如今互联网已经成为企业获取竞争情报的主要信息来源，[2] 大数据和 Web2.0 的出现创造了新的机遇及更多的挑战，使企业能够更加有效地建立企业形象。

信息搜集子系统的建立和运行必须注意以下几点：第一，该系统的建立要充分考虑企业及其所在的行业特点，考虑国家乃至全球宏观形势的变化及其所带来的影响。第二，情报人员应将目光集中在特定项目上，而不是强调搜集的信息越多越好。信息搜集应注意以下问题：企业的盈利主要来自何处？企业所面临的最大威胁来自何处？对这些特定问题的回答，就形成了信息搜集的焦点领域。第三，情报人员应从有利于决策而不是方便性角度搜集信息，否则，会使信息分析报告偏离用户的真正需要。同时应对情报人员进行专门的方法培训，使他们学会从决策者和管理者的角度搜集信息。情报人员养成从决策者角度搜集信息的习惯，是满足企业竞争情报快速响应需求的重要前提。

信息搜集子系统主要包括信息搜集和信息管理两大内容。信息搜集的目的是为了对能对企业造成影响的各种信息进行监测，信息搜集工作主要由人来完成。信息管理是为下一阶段的信息处理做准备，主要由计算机来完成。信息搜集子系统的建立依赖于企业内外网络的建设。同时，企业内部的基础数据库也是信息的有效来源。信息搜集子系统主要包括信息搜集模块和信息管理模块，其系统结构如图5-5所示。

①信息搜集模块主要包括信息录入模块和自动接收模块两个部分。信息录入模块主要由企业竞争情报部门派专人负责，将搜集到的企业内外信息按照指定的格式录入计算机，并进行后续管理。自动接收模块靠计算机自动完成：一是对企业内部信息的搜集，如对企业基础数据库中的信息，只需要软件人员编制接口程序，将这些现成的信息导入计算机进行分析；二是对企业外部信息的搜集，依靠先进的信息技术，如 Internet 搜索引擎、Web 挖掘、数据仓库、联机分析与处理等技术，将企业外部信息自动搜集到系统内的接收单元。

---

① Aziz A, Emanuel D C, Lawson G H. Bankruptcy prediction: An investigation of cash flow based models [J]. Journal of Management Studies, 1988, 25(5): 419-437.

② Zhao J, Jin P. Extraction and credibility evaluation of Web-based competitive intelligence[J]. Journal of Software, 2011, 6(8): 1513-1520.

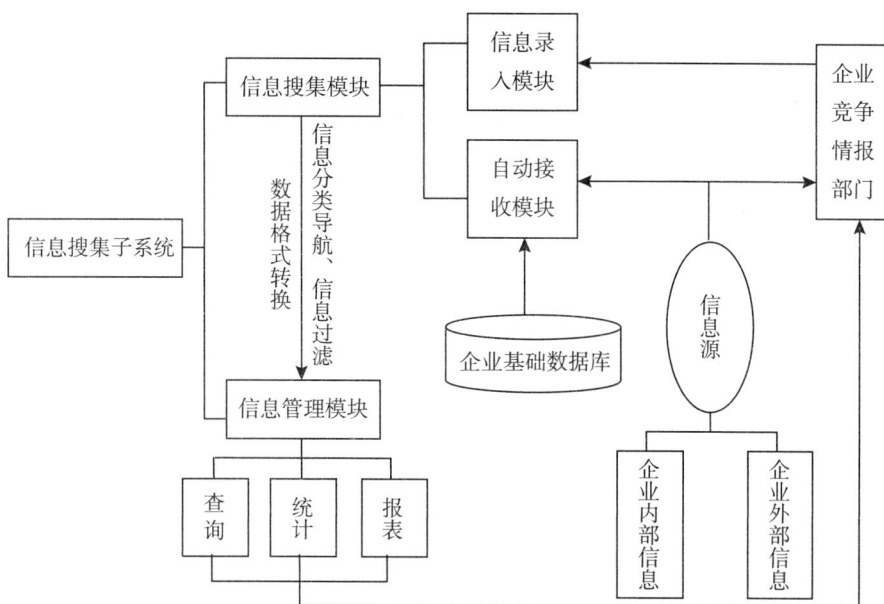

图 5-5 信息搜集子系统结构图

②信息管理模块负责对信息搜集模块所搜集的信息进行管理，实际上是一个专门的管理信息系统。该模块将信息搜集模块搜集到的信息进行数据格式转换，将原始非结构化的信息转化为结构化的信息，并利用信息分类导航技术对这些信息进行分类管理，最后利用信息过滤技术将不利于情报分析工作甚至会误导决策人员作出错误判断的信息进行剔除，使企业竞争情报部门可以方便地利用信息的查询、统计、报表输出等功能。

(3) 信息分析处理子系统

大数据时代，企业竞争情报系统需要处理更多的动态数据和实时数据，企业需要运用数据流挖掘技术从实时数据中获得实时情报，运用时间序列分析发现动态数据的变化规律，并运用社会网络分析技术从海量数据中发现未知的、潜在的数据关系。只有经过加工处理后的情报才能被有效地使用、方便地传递和存储，才能体现出其经济价值。因此，企业搜集到各种信息后，下一步马上要采取的行动就是要对这些信息进行系统的分析、处理，发现其中存在的主要问题以及隐藏在问题表象背后的本质原因。信息分析处理子系统的主要功能是结合外界环境中的不确定因素，分析处理信息搜集子系统提交的信息。信息分析处理子系统的目标是分析整理搜集来的各种信息，将其有序化、系统化、层次化。搜集到的信息通常还需要经过专职情报人员的归纳整理和计算机系统的重新组织，才能去伪存真、由表及里，从而提炼出真正有用的竞争性情报，信息分析处理子系统又称作信息的

"加工厂"。依靠强有效的信息分析处理子系统，情报人员可以帮助企业及时掌握市场、企业自身、竞争对手和竞争环境的过去、现在和未来的变化趋势，把握企业可能存在的优势、弱势、机会和威胁。

信息分析处理是一个对有关信息进行优化选择、组织排序、深层加工和分析综合的过程。信息分析处理子系统利用建立的规则集、统计库、模型库和辅助分析软件，依据企业信息源数据库(目标数据库)提供的信息，对企业的各种信息进行分析处理。在这个过程中，统计库和模型库扮演着重要角色。统计库包括一系列统计程序，可以帮助分析者了解各组数据彼此间的关联程度和统计上的可靠性。在统计库中常用的分析方法有回归分析法、相关分析法、因子分析法、差异分析法、时间序列分析法等。模型库包括一系列数学模型，如销售能力评估模型、优劣势评估模型、市场潜力评估模型、威胁分析模型、竞争能力评估模型等，有助于管理层做出科学的决策。

信息分析处理子系统首先将信息搜集子系统搜集到的材料或数据归入一定的规则集进行筛选，然后运用排序算法和分类算法进行整理并放入统计库，再调用模型库中的各种模型进行相关分析，最后借助辅助分析软件工具(如 SPSS、OLAP、DM 等)分析结果并输出给决策层。

信息分析处理子系统的工作流程分为筛选、整理、分析、评价四个步骤，如图 5-6 所示。

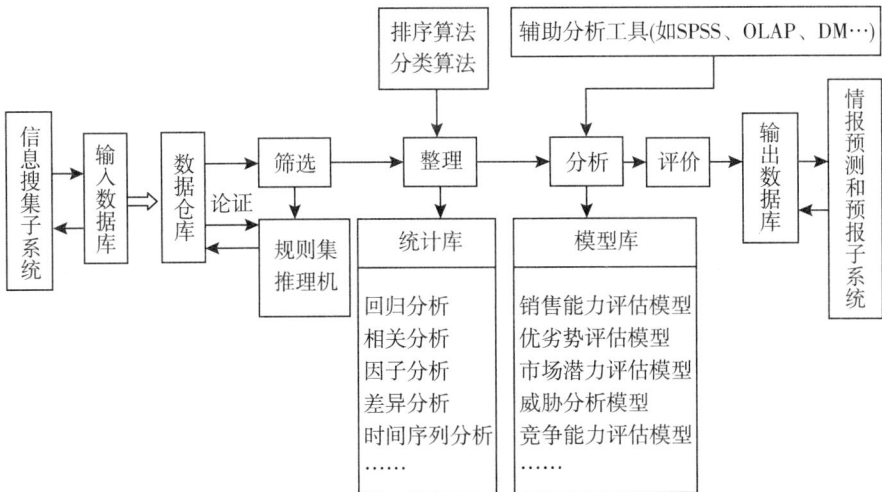

图 5-6　信息分析处理子系统的工作流程

①筛选。

从信息搜集子系统获得的信息往往是大量甚至是海量的，但这些信息不能直接传送到

132

企业的信息中心。因为在繁多的信息中，不可避免地会有不合实际、歪曲事实的信息混杂其中，如不加以剔除，会把企业管理引向错误方向；另外，大量或海量的信息并不能保证竞争情报的产生，过量的信息直接涌入信息中心，会使情报人员不能切入重点和迅速抓住有用的信息。因此，在信息传送到信息中心之前，需要将获取的信息进行全面校验鉴别，剔除其中虚假的、错误的信息，并采用一定的技术和方法来分析这些信息，由此来提高信息的针对性、及时性、准确性和可靠性。

②整理。

信息的整理是按照信息内容有序化、流向明确化、数量精约化、质量最优化的要求进行的，以减少信息混乱、提高信息质量、节约信息活动成本。其工作过程可以分为如下三步：

第一，将原始数据、资料、文献按时间或内容等一定的规则进行排序。

第二，对有序化的原始数据资料进行统计分析、相关性分析、差异分析、因子分析等，从而形成更高层次的有序组织。如对信息的可信度进行统计分析，将信息按其可靠性进行分层，从而给出其作为决策依据的归一化系数或权重等。

第三，对信息之间的相关性进行分析，给出相关矩阵，并将多条相似信息进行归纳，浓缩为简洁的信息等。系统应能自动发现新处理的信息是否已经存在于历史信息库中。如果历史信息库中已经存在某条信息，则自动指出信息位置并为它们建立匹配关系，然后自动生成匹配报告，提供在线浏览和校对功能。

③分析。

信息的分析是通过构造的模型库来整理信息，使其产生更有价值的情报内容。例如，通过销售能力评估模型、优劣势评估模型、市场潜力评估模型、威胁分析模型、竞争能力评估模型等来构造更直观、更有价值的情报。借助计算机辅助系统、数理统计等工具对已获得的信息进行汇总、统计分析等处理。[①]

④评价。

要从搜集的大量信息中获取真正需要的信息，必须对发现、挖掘和整理出来的原始信息进行价值评价，根据待评信息的特点，分别置入相应的评价体系中，进行适度评价和筛选，以利于信息的针对性使用。因此，建立起行之有效的信息评价体系是企业竞争情报分析处理子系统的重要基础。

在信息分析处理的同时，为增强针对性，要注意结合实际需要和信息本身的特点进行信息价值的评价。例如，国内某预警系统所采用的信息筛选与评价指标体系，如图5-7所示。

① 罗贤春. 企业危机管理的信息机制研究[M]. 北京：科学出版社，2009.

目标层　　　　　　指标层　　　子指标层

```
                                              ┌─ 可信性
                                    准确性 ─┤
                                              └─ 一致性

                                              ┌─ 新颖性
                                    完备性 ─┼─ 互补性
评价并筛选出预警信息 ─┤                      └─ 周期性

                                              ┌─ 及时性
                                              ├─ 先导性
                                    重要性 ─┤
                                              ├─ 适用性
                                              └─ 带动性
```

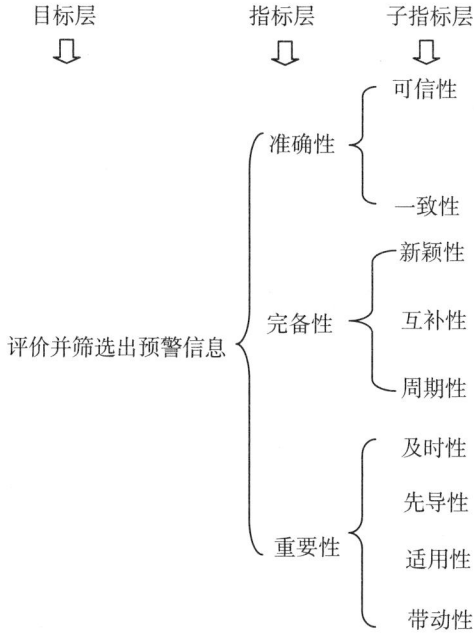

图 5-7　某预警系统信息评价指标体系

经过信息的筛选、整理、分析和评价，企业竞争情报系统就拥有了一些较为全面、真实、有用的信息。

（4）情报服务子系统

大数据环境下的企业竞争更加激烈，企业在制定战略决策时，不再是依赖企业内的个人经验，而是需要依据实时的、准确度高的情报来帮助企业管理者做出决策。谁能够及时对环境变化做出正确的反应，谁就能在竞争中胜出。情报服务子系统的主要功能是根据情报分析人员、决策者以及企业内其他人员的情报需求，动态地创建各类分析报告，并通过约定的方式及时地将这些报告传递给企业决策者。为了避免浪费和快速、准确地响应企业竞争情报需求，情报服务子系统提供的报告可根据服务对象及相关要求的不同以不同的形式呈现，如为满足用户偶然的特殊情报需求而及时生成的每月、每周、每天、每时的特殊追踪性分析报告。在服务过程中，该子系统需要反复与企业决策者进行情报磋商，以协助企业决策者提出合理、有效的对策。

企业竞争情报系统要求企业情报部门应以积极的姿态主动出击，寻求与企业其他部门建立长期协作关系，通过定点服务、组建专家网络等方式，发挥情报部门在企业生产、经营和管理过程中的智囊团和思想库的作用。情报部门为特定企业提供定点服务、组建专家网络的好处在于能对企业特点及发展状况有相当程度的了解。随着竞争情报活动的深入，专家队伍变得越来越精干，情报部门对企业所处行业环境的了解也相应加深。

竞争情报服务子系统也可称为情报提问子系统，主要是针对用户的特殊背景和特定用户的特定需求，将竞争情报及时提供给所需的用户，从而使企业竞争情报系统的前两个子系统搜集、整理、分析的情报发挥出最大的价值。此外，它还包括如何方便及时地将存贮在竞争情报系统内的情报提供给有关决策人员。情报服务子系统的工作过程如图5-8所示。

竞争情报服务于用户的途径主要通过计算机检索系统进行。一般在该子系统内应建立一个数据库检索服务分系统，通过计算机可以随时为用户调用存贮在数据库内的各类情报，比如当产品在市场供不应求时，需要马上了解本企业的所有仓库库存情况，这时数据库检索系统能在几秒钟内调出相关数据，并给出对策。实力强大的企业可以建立智能检索系统，利用人工智能的一些方法和优势，建立推理机制，对信息进行组织、再生和利用。用户可以向智能情报检索系统提问，当遇到信息不充分时，系统会提出索取相关信息的要求，再把该要求反馈给决策层，从而有利于整个系统的自我调节和完善。

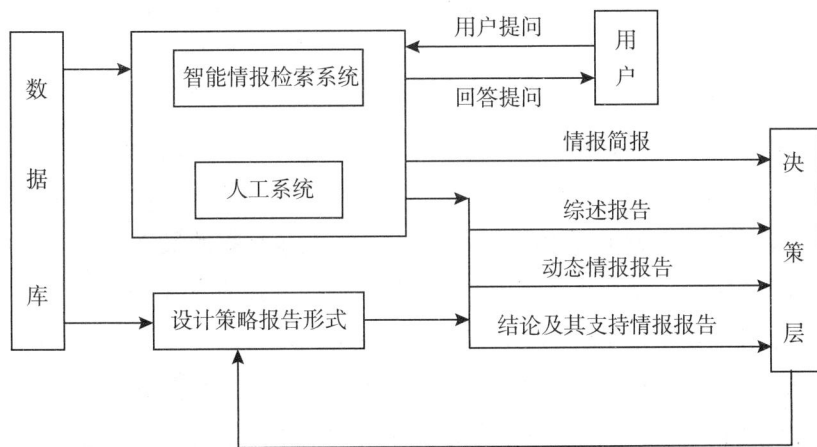

图5-8　竞争情报服务子系统工作过程①

竞争情报服务于企业决策的途径主要通过计算机或人工系统的情报报告进行。竞争情报服务子系统应该根据决策人员的要求，按照系统内部的累积情报和新搜集的动态信息为决策人员及时提供各类综合分析报告，从而帮助决策人员在决策过程中解决一定的问题。

各种渠道搜集来的情报无疑是大量的，为了加快情报向决策层的反馈，方便用户迅速

①　包昌火，谢新洲.竞争情报与企业竞争力[M].北京：华夏出版社，2001.

地获取情报，不论是计算机系统还是人工系统，最后提供的情报应该是有层次的。对于面向用户的情报提供，其层次化和效率的提高应取决于检索系统内部的检索策略、计算机网络技术等；对于面向决策层的情报，应该将其按战略价值的高低进行排序，即使重要的、对决策起关键作用的情报详细精确、优先级高，而次要的、对决策起参考作用的情报则简明扼要、优先级低。

5.2.3 企业竞争情报系统的关键成功因素

完整的企业竞争情报系统应该包括三个要素：人、情报和计算机系统。同时，这三个要素也构成了企业竞争情报系统的关键成功因素。

(1) 人

这里所说的"人"，不仅包括从事竞争情报工作的专业人员，也包括企业的其他人员；不仅指"人"的实体，更指人的思想观念和情报意识。在企业竞争情报系统的实施中，人的因素是决定其建设质量的关键因素。竞争情报活动的核心要素是人，无论是情报的搜集、分析、整合、传递，还是情报信息的占有与利用，其主体都是人。

首先，人是最重要的情报源，每个员工都掌握着或多或少的竞争情报，将这些情报纳入竞争情报系统是一项十分重要的工作。其次，如何组织情报在人群中进行传播，是竞争情报系统需要解决的重要问题。情报的传递通过各种手段和载体在人群中进行传播，缺少了人的参与，情报的传递就不可能形成。最后，人是竞争情报的最终审核者，面对杂乱无章的各种信息，还需要竞争情报系统中的人来形成针对性强的战略和战术情报。

所以，在企业竞争情报系统的建设过程中，充分调动企业全体员工的主观能动性和创造性，是系统得以建设成功的关键性和决定性因素。从某种意义上讲，企业竞争情报系统是一种建立在计算机网络和人际关系网络基础上的智能集成系统，其核心与灵魂是人，是由企业中高层决策者、竞争情报专业人员和企业全体员工组成的智能群体。构建竞争情报系统时应当充分发挥这个群体的决定性作用。

(2) 情报

随着信息量的激增和市场竞争的加剧，竞争情报的重要性越来越得到企业决策者的重视。它是信息的一个子集，是与企业的发展和战略有密切关系的信息的集合。许多企业已开展对竞争情报的搜集、分析、存储和利用工作，对竞争情报的管理为企业竞争情报系统的运行过程奠定了基础。

（3）计算机系统

企业竞争情报系统是基于计算机和网络环境、由先进的信息技术支持的企业竞争情报辅助分析系统。一方面用现代技术从各种信息源中选择有用的信息，并建立大型高密度的数据库，存储大量原始信息和有用信息；另一方面在生产领域实施工厂"无人化"的管理方式，生产、装配和仓储等生产活动由计算机及机器人管理和操作，使产品在需要的时间，按照需要的数量被运送到客户手中。通过这种计算机系统，可以方便地管理各种格式、大小不一的海量情报，从而最大程度地减少耗时费力的重复性劳动。同时，计算机系统为情报的搜集、整理、分析和传递提供了极大的方便。在当今这个信息技术飞速发展的时代，脱离计算机的竞争情报系统是不可想象的。

5.2.4 企业竞争情报系统的建设步骤

企业竞争情报系统是一种打破了企业各部门之间物理界限的结构化系统，它要求能够实现系统内网格式的信息交流，使每名员工在逻辑上成为网格系统上的一个节点，从而形成合理的信息生态链。企业竞争情报系统是一项具有长远意义的战略性工程，其建设是开展竞争情报工作的组织保障和物质基础，应将其纳入企业的整体业务建设中。

企业竞争情报系统的建设可分为五个阶段：系统规划、系统分析、系统设计、系统实施和运行维护。

（1）系统规划

竞争情报系统的总体规划是对系统目标（包括近期、中期或长期目标）、实现策略和方法以及实施方案等内容所做的一种统筹安排，包括制定竞争情报系统的发展战略和总体方案，安排项目开发计划，制定系统建设的资源分配计划等。系统规划是面向全局和长远的关键问题，具有较强的不确定性和复杂性，因此，企业高层管理人员在进行系统规划时不宜过细，同时所规划的内容应随着企业的发展而变化。

（2）系统分析

系统分析是竞争情报系统建设的关键阶段。系统分析阶段的基本任务是系统分析员与用户一起，充分了解用户的要求，并把双方的理解用系统说明书表达出来。系统说明书审核通过之后，将成为系统设计和将来验收系统的依据。系统分析阶段的工作主要包括组织结构与功能分析、业务流程分析、数据流程分析、数据类/功能分析、数据传输与通信分析。

拟建的企业竞争情报系统既要源于又要高于现有的信息系统。因此，系统分析员要在系统规划的基础上，与用户密切配合，用系统的思想和方法，对企业的业务活动进行全面的调查分析，详细掌握有关的工作流程和信息流程，分析现行系统的局限性和不足之处，找出制约现行系统的"瓶颈"，确定系统的逻辑功能，根据企业的条件，设计几种可行的解决方案，并对这些方案的投资和效益进行分析比较。

(3) 系统设计

系统设计是企业竞争情报系统建设的主要阶段，是在系统分析的基础上对前述系统规划的目标与方案的细化，同时也是在系统分析所建立的逻辑结构基础上所做的一个从抽象到具体的过程或物理设计。该阶段的工作主要有两个方面：一是设计系统所需的软硬件配备方案；二是设计竞争情报系统的主要模块。

(4) 系统实施

系统规划、分析与设计完成后，就可按计划来组织系统实施工作。在这一步骤中，如果发现设计方案中存在不合理之处，可重复前述步骤，调整和重新设计方案。

(5) 系统运行与维护

系统运行与维护是企业竞争情报系统建设的最后一个阶段，此阶段的工作任务大致为：系统组织与有关制度的建立、人员培训、系统试运行和系统维护。

5.3　企业竞争情报系统的管理

5.3.1　企业竞争情报系统项目管理

在实践中，不少企业在对待竞争情报系统的问题上存在"重建设、轻管理"的现象，很多时候，竞争情报系统成了一种摆设和象征。实际上，在系统建成后，通过妥善的管理和使用，使其在竞争中发挥实实在在的作用尤为重要。企业竞争情报系统建设是一项涉及众多因素、时间长、风险大的工程，因此必须进行计划和控制，即项目管理，以保证工程项目在一定资源情况下如期完成。企业竞争情报系统项目管理体现在以下四个方面：

①保证人力、财力、物力等资源的供应。人力、财力、物力等资源是实现计划的基础，应优先保证这些资源的供应。

②保证计划执行进度。在计划执行过程中，对各项任务的进度进行检查，拟定具体办

法和措施。一旦某项任务不能按时完成，就应及时调整计划，保证整个计划按时完成。

③审核批准。一项任务完成后，要进行审核批准，以保证质量，防止事后返工，影响后面计划的完成。

④进度和费用统计。及时统计工程进度和经费开支等情况，以便更好地控制计划的执行和调整预算。

企业竞争情报系统项目管理主要包括情报内容管理、工作流程管理和人员管理三个方面的内容。

(1)情报内容管理

围绕情报这个中心，通过情报搜集人员所搜集的各种信息素材，情报加工人员对其进行分类整理与筛选，然后再发送到情报分析研究部门，经过由表及里、由此及彼、去粗取精、去伪存真的分析研究，形成新的情报产品，并提供给企业决策者，帮助企业赢得和保持竞争优势。情报内容管理是促进竞争情报系统信息搜集、处理、分析、传递以及服务等各环节有机关联的重要保证。情报内容管理需要在信息总监的统一领导下，建立科学、有序的管理模式，通过制定实施目标责任制、约束机制、激励机制和反馈机制等各种措施来对系统内各业务环节进行监控和管理，从而规范情报工作行为。同时，做好反情报工作，确保系统运行的安全性、活动内容的多样性和情报生产的高效性也尤为关键。

(2)工作流程管理

企业竞争情报系统的工作流程大体可划分为规划与定向、信息搜集、信息整理、信息分析与生产以及信息传递这五个环节。

规划与定向，就是界定情报需要、确定情报方向，是一个明确研究目标和工作内容的关键环节。

信息搜集，是情报工作的基础，指通过公开渠道搜集原始信息的过程。在情报规划与定向工作的基础上，根据其所制定的搜集范围和搜集内容开展工作，判断信息的来源和渠道，选择信息搜集的范围和方法，为信息处理和分析工作打下良好的基础。从信息搜集角度来看，竞争情报工作的工作对象既包括竞争对手又包括竞争环境。从广义上讲，竞争对手属于竞争环境中的一个核心要素，除了竞争对手这一核心要素外，竞争环境信息还包括客户、供应商、相关技术等方面的内容。

信息整理，是对搜集到的原始信息进行初步处理以便进一步分析，包括信息的格式转换、记录、集中、分类、组合和评级。该阶段的主要工作包括：按时间、空间、主题内容、学科范畴、机构、作者、号码等顺序将零散的信息进行分类、排序；信息类型的转换，如将文字信息转换为图形信息、将印刷信息转换为电子信息；按照竞争情报研究的目的进行各种数据库等信息内容的重组及深加工。从信息整理环节看，竞争情报工作是一项专业性和层次性很强的专门工作，必须遵守严格的工序流程。

信息分析与生产，是对原始信息进行综合、评价、分析，使信息转化为情报的过程，是竞争情报研究的增值过程，在情报工作中居于核心地位。这一阶段要求研究人员具有诸多技能，如分析有用和无用信息的能力；利用各种定性、定量方法的技巧；利用各种现代分析工具的能力；根据重要性揭示、推测信息的能力；利用各种手段表述信息的能力等。

信息传递，是将研究成果进行包装，利用一定的方式（如书面报告、通信稿、口头报告、录像、光盘等）传递到最终情报用户（情报产品消费者）手中，并采用恰当的方式督促决策者对其进行利用。为监测情报产品的使用效果要定期跟踪反馈信息。这一阶段主要是为竞争主体决策层提供情报产品，为竞争主体的战略决策提供直接的情报服务与信息支持。

在整个竞争情报系统工作回路中，各阶段工作之间并不是单纯的单向联络关系，每个阶段都可能会产生信息的交互、回转、反馈等，每个阶段互为结果和指导。从理论上讲，任何竞争情报系统的运行都必须实现由上述五个阶段构成的完整工作流，否则就难以有效地开展工作。因此，促进系统工作回路的良性循环是实现企业竞争情报系统工作流程管理的主要内容。

（3）人员管理

由于人是竞争情报系统的关键和核心，因此对情报人员的管理尤为重要。第一，要对企业全体员工普及一般情报知识与技能，适时开展教育和培训，使全体员工形成情报意识。第二，对于专业情报人员，需要确保其具备较高的专业素质与专业技能，需要有细致、认真的态度，良好的情报素养和人际沟通能力。第三，要求其具有很强的保密意识，懂得如何在工作中进行保密，具备较强的反情报、反侦察能力，并能胜任各种复杂环境下的反情报工作。第四，要正确实施奖惩措施，在开展竞争情报活动过程中，如果竞争情报人员在工作中确实做出了实际贡献，就应及时给予奖励；反之，如果其在工作中出现了失败和失误，就应对其进行批评和处罚，做到赏罚分明。

5.3.2 企业竞争情报系统安全管理

大数据时代信息传播的速度极快，微博等移动媒体在任何时间都能将这些核心信息发布到世界各个角落，短时间内就能给企业造成巨大的影响。因此，如何通过正当、合法的手段积极保护企业的核心信息，成为企业竞争情报面临的一大难题。企业竞争情报系统的安全管理是通过分析企业内外部环境和竞争对手的情况，发掘企业自身有价值的信息，并采取一定的安全措施，对其进行有效保护，以避免被竞争对手获取和利用。这里一般包括以下几个过程：分析企业内外部环境、评价竞争对手、确定要保护的信息、评估企业自身弱点、制定防范措施。制定防范措施应该跳出单纯从技术角度寻找解决办法的思路，要从技术、管理、法律等层面综合思考，建立一个完整的安全体系。

(1) 物理系统的安全管理

计算机物理系统是开展竞争情报工作的基础，也是关系到情报安全的物质保障。它是情报信息的存储地，也是最容易遭到竞争对手威胁的方面。这方面的安全威胁主要存在于系统通信过程中。系统在通信过程中，主要受到两种方式的攻击：一是主动攻击，即入侵系统，向系统实施干扰，采用删除、更改、增添、重放、仿造等方式，或将病毒植入系统，破坏系统信息的完整性与真实性，严重时甚至导致系统无法正常运行而瘫痪；二是被动攻击，即窃取通信通道中的信息，使信息机密性遭到破坏，从而造成企业信息泄露。

加强物理系统的安全防范，首先，要建立和健全用人制度，人员使用和人员管理是安全管理中的关键因素，必须要对使用及管理人员进行严格的培训和考核，制定严格的岗位职责，对调动人员进行严密的考核和备案制度；其次，要营造安全的物理环境，包括机房和建筑物、供电供水和防火防盗等设施；最后，要加强安全防范技术，包括加强操作系统的安全、病毒防治、密码技术、访问与控制、网络防火墙技术等。

(2) 人员的安全管理

企业员工是企业竞争情报系统中的主导因素，是搜集情报、分析情报和保证情报安全最关键的因素。企业员工不同程度地掌握着企业的相关情报信息，同时也是竞争对手获取情报最重要的情报源之一。如果没有一定的竞争情报安全意识和防范手段，他们往往会成为竞争对手获取情报的突破口，如企业情报人员在与企业外部人员的交谈中无意泄露了企业的关键情报，甚至有些企业人员以个人私利为重，故意透露企业的机密情报。

加强人员的安全管理，首先，要在企业内部形成普遍的情报保护意识，对所有的员工加强情报保护教育；其次，对于掌握企业关键情报的人员，要与其签订严格的保密协议，对违反协议而给企业造成严重危害的，可以依据合同追究违约人的民事责任，从而达到对竞争情报保护的目的。

(3) 规章制度的安全管理

科学、制度化的工作流程和操作规程是保证企业竞争情报系统正常运转的关键，而合理的制度和协议是企业情报安全的有效保障。不健全的规章制度势必使企业竞争情报系统更容易遭到竞争对手的入侵和攻击，更容易造成企业员工因为没有规章制度的约束而泄密。安全管理制度是以国家有关信息安全方面的法律、法规和其他有关规定为依据，并综合本企业竞争情报系统所涉及的业务需要而制定的。为确保安全管理制度的有效实施，还必须建立配套的监督机制，层层监督、相互制约。

5.3.3　企业竞争情报教育和培训

(1) 企业竞争情报教育和培训的意义

LEXIS-NEXIS 公司总裁汉斯·吉斯凯斯(Hans Gieskes)在论及企业竞争情报工作成绩时曾总结道："竞争情报工作的基础是人，当然也有系统。尽管计算机系统能够昼夜不停为我们检出与情报需求相关的材料，但终究还是由人对数据做出评判，由人去建立检出材料与已有数据和观点的联系……你需要相关数据，你需要分析工具，你还必须要有人，要有领域专家和竞争情报专家来帮你判别竞争对手的命门所在。"[1]以联机数据服务闻名于世的企业领导如此强调人的作用，可见企业竞争情报专业人才的教育和培训对企业的意义有多么重要。

①企业信息化的需要。

加强信息资源开发，实现信息资源共享，推进国民经济信息化，是当前国民经济和社会发展重点关注的领域，而国民经济信息化的基础就是企业信息化。事实上，竞争情报系统与管理信息系统、企业资源计划一样，都是属于企业信息化的一部分，而且是更高一级的信息资源管理系统。

开展竞争情报教育和培训，使情报人员能够将企业本身的愿望、战略目标及商业活动和竞争情报有机地结合起来，及时准确地获取对自身有用的情报，合理开发和充分利用信息资源，以提高企业竞争能力是十分必要的。信息即财富，只有重视竞争情报教育和竞争情报工作，才能促进企业信息化，使企业信息系统建设成为企业自己的"中央情报局"。信息化人才是国民经济信息化的成功之本，对其他各要素的发展速度和质量有着决定性的影响。只有尽早建立结构合理、高素质的人才队伍，才能适应国民经济信息化建设的需要。但我国当前的信息化人才非常匮乏，尤其缺乏信息化管理人才。

②面向知识经济发展的需要。

当今，世界经济正由工业经济向知识经济转变。随着知识经济时代的到来，竞争情报作为一种新的提高竞争力的战略手段，正得到前所未有的重视和支持；竞争情报在知识经

---

① Gieskes H. Competitive Intelligence at LEXIS-NEXIS [J]. Competitive Intelligence Review, 2000, 11 (2): 4-11.

济的生产和再生产、知识的消费以及经济增长中发挥着越来越重要的作用；社会和企业对知识的需求越来越迫切，这对竞争情报工作的开展以及竞争情报人员的培养提出了更高的要求。

③企业赢得竞争优势的需要。

在当今世界激烈的竞争中，赢情报者赢天下。竞争情报作为企业核心竞争力的重要组成部分，很大程度上决定着企业未来的命运。通过加强企业员工的竞争情报教育和培训，普及竞争情报知识，使企业上下重视竞争情报工作，并以此来提高企业的竞争优势。

④新环境下企业竞争情报工作发展的需要。

在信息化和网络化的新环境下，竞争情报工作有了比较大的变化。它的涉及面越来越广，市场竞争的复杂性决定了竞争情报的内容和形式必然是多元的、全方位的、综合的。竞争情报工作必须密切关注竞争对手的发展动向，及时发现和把握竞争的动态信息，做出符合事物发展方向的决策；要利用计算机、互联网、数据库等技术手段，不断提高工作效率和研究能力。因此，开展竞争情报教育和培训，提供专门的理论和方法指导，培养适合新环境下企业竞争情报工作的人才，成为当今社会竞争情报工作的迫切要求。

（2）企业竞争情报人员的素质要求

美国竞争情报专家 John E. Prescott 曾指出，竞争情报的兴起及其实践的制度化是几种因素共同作用的结果，这包括专业人员向管理层证明竞争情报的价值、正在发展中的日益成熟的竞争情报框架体系和分析工具以及联系世界各地竞争情报人员的畅通的网络。显而易见，John E. Prescott 的观点始终贯穿着人的因素。优秀的竞争情报人才，需要具备多种能力。美国竞争情报专家 Jerry Miller 也认为，竞争情报从业者应具备创造力、敏锐直觉、意志力、人际技巧、分析性思维、商业头脑、学习能力等几项核心能力，并指出课程培训、实践经验、教导和天生秉性决定了这些能力。可见，竞争情报人才除了某些天生的能力外，更需要接受专门的训练，他们的工作技能需要经过长期严格的培养和训练才能达到炉火纯青的地步。

概括起来，合格的竞争情报人员至少应该具备以下三个方面的知识素养：一是社会学知识素养。应具备获取、传递情报的能力，组织管理能力，协调与人际沟通能力。二是信息管理知识素养。应具备分析与综合信息的能力和信息技术应用能力。三是某一领域的专门知识素养。竞争情报作为一种信息存在并渗透于许多活动之中，使得竞争情报成为一个内涵广泛的活动，具有综合性、交叉性及实践性的明显特点。因此，现代竞争情报人员除了要掌握竞争情报理论与方法、现代竞争情报技术手段之外，还必须具备一些相关专业的基础知识，如管理学、经济学、国际关系学、语言以及法律政策等方面的基础知识。这三个方面的知识素养共同构成了竞争情报工作对竞争情报人员知识素质的基本要求。

(3) 企业竞争情报人员培训内容和方式

①企业竞争情报人员培训内容。

竞争情报培训的对象主要指两类人，一类是竞争情报专业人员；另一类是企业中与竞争情报业务相关的非专业情报人员。对于专业情报人员重在竞争情报技能与方法的培养，力求使被培训者掌握情报搜集与信息分析的方法和工具，能够从事竞争情报的专门研究和组织管理工作；对于企业内非专业情报人员重在竞争情报意识的培养，力求使被培训者了解企业竞争情报工作的流程和主要工作环节，能够在本职岗位上配合好企业的竞争情报工作，并充分利用竞争情报产品。

②企业竞争情报人员培训方式。

竞争情报培训的方式与培训目标密切相关，由于对专业情报人员的培训要求较为系统，因而采用的方式往往是集中脱产学习和在职工作培训相结合；由于对企业非专业情报人员的培训要求较为简明，因而采用的方式往往是高校的通识教育或企业内部培训。

对专业情报人员的集中脱产培训往往由高校或科研院所通过正规学历课程教育的方式来完成。对专业情报人员的在职培训由高级情报专家结合竞争情报课题研究实践通过"师徒式"模式来实现竞争情报知识和技能的"传、帮、带"。企业在对专业情报人员进行培训时，除了要注意传授相关的知识和技能外，还要注意帮助这些专业情报人员建立从事竞争情报工作所需的必要人脉。国外大型企业在进行有关培训时，刻意选择学员的构成，正是这个原因。①

在专业情报人员培养教育问题上，有以下几种培训方式：

第一，商业公司提供的培训。

国外有很多专门的竞争情报培训公司提供竞争情报培训。他们提供的培训具有时间短、专业性强、收费高的特点。国外竞争情报培训的运作程序比较规范，有自己固定的师资队伍和固定的授课场地，同时非常注意挖掘自身的特色，一般都有自己的强项课程。

第二，行业协会举办的研讨会和培训班。

美国战略与竞争情报专业人员协会(SCIP)开设了多种竞争情报培训课程，培养了大批竞争情报专业人员。该协会的目标是：继续在世界范围内发展会员，提高人们对竞争情报职业的认识和尊重意识，努力使其竞争情报教育得到世界的公认。

SCIP经常组织涉及竞争情报方面的会议，邀请竞争情报专家讲授他们的实践经验，这些会议是学习竞争情报的好机会。会议通常针对富有竞争情报实践经验的竞争情报专业

---

① Pettersson U. Creating an intelligence system at the swedish national financial management authority[J]. Competitive Intelligence Review, 2001, 12(2): 20-31.

人员(而不是初学者),而且一般只关注某些特定的行业,比如电信业、制造业等。此外,SCIP还提供商业性质的竞争情报培训,常年在北美地区和欧洲开展竞争情报培训。学员可以参加为期4天的培训,培训内容涉及竞争情报的各个方面,由资深竞争情报专家授课。

第三,通过竞争情报培训站点自学。

由于竞争情报研究和应用工作的开展,许多企业需要大批具有竞争情报技能的专业人员,竞争情报专业人员不但要具备专业的商业分析技能,尤其要有战略分析和将信息加工成竞争情报的能力,而且需要专业的信息鉴别和采集能力,同时还需要了解法律和伦理知识,能够把握整个竞争情报的过程,故而需要全面系统的竞争情报专业培训服务来满足这种需求。目前提供这种服务的机构主要有美国竞争情报研究院(Academy of Competitive Intelligence,ACI)①和Iron Horse多媒体公司②。ACI成立于1996年2月,创始人是竞争情报领域的两位权威人士Ben Giland和Jan Herring。该协会的目标是为公司及其工作人员提供科学艺术的竞争情报教育、培训及咨询服务。培训的课程以美国一些大公司的创业者经历为主要内容,讲授他们如何将竞争情报理论应用于实践,以及如何在建立公司的竞争情报项目中积累实践经验。Iron Horse多媒体公司在竞争情报的电子学习和培训领域被看作当今世界的领先者,它主要针对初学者,并提供一系列的能力培训使之成为专业人员。定制培训也是帮助用户快速提高技能的一个很好的选择。从1996年起,Iron Horse多媒体公司就致力于为商业组织、研究所和专业人士开发、出版和销售前沿的多媒体培训和参考服务。这两家机构除了传统的面授培训外,还通过网络提供远程培训服务。目前国内提供竞争情报培训的专门机构及其网站还很少。

对企业内非专业情报人员的培训主要有以下两种方式:

第一,由专业情报人员通过在企业内部进行宣讲教育来完成。

有关竞争情报的宣讲教育一般要围绕被培训对象有关竞争情报工作的目标和任务来进行。宣讲竞争情报工作的目标和任务就是要让被培训的对象明白自己的工作目标以及未来可能面临的工作任务,了解各种可能的工作目标和任务以及任务和任务之间的联系,以便在实际工作中树立起全局观念,适时适度地做出自己的贡献。

第二,通过竞争情报出版物自学。

尽管在国外有很多大学和公司提供竞争情报教育,但从优秀的竞争情报出版物中获取竞争情报知识,完成对竞争情报的自我教育依然是一个很好的选择。竞争情报书籍能够为专业竞争情报人员提供理论指导和实际操作模式,初学者则可以通过它们获得对竞争情报

---

① https://academyci.com/.
② http://www.ironhorsemu ltimedia.com.

的感性和理性认识。

5.3.4　企业竞争情报系统的评估

(1) 企业竞争情报系统评估的意义

评估是评估主体估测评估客体(对象)达到既定需求的过程。它是一项根据既定的准则体系来测评客体各种属性的量值及其满足主体需求的效用，以综合评估原定需求满足程度的活动。

企业竞争情报系统评估是评估主体(鉴定组织或使用部门等)对竞争情报系统在规定的环境、约束条件下，完成规定的信息搜集和整理工作以及进行情报服务的程度的度量过程。

企业竞争情报系统评估对企业获取竞争情报、增强企业竞争力有着至关重要的作用。如何对竞争情报系统进行准确的评估，对于实现企业竞争情报职能及其发展变化的有效监控、找出影响因素并及时采取有效措施具有非常重要的意义。

竞争情报系统的建立能够有效地降低企业在竞争中的不确定性，而且能够成为企业提升竞争力的正确向导。因此，竞争情报系统效能的高低在很大程度上决定了企业在行业竞争中的地位，如何对竞争情报系统进行评估显得至关重要。进行竞争情报系统评估，能有效地加强企业各部门之间的沟通，使企业信息流通渠道更加通畅，从而提高企业经营水平，促进其经济发展。同时通过系统评估可以使企业在系统设计、建设、运营过程中及时发现竞争情报系统存在的问题并及时整改，以达到企业预期的目标。

(2) 企业竞争情报系统评估的基本原则及内容

在进行竞争情报系统评估过程中应注重从系统的各个方面进行综合考虑，将竞争情报系统的社会效益、经济效益、内部效益、外部效益综合起来进行评估。

经济效益是企业追求的目标，企业的每个部门在应用竞争情报系统之后都应该在经济上有所体现。成功的竞争情报系统应该有使企业成本降低、利润增加的功效，而失败的竞争情报系统则相反。

对竞争情报系统的评估既要考虑经济效益又要考虑社会效益。社会效益主要表现在竞争情报系统建设能够吸引员工参与讨论，有利于企业吸收更多的竞争情报。竞争情报系统的建设是一项投资大、周期长的系统工程，因此其效益是逐步体现出来的，而且往往是随着系统的发展，其效益表现得越显著。成功的竞争情报系统会获得良好的社会效应，包括企业社会认可度的提高、品牌价值的提高、人文关怀的突出等。

外部效益的评估主要来自于客户、其他企业和市场。客户是最早和最直接感觉到竞争情报系统作用的群体，竞争情报系统的实施会使企业的产品质量和服务水平得到提高、企业对客户需求的满足度和反应能力得到加强。同时，竞争对手也会感觉到这种变化。竞争情报系统的实施，会使企业加强对竞争对手的了解程度，从而快速获得与竞争对手相协调的竞争策略，使得本企业在竞争中游刃有余。一些优秀的竞争情报系统还能够作为示范工程以促进其他企业乃至全国竞争情报工作的发展。

对一个企业来说，建立竞争情报系统有比较显著的内部效益。运行竞争情报系统能够使企业准确把握市场竞争环境，明确自身所处的市场地位，选择竞争对手，并提高企业的竞争优势。在进行竞争情报系统评估时，应以企业内部效益为主，同时考虑其外部效益。单独使用定性分析或定量分析方法都不可能准确地评估竞争情报系统，从而造成竞争情报系统评估误差增大。因此应采用定性评估与定量评估相结合的方法，对竞争情报系统进行综合评估。[①]

同时，在竞争情报系统评估过程中，应区分系统所处的不同阶段，注意短期效益与长期效益之间的关系。竞争情报系统的建立可能产生短期效益，但更重要的是其长期效益。

◎ 思考题

1. 试述企业竞争情报系统的概念和功能。
2. 试述企业竞争情报系统的模式、特点和发展趋势。
3. 试述企业竞争情报系统的构建原则、总体框架和建设步骤。
4. 试述企业竞争情报系统项目管理和安全管理的内容。
5. 试述企业竞争情报教育和培训的意义和内容。
6. 试述企业竞争情报系统评估的意义、原则和内容。

---

① 邱均平，张蕊. 企业竞争情报系统效益评价分析[J]. 情报科学，2004(6)：649-652.

第6章
企业反竞争情报研究

6.1 概　　述

反竞争情报(Defensive Competitive Intelligence)，顾名思义是针对竞争情报而言的。反竞争情报是模仿竞争对手监测和分析企业自身商业活动的过程，是在对抗竞争对手的竞争情报活动过程中实现企业核心信息的保护。由于竞争情报必须是合法的，因而企业反竞争情报主要是研究如何抵御竞争对手针对本企业合乎法律的竞争情报活动。从企业竞争战略管理的角度来讲，竞争情报和反竞争情报"如同一枚硬币的两面"，是实现企业竞争战略目标的两个不可分割的关键要素，它们之间是"攻"与"守"的关系。一个只注重竞争情报而对反竞争情报漠不关心的企业，常常会面临"后院起火"的威胁；同样地，一个只注重反竞争情报而不开展竞争情报的企业，只能处于被动防守的境地。因此，关注竞争情报工作的企业必须对反竞争情报工作给予同等程度的关注。我们可以将反竞争情报列入广义上理解的竞争情报的范畴。

6.1.1 企业反竞争情报的概念和特点

反竞争情报是指针对竞争对手或第三方机构的合理合法的情报搜集行为，甚至是非法的间谍行为，事先采取措施保护企业自身信息，尤其是关键的秘密信息，并通过掩蔽、迷惑等手段减小或抵消竞争对手或第三方对企业自身的一些行为、计划、意图等的情报搜集活动，从而保证企业自身在情报方面的竞争优势。[①] 对于反竞争情报的概念，根据反竞争

---

① 谢新洲. 企业信息化与竞争情报[M]. 北京：北京大学出版社，2006.

行为的主动与被动性，目前国内有两种主流的解释。一种观点认为企业的反竞争情报活动是针对企业竞争情报活动而展开的，主要是对本企业的商业机密、商业情报等重要保密信息进行有效保护的一种方法，是企业针对自身情况而采取的主动的防御措施。这种情况下的企业反竞争情报活动主要是通过事先预判的方法估计竞争对手可能采取的情报搜集活动。[①]另一种观点认为反竞争情报主要是模拟竞争对手的情报搜集活动并且对本企业的商业活动进行系统分析的过程。[②] 此观点中的反竞争情报行为是在对手的竞争情报活动中进行的，其所采取的行为都是为了针对对手的竞争情报活动，所采取的反竞争情报行为偏向于应对与防御。上述两种观点在表述上的实质并不是反竞争情报概念的不同，而是反竞争情报行为展开的依据的不同。针对企业反竞争情报概念本身的阐述，秦铁辉提出反竞争情报是企业为了保护自身情报资源而开展的一系列防范性情报工作，以抵御竞争对手针对本企业的情报活动。他认为反竞争情报不仅针对竞争对手，还防备第三方机构；不仅针对合理合法的竞争情报行为，还要有效地防范恶意的、有目的的非法情报搜集和间谍行为；利用各式各样的手段保护企业的关键信息不被竞争对手知悉和窃取。[③] 本书认为企业反竞争情报是指从企业安全保护角度出发，基于企业竞争情报活动而事先展开的具有防御性质的情报活动，目的是为了保护企业自身有价值的信息不被窃取，以保持企业自身的竞争优势。企业在开展反竞争情报活动时，一方面，需要依据企业自身情况，通过对企业自身信息和商业行为的透彻了解制定一系列系统的反竞争情报的措施与方法；另一方面，企业也需要十分了解对手企业的竞争情报的开展情况，通过正当、合法的防御手段，积极应对竞争对手对本企业核心情报的搜集，并在企业反竞争情报的开展过程中实施更有针对性的反竞争情报的措施。因此，反竞争情报活动既包括研究企业自身的防御措施与方法，又包括分析竞争对手的竞争情报活动，共同作用于保护本企业的核心情报信息。

企业的反竞争情报活动并非一蹴而就，而是存在于企业发展与企业开展活动的整个过程中。企业反竞争情报的特点通常看似相互矛盾但又缺一不可，具有对抗性与防御性、针对性与预测性、连贯性与时效性、系统性与灵活性、保密性与谋略性、竞争性这些鲜明的特点。

(1) 对抗性与防御性

企业的反竞争情报活动不同于竞争情报工作，竞争情报是一种主动的带有谋略性的情报活动，竞争的双方都以积极获取对方的情报为主。而反竞争情报采取的是以防为攻的保

---

①　邱晓琳．企业秘密信息的反竞争情报保护[J]．中国信息导报，1998(12)：38.

②　侯颖锋．企业反竞争情报研究[J]．情报理论与实践，2000，23(6)：430-432.

③　秦铁辉，罗超．基于信息安全的企业反竞争情报体系构建[J]．情报科学，2006，24(10)：1441-1450.

护方式，其目标是保护本企业的信息，以开展的一系列措施与手段来预防或阻止竞争对手对本企业展开的竞争情报活动。因此反竞争情报具有强烈的对抗性与防御性，即反竞争情报活动的开展都是为了对抗或防御竞争对手的竞争情报活动。所谓对抗就是在竞争企业已经针对本企业开展情报活动时，企业所展开的一系列针对对手企业的反竞争情报行为，此时的反竞争情报行为具有强烈的对抗意图，因此具有对抗性；而所谓防御是指企业开展反竞争情报活动的主要目的就是为了防御竞争对手的竞争情报活动，因此企业针对自身情况，事先作出一系列防止竞争对手获得本企业竞争情报的准备工作，因此具有防御性。

(2) 针对性与预测性

反竞争情报活动的针对性主要体现在以下两个方面：一方面，反竞争情报活动是针对竞争对手的竞争情报活动所开展的，因此这里的针对性是指针对竞争对手的竞争情报行为加以制订的反竞争情报策略；另一方面，反竞争情报活动的目的是保护本企业的信息，因此在开展反竞争情报活动时需要有针对性地对企业内部最需要保护的信息或影响企业竞争态势的核心信息加以保护。预测性则是针对性的延续，在针对性地对竞争对手的竞争情报活动以及企业内部核心的信息进行分析之后，结合行业和企业发展态势，反竞争情报活动需要"鉴往知来"，对未来趋势进行预测。

(3) 连贯性与时效性

一方面，竞争对手的竞争情报工作是连续不断地开展的，企业的反竞争情报工作同样需要不断进行，因此从企业反竞争情报开展的时间本身来看具有连贯性。另一方面，企业内部的重要信息是流动的，在某一阶段十分重要的信息可能在失去了时效性之后便不再具有竞争情报的价值。从这一层面来说，企业的反竞争情报工作不但具有连贯性，还具有时效性。其中，连贯性是基于宏观角度，即需要连续不断地根据流动的关键情报改变反竞争情报的策略；时效性是基于微观角度，即需要关注竞争信息的时效性以完善反竞争情报的策略。

(4) 系统性与灵活性

企业在制定反竞争情报活动的策略时通常是针对企业自身的信息特质或者某几个特定的对手企业，因此具有一定的系统性。企业反竞争情报是否系统在一定程度上决定了企业在应对对手企业竞争情报活动时是否沉着。此外，在真实的企业竞争情报过程中，企业的竞争情报活动在合法的前提下是灵活多样的，这也对企业的反竞争情报活动提出了更高的要求。正所谓"道高一尺，魔高一丈"，企业的反竞争情报活动是否能够灵活地应对对手企业的竞争情报活动，能够从根本上决定企业的反竞争情报活动是否会成功。

(5)保密性与谋略性

企业反竞争情报的保密性与谋略性是相辅相成的，保密性使其具有谋略性。企业的竞争情报过程具有保密性，这也使得作为与它们利益相冲突的另一方的反竞争情报活动必然不仅具有相对应的保密性，还具有较强的甚至高于对方的谋略性，这样才能达到反竞争情报的目的。

(6)竞争性

处在同一行业的企业之间难免存在一定程度的竞争关系，而竞争情报活动与反竞争情报活动就是为了帮助企业在竞争中更好地生存，因此企业反竞争情报活动的竞争性毋庸置疑。只要有竞争存在，这些同外界信息沟通和交流所传播的信息就可能被对方搜集到并加以利用，从而危及企业的生存和发展。

6.1.2　企业反竞争情报的作用

企业反竞争情报的作用可以从宏观与微观两个层面来进行阐述。企业在开展商业活动的过程中必然伴随着企业与企业之间的竞争，因此竞争情报的存在也就导致反竞争情报的出现。竞争情报是企业信息中最精华的一部分，是关乎企业未来生命力与发展的决定性信息，对"竞争情报"的竞争，已经成为各企业竞争情报活动的焦点。在当前这样一个激烈竞争的环境中，那种缺乏防范与自我保护意识的竞争参与者一定会因为疏于防范对手企业的竞争情报活动而遭受损失，从而被淘汰出竞技场。因此，基于企业是否能够生存的微观层面，反竞争情报的作用就被凸显了出来：对于任何一个企业而言，企业内部重要情报的丢失或被窃取都会使企业为之付出惨痛的代价。重视企业的反竞争情报活动可以帮助企业减少或完全避免因竞争对手的竞争情报活动而可能带来的损失，从而维护企业的正当权益与平稳运行。在企业开始比较重视竞争情报工作的情况下，谁更重视反竞争情报活动，谁就具有更高的效率和更好的利润，并在同行业中处于领先水平。在情报工作中占领先机，也就使企业在市场竞争中占领了更有利的形势。[①]

此外，反竞争情报活动在企业的有效运转会在很大程度上促进反竞争情报系统的完善以及整个竞争情报体系的运行。这一切行动的顺利进行将大力推进整个竞争情报体系在组织内部的运作，从而促进企业综合实力的提高。企业建立一个双重的同时具有竞争情报和

---

① 李国红，夏文正，秦鸿霞. 企业竞争情报与反竞争情报研究[J]. 情报科学，2001，19(10)：1112-1113.

反竞争情报功能的系统，可以追踪和预测市场竞争中的薄弱环节，分析可能出现的风险，并及时发出警报，减少竞争对手情报活动的威胁，从而为决策提供有力支持，提升企业核心竞争力和综合竞争能力。① 反竞争情报活动的开展（如分析对手情况、评估自身缺点、制定严密对策以及情报保护信息的发布等），尤其是评估企业自身的薄弱点能够有针对性地促进企业改善自身缺陷与不足，从而再次提升企业自身综合实力，即企业反竞争情报活动的开展能够促进企业综合实力的提高。

从宏观层面来看，对企业反竞争情报活动的重视还能维护一个公平竞争的市场环境，产生良性的竞争态势，最终帮助整个行业在更加良性的竞争中获得整个行业水平的提升，并最终占领国际市场。只有建立反竞争情报机制，运用竞争情报技术和资源来监测分析自身商业活动，在竞争对手的竞争情报活动中保护企业的核心资源——信息，我国企业才能在与国外企业的竞争中生存乃至发展壮大。②

6.2　企业竞争情报泄露

企业的反竞争情报活动对维护本企业平稳运行有很重要的意义，反竞争情报活动的重要内容之一就是防止竞争对手窃取本企业的机密。因此，企业要想保护自己的竞争情报不被竞争对手获取，需要先了解企业泄密的途径和原因。竞争对手一般通过如下三种途径挖掘本企业的竞争情报：公开信息泄密（包括企业主动公开和第三方公开信息）；人员泄密（主要包括企业员工、商业伙伴或其他相关人员等）；特殊手段泄密（主要包括反求工程、商业垃圾、商业间谍、招标分析、正式或非正式交往以及大数据痕迹等）。

6.2.1　企业竞争情报泄露的途径

（1）公开信息泄密

企业在运营过程中势必要开展正常的日常业务，而日常业务的开展离不开信息的流动，任何企业都不能堵塞正式的信息流通渠道。美国海军的高级情报人员埃利斯·扎卡利亚认为："在实际工作中，约有95%的情报来自于公开信息或资料，另外有4%来自于半公

---

① 刘天予. 大数据时代企业反竞争情报体系构建研究[D]. 昆明：云南大学，2016.
② 侯颖锋. 企业反竞争情报研究[J]. 情报理论与实践，2000，23（6）：430-432.

开的资料，仅有1%甚至更少的情报来自于机密材料。"①竞争对手在对企业的公开信息进行大量的分析后，可以得到对自己有价值的竞争信息。因此，企业的公开信息是竞争情报泄露的一个主要渠道，公开信息这种特殊的商业载体关系着竞争情报流失量的大小和企业竞争情报的保护。公开信息泄密包括企业网站、企业内部刊物、企业招聘广告、产品样本手册、企业宣传资料、技术论文、研究报告、公司文件、设计图纸、国家版权局专利数据库、政府公开的企业档案、银行资信调查报告等，这些都有可能成为泄露竞争情报的直接渠道。

在公开信息泄密中有一种属于企业主动公开的信息可能会给企业带来竞争情报泄露的风险，如企业网站、企业内部刊物、企业宣传资料等以展示企业良好的形象和起到宣传促进作用的公开信息。在这些公开信息中可能会包含详细的企业介绍，如企业的发展历程、企业组织结构、企业核心产品说明、企业管理层信息、招聘人员要求等。如此丰富的与企业相关的内容为竞争对手提供了一个丰富的竞争情报数据库，竞争对手据此可以对企业进行全方位的认识和了解。此外，招标文件也是一个重要的公开信息泄密的渠道来源。竞争对手可以从公开的竞争性招标过程中获得许多重要的竞争情报，从招标公告中一般可以得到许多重要信息，如招标内容、招标项目编号、投资商资质要求及需提交的资格预审清单、资格预审费、招标文件售价、购买招标文件的时间和地点、投标截止时间和开标时间以及投标和开标地点、联系方式等。若直接参与竞标，则无论中标与否，企业都可以得到许多比较详尽和准确的竞争情报，还可以将自己与竞争对手进行比较。②

公开信息泄密的另一种方式为第三方泄密。第三方泄密通常指与本企业有过交往的第三方组织或机构在同本企业的竞争对手开展商业活动或其他必要的社会活动过程中，将本企业的核心信息泄露给竞争对手。可能出现第三方泄密的组织或机构主要有：

①银行或会计事务所。与企业有过商业往来的银行或会计事务所往往掌握有企业的财务状况信息。财务报表、审计报告等可能公开的信息都有可能成为竞争情报泄露的重要环节。

②与企业有过合作关系的其他企业。企业的正常运营离不开与其他企业的合作，在合作过程中，势必会涉及许多跟合作内容相关的细节。合作企业所掌握的关于本企业的所有信息都有可能为有心之人所利用，从而造成企业竞争情报的泄露。

③报道过企业事迹的传统媒体或自媒体。企业运营的过程离不开广告、宣传、公关等工作，媒体在企业产品或服务的宣传过程中起到了重要的作用。由于媒体宣传而导致竞争情报泄露的一个经典案例就是媒体对于铁人王进喜事迹的报道。正是这些媒体报道，日本推测出了当时正在开采的大庆油田的地理位置、油田气候、大致产油量、设备技术等一系

① Heffernan R. Comman sense best strategy[J]. Security, 1997, 34(2): 178-184.
② 张达富. 商业间谍防范与商业秘密保护[J]. 决策与信息: 财经观察, 2005(3): 66-67.

列情报，并最终成功中标我国大庆油田的设备采购。此外，随着近年来信息设备的不断升级以及自媒体平台的不断发展，人人都有可能成为第三方信息的泄露者。例如，某化妆品公司通过随机的方式给用户派送试用装，而收到试用装的用户通过自媒体如微博泄露了这一事件，从而引起竞争对手的注意。上述案例就属于典型的自媒体引起的信息泄露。

④政府公开的企业档案。企业在与政府部门往来时所提交的材料通常具有重要的信息价值，因此也是第三方泄密的一个重要途径。

⑤国家版权局专利数据库中本企业申请的专利信息。专利数据库是获取企业重要信息特别是技术信息的一个相当重要的来源。专利数据库所反映的企业的技术信息十分丰富，达90%左右。[①]由于专利申请的一个必要代价是公开发明创造的技术内容，因此，专利申请虽然有可能达到垄断和保护本企业核心技术并占领技术市场的目的，但同时也不得不将技术信息的内容毫无遮掩地展露于世人（包括竞争对手）面前。利用从专利数据库中获得的信息，可以在竞争对手专利的基础上研究开发新产品，节约研发时间和成本；也可以通过竞争对手专利的数量、类别、申请时间、退出时间、分布领域等来衡量其技术实力和经济实力、业务发展情况和发展趋势；还可以跟踪竞争对手的专利情况，对竞争对手新申请的专利实行封杀策略，阻扰或者延缓其专利申请进程。[②]

(2) 人员泄密

企业内部员工在与其他人员进行非正式交往时，经常会发生竞争情报的泄露事件。尽管这些信息通常都是零散的且不成体系，甚至有可能是企业的垃圾信息，但是，一旦通过竞争情报人员处理、分析、综合，就有可能形成一份高价值的情报。因此，竞争对手要想获得本企业有价值的情报，常常会以企业内部员工为突破口。针对企业员工的竞争情报泄露通常有如下几种情况：

一是与企业内部员工进行有技巧性的交谈。许多情报人员会将精力集中在这些人员身上，通过各种手段，挖掘有用信息。在情报人员的有意为之下，一些缺乏安全意识的员工有可能会在不经意间泄露企业信息。此外，还有一种更为恶劣的行为就是一些企业内部员工不顾职业道德与法律，与对手企业的情报人员合谋，通过蓄意泄露企业竞争情报而获得个人利益。

二是从企业离职人员入手。企业内部重要的管理人才或研发人员掌握着大量关于所在企业的重要管理经验和新产品新技术信息，这些人员一旦离职，也就失去了企业的管束，从而有可能造成非常严重的竞争情报泄露。由于我国没有建立完善的离职人员就业回避制

---

①　王知津. 竞争情报[M]. 北京：科学技术文献出版社，2005.
②　曾忠禄. 企业竞争情报管理：战胜竞争对手的秘密武器[M]. 广州：暨南大学出版社，2004.

度，这一现象在我国尤为突出。

三是浏览企业内部员工的自媒体信息。随着信息设备的不断普及和进步以及自媒体的蓬勃发展，企业内部每个员工都能够随时随地与互联网接轨并分享自己的工作、学习和生活体会。当企业内部员工在自媒体上发布信息时，这些信息很有可能被竞争对手利用，从而获得重要的竞争情报。

还有一种与人员相关的泄密，它与本企业内部员工或本企业离职人员无关，主要是来自企业运营过程中因业务需要而不得不打交道的第三方。第三方没有本企业规章制度的约束，更有可能将企业的竞争情报泄露出去。可能会出现的第三方人员泄密见表6-1。

表6-1 第三方人员泄密情况

第三方人员	可能泄密的竞争情报
广告商	企业广告费用、市场战略、新产品开发等情况
银行	企业与银行的交往、贷款、经营情况、发展预测
会计事务所	企业财务状况、人员薪酬等
咨询机构	企业面临的问题
顾客	产品反馈意见、市场需求、购买意向和潜力
销售商	企业的销售情况、市场份额、产品缺陷、改进想法
新闻记者	在采访或写作过程中泄露企业有用的信息
自媒体公关团队	企业自媒体广告投入、公关投入、在线评价
股票金融分析师	企业效益、市场战略、金融形势等
律师	企业行为是否违法、竞争法规条文解释、案例分析
专利代理人	企业产品、专利及其优缺点、企业技术档次
供应商	供货价格、质量、品种，企业的品质要求、采购重点等
行业协会	企业实力对比、同行业竞争态势、企业竞争利器等
消费者组织	产品质量、服务水平、企业形象、产品信誉等
仓储公司	企业的库存数量、种类、返修情况等
运输部门	企业原材料、产品的购入输出等情况
印刷单位	企业在外印刷过程中泄露的秘密

(3) 特殊手段泄密

企业除了通过公开信息泄密以及人员泄密泄露企业的竞争情报以外，竞争对手还会以主动进攻的方式并通过特殊的手段获取企业的竞争情报。常见的手段主要有反求工程、商业垃圾、商业间谍、大数据泄密等。

①反求工程。

在竞争情报获取与分析的众多手段中，反求工程是对手企业一个重要的信息获取渠道，因此也是企业竞争信息泄露的重要途径。反求工程是以现代设计理论、方法和技术为基础，利用专业人员的知识和经验，对已有产品进行解剖、分析和再造的过程。在竞争情报领域，许多情报人员通过搜集对方产品的样品，进行解剖、分析，掌握其内部结构、技术参数、功能原理、材料材质，从而摸索出其关键技术，最后在此基础上进行仿造。[①] 正因如此，反求工程已成为竞争对手快速掌握产品设计技术的途径，是企业竞争情报泄密里无法避免的途径。

②商业垃圾。

竞争情报人员另一个非常重要的手段就是通过渠道获得企业的信息垃圾。这里的垃圾是指竞争对手有意或无意地丢弃或泄露的内部资料，例如合作伙伴的电话号码、记录有重要信息的废纸、过期的发货单和运货单等。这些垃圾对情报人员而言是一个巨大的宝藏，为竞争情报搜集人员带去信息与提示。经过专业训练的竞争情报人员会对这些丢弃的废品加以分析、整理从而获取许多有价值的信息，甚至建立起一个完整的竞争对手的供应链系统。例如，某全球日化用品巨头曾有在竞争对手垃圾桶里寻找情报的经历，聘请私人侦探打扮成市场分析员和清洁工人进入其竞争对手的办公大楼专门搜集新产品研发办公室的垃圾，并最终找到不少关于新款洗发水的情报。这就是典型的通过商业垃圾来搜寻竞争情报的行为。

③商业间谍。

上文中提到的某公司通过委派私人侦探扮作市场分析员和清洁工人，从对手新产品研发办公室的垃圾中找到竞争情报的案例，一方面是通过商业垃圾来搜寻竞争情报；另一方面该公司委派的人员本身就是商业间谍。有调查显示，名列《财富》(Fortune)全球1000强的大公司，平均每年发生2.45次的商业间谍事件，损失总数高达450亿美元。其中，位于硅谷的高科技公司首当其冲，发生的窃密案件中，有54%个别损失高达1.2亿美元。[②] 为了商业利益，竞争对手时时刻刻都会想方设法窥探对手的情报，商业间谍是造成企业竞争情报泄露的重要原因。科学技术飞速发展到今天，商业间谍们窃取商业机密的手法也日益多样化，如委派人员到竞争对手那里应聘，以伺机窃取商业机密。科技的发展也使窃取商业机密的手法更加智能化，如在竞争对手的计算机中装入插件或病毒以窃取计算机中的

---

① 程娟. 网络环境下企业信息泄密与反竞争情报整合[J]. 情报理论与实践，2008(3)：400-402.

② 包昌火，谢新洲. 竞争情报与企业竞争力[M]. 北京：华夏出版社，2001.

重要文件。

④大数据泄密。

据《2018 数据泄露损失研究》评估显示，遭遇数据泄露事件的企业平均损失 386 万美元，比 2017 年增加了 6.4%。[1] 这些数据显示了在大数据环境下出现的一种新型的竞争情报泄露的方式。在大数据背景下，企业的信息或多或少地出现在企业内部网站系统和外部网站内，竞争对手利用网络技术的优势和技术手段，获取竞争情报更加高效和便捷。[2] 这也是在新的时代环境下出现的一种新型的数据竞争情报泄露的方式。由于无线网络的全面覆盖和自媒体的蓬勃发展，这种竞争情报泄露方式更加无孔不入，对反竞争情报行动提出了巨大的挑战。

6.2.2　企业竞争情报泄露的原因

企业竞争情报泄露的根源在于企业的反竞争情报能力不够强大，因而在竞争对手强大的情报攻势下出现企业竞争情报的泄露。

(1)企业竞争情报泄露的内因

①企业员工反竞争情报意识不足。

在对企业竞争情报泄露的渠道进行介绍时，企业员工是竞争对手情报活动的一大信息源。当企业员工缺少防范意识时就会很容易有意或无意泄露企业的机密。例如，与他人交谈时或在社交平台无意泄露工作内容；由于企业对故意泄露情报惩罚力度不足从而导致员工在有意泄露企业情报时没有任何心理负担。以上两种情报都是企业员工反竞争情报意识不足而导致的情报泄露。因此，如何提高员工的反竞争情报意识，如何管理员工与外界的信息交流，是企业急需重视的内容。企业一方面需要对企业员工进行竞争情报与反竞争情报意识与行为的宣传和培训；另一方面也需要制定规章与奖惩制度对企业员工的反竞争情报行为(如签订保密协定等)进行管理。

②企业反竞争情报技术的落后。

我国目前尚处于信息应用的初级阶段，信息应用技术还不成熟并且对其也没有深入的挖掘，能被企业利用的反竞争情报技术甚少。企业必须对其反竞争情报的技术给予高度重视，要熟练使用各种信息技术，这样才有利于企业在反竞争情报领域中立于不败之地。

③企业反竞争情报系统不够完善。

①　Verizon. 2018 data breach investigations report[R]. 2018.
②　刘天予. 大数据时代企业反竞争情报体系构建研究[D].昆明：云南大学, 2016.

企业反竞争情报系统的构建是一项既宏观又细微的工作，从企业核心管理层对反竞争情报工作意识或规章制度层面的重视到对信息技术层面的重视，从企业内部普通员工反竞争情报意识的教育到企业竞争情报专业人员的培训，从根据对企业自身关键情报的了解来制定有针对性的反竞争情报工作到根据对竞争对手的了解来制定防御措施，都属于企业反竞争情报系统的构建内容。一个完善的企业反竞争情报系统就像一堵坚固的防御墙，任何一个环节的疏漏都有可能导致企业反竞争情报工作的失败，从而导致企业竞争情报的泄露。企业核心的反竞争情报工作人员都需要有一个大局观，即从制度层面架构企业反竞争情报系统。

（2）企业竞争情报泄露的外因

①竞争情报教育的缺失。

企业竞争情报的泄露一个很重要的原因就是企业内部情报人员的专业度不足，这也显示了我国竞争情报人才的缺失。一方面，我国本身具有竞争情报专业的学校较少，从学科普及情况来看，只有北京、上海、江苏、武汉等发达省市的区区 20 多所院校开展了竞争情报教育，地域分布不均衡。① 另一方面，竞争情报是一门综合性学科，其内容和知识涉及面较为广泛，如经济学、管理学、法律、信息技术等相关学科，从开展竞争情报教育的高校来看，竞争情报教育也尚未形成完整的课程教学体系。另外，从事竞争情报专业教学的教师不仅应是具备多方面综合素质的人才，最好还应拥有许多实战的经验。在日渐复杂的市场竞争中，我国目前的企业竞争情报人员的情报分析能力与国外先进国家相比还有很大的差距，这与我国竞争情报领域教育的缺失与人才的匮乏有密切的关系。

②规章法律制度不健全。

任何事物的发展都离不开国家宏观政策的支持和相关法律的制约。1993 年第八届全国人民代表大会常务委员会第三次会议通过的《中华人民共和国反不正当竞争法》，以及在《民法》《经济法》中的相关法律条款，涉及了企业反竞争情报的相关内容。但是，我国迄今为止尚未针对竞争情报专门立法。我国现行的商业秘密立法还存在一些问题，如商业保护立法不够集中、现有法律不能完善地保护企业相对薄弱环节、实践中的欠操作性以及实践上我国法律对企业系统的技术不完善等。② 法律制度的不够健全使得竞争对手在进行情报活动过程中相对更容易钻法律的空子。由于没有国家法律法规的限制，一些竞争对手就会更加为所欲为，使得反竞争情报工作难上加难。

③行业竞争环境的影响。

① 杨薇薇. 对我国竞争情报教育事业发展的思考[J]. 图书馆理论与实践, 2009(6)：38-42.
② 姜显臣. 我国企业反竞争情报的策略与方法研究[D]. 长春：吉林大学, 2010.

企业在市场中进行贸易和竞争，市场环境成熟与否、公平与否都直接影响企业的反竞争情报活动。随着经济的发展，企业所面临的竞争越来越激烈。企业的市场竞争激烈程度决定了企业对其反竞争情报能力培育的重视程度。如果企业所处的竞争环境比较激烈，竞争环境的变化很快，那么企业就更需要关注市场和竞争对手。这一方面是因为激烈的市场竞争迫使自己提高反竞争情报能力；另一方面，一旦在反竞争情报方面稍有松懈或在竞争中对对手企业不够了解，就会让对手企业有可乘之机，在竞争情报过程中使自己处于下风。

6.3　企业反竞争情报策略

策略是指预先根据可能出现的问题制定的若干应对方案，并在执行过程中根据形势的发展和变化来进行调整、制定或选择出新的方案以期实现某一个目标。企业的反竞争情报是针对企业竞争情报泄露的，目标是杜绝或防止企业内竞争情报的泄露。根据策略的定义与企业反竞争情报的目标，企业反竞争情报策略是指为了杜绝或防止企业内竞争情报的泄露，企业内部针对可能出现的竞争情报泄露的渠道来制定若干应对的方案，并在执行过程中根据竞争情报可能泄露出现的变化来进行调整、制定或选择出新的方案，以期将竞争情报泄露的可能性降到最低。

企业反竞争情报策略是企业竞争情报部门防止竞争情报泄露所要采取的手段和流程的一种宏观方案，不仅要制定一系列有效的手段和流程以对企业内部的竞争情报进行保护，还要对竞争对手的情况进行了解以防止竞争情报窃取事件的发生。此外，企业的保密并不是要防止每一条信息的泄露，因此还要在企业内部确定哪些信息可能成为竞争对手关注的目标，并对这些信息泄密可能造成的危害以及对其采取保护措施所要投入的成本进行合理的比较分析，综合考虑后确定需要保护的目标及保密级别。[①]

6.3.1　企业反竞争情报工作的手段

企业反竞争情报工作的手段是指企业在进行反竞争情报活动时使用的一些规范化的或从他处借鉴的一些具体方法。

---

① 陈丽杨. 企业反竞争情报策略研究[D]. 哈尔滨：黑龙江大学，2008.

（1）建立企业反竞争情报规章制度

好的规章制度是反竞争情报顺利进行的保障，企业反竞争情报的规章制度中最重要的一环就是对人员的管理，具体包括：

①增强员工保密意识。企业员工良好的保密习惯是保护信息的基础，企业应在日常的工作活动中有意识地通过宣传教育工作增强员工的保密观念，如在面对同事时不该问的不要问，面对外部人员时不该说的不能说；在企业例会、企业年会、新闻发布会等公开场合要时刻注意言行的分寸，不公开谈论自己的工作内容。此外，企业还应该建立保密方面专门化的奖惩制度来规范企业员工的行为，以确保日常宣传教育工作的作用。

②关注并约束离职员工。员工的"返聘"和"跳槽"往往是企业信息泄露的关键。企业可以通过竞业避让合同的方式要求员工在离开本企业一定期限（通常是 1 年）内不得在与本企业有竞争关系的其他企业内任职。

③培养反竞争情报人才。反竞争情报工作的有效开展，离不开高素质的反竞争情报人才。合格的反竞争情报人才需要社会学知识素养、信息管理知识素养以及某一领域的专业知识素养。我国已经面临着竞争情报人才高校教育开展不足的先天劣势，所以企业内部需要加强对培养反竞争情报人才的重视，如公费派遣情报部门的员工学习先进的竞争情报知识或邀请知名竞争情报专家或有丰富经验的竞争情报工作者进入企业并通过讲座形式传授经验。

企业反竞争情报的规章制度中另一方面重要的内容是对涉及反竞争情报事务的关注，具体包括：

①规范信息工作。企业反竞争情报的核心在于防止企业信息泄露，因此企业内部信息的传递工作对反竞争情报来说十分重要。企业需要制定政策以保证信息在公司内部传递的安全性，如发布重要信息时需要多名主管人员签字。另外，企业对发布的任何信息都要给予足够的重视。没有用的信息要及时销毁，建立完善的信息废品处理制度，防止竞争对手在企业垃圾中获得情报。有用的信息要妥善保管，如建立一整套的有用信息管理制度与泄露问责制度。

②明确规定保密范围。企业的保密并不是要防止每一条信息的泄露，这是难以实现也是缺乏成本效率的，因此企业在进行反竞争情报活动时应该明确规定保密范围。保密范围主要包括：第一，企业的文件保密。文件泄密主要有两种情形，即文件起草、制定、签订过程中的泄密，以及文件保管、销毁过程中的泄密。第二，企业重要会议的保密。企业重要会议的召开需要一定的程序，这些程序是保证企业重要会议顺利进行和保证信息不外露的前提。第三，企业新闻报道和企业出版物的保密。对待发的信息要核对清楚再发布，因为竞争对手可能会从当时没注意的信息中得到商业秘密情报。第四，科技和涉外保密。企

业的科技创新、新技术发展可能是竞争对手的切入点，企业人员应做好保护措施。第五，物理保密。主要有厂区或生产区域的保护、门卫管理、安装监控装置、安装全套防盗系统和重要场所采取反窃听措施。① 此外，还有一项十分重要的保密项目就是对企业商业秘密的保护，这一内容将在6.3.3节详细阐述。

③关注信息安全技术。随着信息技术的发展，另一种正在发展的非法获取情报的方法出现了，这就是"黑客"入侵企业内部网络系统。通过网络进入企业的数据库，调取企业的交易数据，从而造成企业损失。因此，企业的反竞争情报活动应该重视信息安全，如随时检查"防火墙"的可靠性以防止黑客入侵，或者将机密信息存储在保密计算机或各种可移动存储设备里。

(2) 虚假情报法

虚假情报法是指企业以虚假信息代替真实信息，并对企业的真实信息进行封闭从而使竞争对手无法获得真实的信息，从而达到反竞争情报的目的。企业在实行虚假情报法的过程中，重点不在于放出虚假消息以代替真实信息，而是在于封锁真实信息。竞争对手在收到虚假信息后，一定会对信息的真伪进行验证，完全虚假的消息很容易被对手拆穿。这就要求在实行虚假情报法的过程中，企业不能只一味地抛出假消息，还应不时地释放出一些真真假假和虚虚实实的消息，从而迷惑对方，使对方难辨真假和虚实。此外，在放出虚假信息之后，企业仍应该持续追踪，经过长时间观察竞争对手的反应，从而做出准确的研判。在运用这种方法时，企业要以平常心对待虚假情报法的结果。我们需要知道，竞争对方同样也在进行反竞争情报的工作。即使竞争对手最终发现了我们放出的情报属于虚假情报，也并不意味着虚假情报法的失败。在破解虚假情报的过程中，竞争对手消耗的不仅是企业的人力物力，更重要的还有时间。使用虚假情报法拖延时间可能会为企业赢得非常重要的机遇。

虚假信息根据程度强弱可分为以下几类：一是错误引诱式信息。即有意制造错误信息抛给竞争对手，使之作出错误决定。二是欺诈惑敌式信息。即有意把信息变得模糊不清、模棱两可，使竞争对手摸不清头脑、分散注意力、不知怎样决策，从而导致竞争对手浪费时间，错过最好时机。三是失效迷乱式信息。这类信息是真实信息，但是随着时间的推进，一部分甚至全部信息会失效或者无作用。②

虚假信息通常会通过人进行传递。竞争对手经常试图通过招聘对手企业的员工来获得信息，虚假信息或错误信息就可以通过伪装应聘的员工进行传递。通过伪造信息，包括伪

---

① 沈艳红. 企业反竞争情报研究[J]. 情报探索, 2006(10): 76-77.
② 付蕊. 反竞争情报工作研究[D]. 哈尔滨: 黑龙江大学, 2014.

造完全错误的信息来误导竞争对手，或者将过时的或完全不重要的信息当作重要信息，也可以有效地迷惑竞争对手。在企业利用虚假情报法进行实战的过程中，无论方法还是手段都应灵活多变，其核心是要以假乱真并最终迷惑对手。

(3) 反竞争情报模型

反竞争情报模型是一个从宏观层次上把握反竞争情报流程的模型，是指导企业进行反情报工作的基础。企业反竞争情报模型的建立能够帮助企业情报人员明确反竞争情报各个环节的目标，优化工作模块，规范操作步骤，以确保反情报工作井然有序开展。[1] 目前反竞争情报模型中较为著名的有 OPSEC 模型、Phoenix 商业情报保护模型等。其中，OPSEC模型是针对企业公开信息的保护，Phoenix 商业情报保护模型是针对企业敏感信息的保护，二者侧重点各有不同但都不可或缺。

①OPSEC 模型。

OPSEC 模型[2]是一种军事反情报模型，最早被应用于美国军事部门，后来被政府采用。如今，随着企业竞争不断白热化，OPSEC 模型已经在企业反竞争情报工作中被广泛使用。OPSEC 主要由识别关键信息、分析威胁、分析薄弱点、风险评估、采取对策这五个步骤组成，经过这五个步骤的反竞争情报过程，可以确定竞争对手将如何获得以及如何利用企业有价值的信息。

第一步，识别关键信息。企业的关键信息能够反映企业活动意图和动向，在企业的公开信息中一般都藏有零散的关键信息。竞争对手在识别零散的关键信息后判断企业动向，并采取相应的竞争对策。针对这一步骤，企业也需要识别关于自身企业的关键信息，再根据竞争对手的竞争情报能力去分析竞争对手最有可能获得的企业关键信息。

第二步，分析威胁。分析威胁就是评估竞争对手在得到关于本企业的关键信息后可能会对本企业造成的威胁。分析竞争对手是何时何地通过何种手段获取何种关键信息，以及他们将会采用何种手段或对策利用这些关键信息，这些手段与对策的展开将会给本企业带来什么样的威胁。

第三步，分析薄弱点。分析本企业竞争情报工作薄弱点的过程是一个对本企业的各个环节进行监督管理的过程，在监督管理过程中能够及时发现企业容易泄露信息的途径，以便尽早做出防备，抵御竞争对手的竞争情报工作。

第四步，风险评估。在完成上述三个步骤的基础上，将关键信息、威胁和薄弱点结合起来，以综合考虑竞争对手公司可能会造成的威胁，最终完成最有可能转化为企业风险威

① 王蔚威. 企业反竞争情报体系构建[D]. 福州：福建师范大学，2009.
② 曾忠禄. OPSEC：企业公开信息保护的方法[J]. 中国科技资源导刊，2003(5)：50-51.

胁项的评估。

第五步，采取对策。根据上述的风险评估采取相应的对策。

②Phoenix 商业情报保护模型。

Phoenix 商业情报保护模型①是由专门从事企业反竞争情报的咨询机构提出的。该模型认为反竞争情报活动是一个循环过程，由确定任务、定义保护需求、评估弱点、制定对策并实施、分析对策效果和再次实施对策六个步骤构成。

第一步，确定任务。明确企业需要保护的信息，将企业需要重点保护的信息确定为保护任务。在这一步中，企业需要结合企业各职能部门的建议大致划定企业活动中的关键信息、敏感策略或重要项目。

第二步，定义保护需求。企业内部先要明确在企业的所有关键信息、敏感策略以及重要项目中，哪些情报是竞争对手需要的，在综合考虑各职能部门意见的基础上确定具体的需要保护的情报，并定义为保护需求。

第三步，评估弱点。分析自身企业在运营过程中存在的弱点，明确最容易泄露信息的环节，企业信息在哪里以及通过哪些部门或哪些员工进行泄露。

第四步，制定对策并实施。针对自身存在的弱点，提出几种反竞争情报对策，在比较和评价之后选择最好的策略来实施。

第五步，分析对策效果。在对策实施后，针对策略实施的效果和竞争对手情报手段发生的变化等进行跟踪分析并进行改进与完善。

第六步，再次实施对策。再次组织人力、物力和财力来改进与完善对策。此时的再次实施是该模型的一个循环点，企业能够根据实施后的效果再次分析并再次发布，如此循环直至取得最满意的反竞争情报效果。

(4) 影子分析法

影子分析法是在假设本企业面临竞争对手的竞争情报攻击的情况下，使用影子团队模拟竞争对手，通过各种渠道搜集本企业情报，从竞争对手的角度出发，揣摩竞争对手的行动方案，再对竞争对手的战术和战略做出合理、精确的推断，最终对本企业的反竞争情报行动做出贡献。影子分析法主要包括四个步骤：建立影子团队、搜集信息、影子分析、得出影子战略。②

第一，建立影子团队。影子团队是一个复合型智囊团体，团体成员来自于企业内部的

---

① Nolan J A. Competitive intelligence：It's the third millennium：Do you know where your competitor is? [J]. Journal of Business Strategy, 1999, 20(6)：11-15.

② Fleisher C S, Bensoussan B. Strategic and Competitive Analysis：Methods and Techniques for Analyzing Business Competition[M]. Upper Saddle River, N J：Prentice Hall, 2003.

各个部门，具有不同的知识背景，拥有综合知识，并且拥有智力能力、人际关系能力、规划和组织能力、合作能力、责任感等多项技能。这个团队针对竞争对手，跟踪其活动，为企业高层提供有价值的动态情报，并为企业的战略决策提供信息情报支持。影子团队的人员应避免人数过多或过少的情况，一般在 3 人以上、10 人以下。人数过多会导致团队整体凝聚力下降，而人数过少又会导致团队成员之间缺乏思想的碰撞。影子团队中最重要的角色是联络人，也是团队的负责人，可在企业的基层员工、影子团队和高层决策者之间起到沟通的桥梁作用。[①]

第二，搜集信息。影子分析的准确性与信息的丰富程度呈正比。影子团队需要模拟竞争对手，从竞争对手的角度确定获取信息的主要渠道并进行信息搜集。

第三，影子分析。影子分析是建立在拥有充足信息支持的基础上，综合使用各种情报方法对已搜集到的信息进行推断和分析：如利用数据和文本挖掘技术对数据和文本进行挖掘分析；利用信息拼图的方法对挖掘到的零散信息碎片进行分类、序化和组合，从而将表面上没有明显反映的信息提取出来；利用行为研究方法中的假设法、推理法分析竞争对手决策行为规律，推断竞争对手可能做出的决策；利用交叉检验法对比各方面信息，判断竞争对手的行为和本企业动向是否一致；利用头脑风暴法、德尔菲法等弥补上述逻辑推理中的不足，并提出假设进行验证。影子分析的过程是循环重复的，需要将不断出现的新信息加入到新一轮的影子分析中去，以确保分析结果的实时性。[②]

第四，得出影子战略。影子战略的制定来源于影子分析结果，根据影子分析的结果确定可能采取的措施和对策。竞争对手在不同阶段的关注重点不同，因此影子团队还需要对竞争对手的状态进行检测，不断调整对策，积极应对竞争对手的威胁。

(5) 借鉴其他领域的理论与技术

①专利技术在反竞争情报中的应用。

企业的专利技术对于企业在市场环境中竞争优势的保持起到举足轻重的作用，在反竞争情报领域，专利信息分析的应用正占据着越来越重要的地位。企业的专利信息能够反映企业最核心的技术信息。因此，在企业进行反竞争情报过程中，针对企业专利信息的积极保护是非常必要和迫切的。[③]

第一，监视竞争对手专利信息。企业需要通过密切关注竞争对手的专利申请活动以发现其竞争对手申请专利的漏洞，使本企业可以尽量阻止竞争对手成功申请专利，或抢先于

---

① 李建丽，张新民．影子团队与竞争情报[J]．图书情报工作，2010，54(16)：14-43.

② 丁源，周海炜．反情报演练中的影子分析方法：应用策略与 FAROUT 评估[J]．情报学报，2013，32(8)：828-837.

③ 付蕊．反竞争情报工作研究[D]．哈尔滨：黑龙江大学，2014.

其竞争对手申请同种类型的专利，从而最终能够抢夺先机。在监视对手专利信息的过程中，一方面企业要从自身出发，基于自身存在的问题系统地分析竞争对手的专利；另一方面要找出对方申请专利的漏洞，基于对方专利的漏洞设计本企业试图申请的专利以阻断对方的专利申请。在监视对方专利活动的过程中，企业要保护好本企业已有的专利；另外要大力开展技术创新活动，实施专利竞争战略。

第二，实施分散申请专利策略。企业可以采取分散申请专利的方式，将核心的技术分散申请专利，也可以特意将特别核心的专利技术申请分散到下属的子公司，以此来打乱竞争对手的注意力，使对手无法完整地把握情报。但需要注意的是，这一策略的使用，要求企业自身要非常熟悉专利的顺序，以确保最终能够将专利技术完全还原，从而继续为企业所用。

第三，把握申请专利的时机。专利申请时机是企业申请专利时需要慎重考虑的问题，过早申请或过晚申请，都可能给企业带来利益损失。根据专利申请的时间、顺序、程度能够分析和估算出竞争对手可能会根据何种途径进行情报跟踪。因此，从反竞争情报角度来看，企业在申请专利技术时要踩准时机，并且对专利中的一些关键技术要采取保护措施。

第四，设置阻止或延缓竞争对手专利授权的障碍。企业在得知竞争对手要申请专利或是已申请但尚未获得专利证书的情况下，要积极寻找对方专利的漏洞，以阻止对方专利授权成功或是延缓对方专利授权申请，从而为本企业的专利申请赢得时机。

第五，建立健全专利预警系统。企业建立专利预警系统可以获取竞争对手的营销策略和研发数据、评估竞争对手的专利技术强弱程度。一般地，一份专利被引证的次数越多，就越能体现该专利的价值和地位。所以，企业可将预警系统应用到专利分析的过程中，便于对其进行定时追踪检索策略。[①]

②军事反情报理论和技术。

在国外，很多从事竞争情报的专业人员是有着军方背景的。美、苏"冷战"之后，大量政府部门(包括美国中央情报局)的情报人员进入企业，协助企业建立竞争情报系统；同时也有部分情报人员开办了培训性质的学校，培养了大批从事企业竞争情报工作的人员，这在很大程度上促进了企业竞争情报的积极发展。从某种程度上来说，正是企业充分运用军事领域的反情报理论和技术，才有力地推动了企业反竞争情报的发展。[②]

在运用军事领域的反情报理论和技术方面，各国侧重点有所不同。例如，法国比较注重对容易被国外情报人员渗透的公司加大宣讲力度，提高其反情报意识以及相关方面的知识；而美国中情局和联邦调查局比较注重对非本国经济情报人员的监控，并且会警告有关

① 陈志勋. 专利预警评价体系构建及其实证研究[D]. 太原：山西财经大学，2010.
② 付蕊. 反竞争情报工作研究[D]. 哈尔滨：黑龙江大学，2014.

企业和出国参加展览会的人员。

　　我国企业在反竞争情报工作中，也应该积极向军事领域寻经问宝，充分借鉴军事领域的反情报理论和技术，进一步提升我国的反竞争情报水平，使我国企业在国际市场的竞争情报斗争中处于不败之地。

6.3.2　企业反竞争情报工作的流程

　　反竞争情报和竞争情报过程一样，是一个有组织、具有一定连贯性的过程。企业的反竞争情报工作不仅仅包括对自身信息的保护，还涉及对企业反竞争情报大方向的把控、企业反竞争情报工作的组织、企业反竞争情报文化的营造、企业竞争对手的分析等方面。上述内容构成了企业反竞争情报工作的流程。信息保护工作流程嵌入企业反竞争情报工作流程之中，既相互影响又相互独立。

（1）信息保护工作流程

　　企业重视反竞争情报工作的核心目的是为了防范自身核心信息被竞争对手获取，核心信息大致包括：核心技术信息、核心战略决策信息、核心人才信息、客户名单等。企业反竞争情报的信息保护工作流程主要有以下5个步骤。

　　①核心信息的确定。

　　这一步骤包括两个方面的内容：一是对企业具体核心信息的保护，如企业的定价方法、进货渠道、关键客户、产品配方、收购计划、战略规划等。这一类核心信息的保护可以通过制定保密制度、签订保密协议等具体的措施来实现，对这类核心信息的保护相对较易实现。二是确定这些核心信息可能涉及的关键人员、关键设备、关键设施、关键活动或关键作业。这类核心信息的保护由于涉及过多的人、事、部门，其开展的难度较大。

　　需要有专业的团队来确定核心信息。通过考察竞争对手现有的信息搜集能力，确定哪些信息可以被竞争对手获得并加以利用，在此基础上制定策略。需要对核心信息进行有目的性的分级保护，假设核心信息被对手窃取后是否会导致产品不再具有优势或被迫进行重新设计。后果越严重，保护等级越高，需要投入的人力物力就越大。此外，还需要思考应对危机的模式，即一旦核心信息被竞争对手企业获取，企业下一步该如何调整策略。

　　②威胁性分析。

　　这个步骤的评估重点是竞争对手，即评估竞争对手得到核心信息之后对自身企业可能发生的即时性损失（如被窃取的项目流产）和长远性的损失（损害公司的绩效）。一般来说，威胁性分析需要分析竞争对手的手段（何时何地通过何种手段窃取的何种情报）、能力（使用情报的能力如何）、动机（为什么要窃取这些情报）、目的（使用这些情报解决什么问题）

以及竞争对手对待竞争情报所采取的总方针(最高管理层是如何看待这些情报的)。

通过对竞争对手进行威胁性分析,可以换一种角度审视自身企业的反竞争情报工作,进而更好地、更有目的性地进行信息保护工作的下一步流程。

③薄弱点诊断。

薄弱点诊断需要在对自身企业所有信息活动进行全面检验与检测之后才能得出结果。薄弱点诊断的手段多种多样,按照薄弱点诊断的思路可分为正向模拟和反向模拟。正向模拟是指企业反竞争情报团队根据反竞争情报体系构建的思路来检查是否存在工作落实不到位、人员任务不明确等执行过程中可能存在的薄弱点。反向模拟是指从竞争对手的角度反向模拟,即结合威胁性分析将自己放在竞争对手的角度,一步一步地检查自己的活动或作业的所有环节,或者提前了解竞争对手的行动方案以发现他们搜集关键信息的途径。此外,还要考虑的因素是信息的时效性以及竞争对手在有效的时间内搜集和利用该信息的能力。①

薄弱点诊断的目的是找出企业反竞争情报工作中的漏洞,如企业最容易泄露秘密的渠道在哪里?通过哪些部门或哪些员工泄漏?员工了解这些问题吗?应该保密的地方是否透露了过多的信息?以上所有可能被检测出来的问题都应视为企业反竞争情报工作的薄弱点。通过对薄弱点的改善,将企业竞争情报泄露的可能性降到最低,这也是信息保护流程中的重要一环。

④风险评估。

风险评估主要是在核心信息的确定、威胁性分析、薄弱点诊断的基础上,通过一个相对宏观的视角对整个反竞争情报流程进行分析评估,再从中提炼出需要保护的重点。风险评估是一个去粗取精、去伪存真的过程,通过一层一层抽丝剥茧的分析,最终确定企业信息保护工作中存在的潜在风险。此外,风险评估还有一项重要的任务,就是需要对反竞争情报工作的成本进行控制,如果某一个项目的反竞争情报工作成本超过了该项目的实际收益,那么此时的信息保护工作就失去了意义。因此,风险评估还包括对整个信息保护活动进行的成本/收益进行分析。

风险评估拟解决的问题包括:第一,竞争对手得到情报后会对本企业产生什么具体的影响,如对企业可能失去的市场份额、技术优势等的影响。第二,如果这些损失出现,企业能采取哪些补救措施。第三,明确核心信息分级、不同等级的信息被泄露所产生的不同后果等。

⑤对策实施。

这是信息保护流程中的最后一步,是完成上述所有步骤后所采取的行动。在完成上述

---

① 曾忠禄. 企业竞争情报管理:战胜竞争对手的秘密武器[M]. 广州:暨南大学出版社, 2004.

步骤后，通过采取行动，能够阻止和降低竞争对手获得关键信息的能力。实施的对策包括防守式防御和进攻式防御两个方面。防守式防御主要是对上述步骤尤其是薄弱点诊断和风险评估的结果所采取的补救性质的对策；进攻式防御指的是主动设置各种障碍、采取各种妨碍性质的行为来迷惑对手。进攻式防御能够极大地降低竞争对手搜集或处理信息的效率、阻止竞争对手对情报进行准确理解，使其情报的搜集与整理工作更困难、更耗费时间。此外，通过进攻式防御，竞争情报人员还可以更好地理解竞争对手会获得什么信息以及信息丢失的影响，从而更好地理解对这些信息的保护方法。对以上保护程序的认真选择和合理执行，将对企业抵御关键信息的泄露以及相应信息的保护起到非常有效的作用。

（2）企业反竞争情报工作流程

企业反竞争情报工作流程是企业在运行反竞争情报过程中所涉及的所有的工作步骤，这些工作步骤的工作内容在前文都有提及。根据前文对反竞争情报的定义、反竞争情报保护策略、反竞争情报工作手段等的讨论，可以将反竞争情报的工作流程分为以下 6 个方面。

①建立反竞争情报专业组织。

在当前竞争手段多样化的市场环境下，企业需要设立反竞争情报专业组织，使其成为反竞争情报工作的领导核心。这个专业组织需要由两个方面的人才构成：一是各相关方面的技术人员，技术人员负责反竞争情报工作运行过程中需要解决或遇见的技术性问题，以确保反竞争情报活动能够迅速顺利地开展；二是各层次的管理人员，管理人员是反竞争情报专业组织的核心，通常来自企业各个部门，如企业战略部、市场销售部、公共关系部、产品研发部、竞争情报部门等。

反竞争情报专业组织的工作包括确定需要保密的信息、审查现有的安全机制、制定反竞争情报方针计划、对全体员工进行培训等。反竞争情报专业组织在确立需要保密的信息时，需要参考各个部门主管的意见，在吸取不同意见的基础上，由首席信息官（Chief Information Officer，CIO）或企业决策层确定真正需要保密的信息。

反竞争情报专业组织不仅需要审查现有的安全机制，还需要实施连续的安全审计工作，以确保无论在什么时期，企业的反竞争情报工作都不会出现巨大的漏洞。此外，反竞争情报方针计划的制订和全体员工的反竞争情报意识的培训都是反竞争情报工作的重要组成部分。

②分析竞争对手。

这是企业开展反竞争情报活动的一项重要内容，同时也是企业开展有针对性的反竞争情报活动的前提之一。只有了解竞争对手才能更好地预测竞争对手的行动，也才能明确己方需要保护的信息对象。通常包括四个步骤，即识别竞争对手、判断需要搜集情报的竞争对手、评估竞争对手实力以及分析竞争对手能力。

③确定要保护的信息。

企业重视反竞争情报工作主要是为了防范自身核心信息被竞争对手获取，因此企业需要事先确定哪些信息是需要被保护的核心信息。这一步骤实质上与信息保护流程高度重合。信息保护流程中的前四个步骤——核心信息的确定、威胁性分析、薄弱点诊断和风险评估实际上就是确定需要被保护信息的过程。在做好上述步骤的过程中，企业中的反竞争情报工作人员还需要与竞争情报工作人员积极交流，反竞争情报工作人员在了解本企业需要什么样的情报以及本企业获取情报的手段之后，才能在反竞争情报过程中更加确定需要保护的信息。最终反竞争情报部门确定了需要保护的信息范围后，需要将要保护的信息按照重要程度进行分级，并采取不同的对策。值得注意的是，确定要保护的信息并不是一个一劳永逸的过程，需要根据企业的经营和业务的变动随时调整情报的保密级别和保护范围，因此这是一个动态的过程。

④制定对策并实施。

在经过上述所有步骤后，需要制定反竞争情报对策，并在通过企业高层审批后，经由企业各个部门合作实施。由于企业不同的部门看待某件事情的角度是不一致的，在对策制定的过程中，需要考虑可能会发生的各种情况。

反竞争情报工作实施的过程是复杂的。在对策实施的过程中，反竞争情报工作人员要实时监控，根据实际情况的变化不断地对对策进行调整和优化。

⑤效果分析和信息反馈。

在反竞争情报过程中要时刻分析什么样的防范措施是有效、合适的。当情况发生了变化时，需要对反竞争情报对策执行效果进行评估和信息反馈。

反竞争情报的效果分析和信息反馈阶段主要考验的是企业的决策层。决策者需要把反竞争情报对策在实施过程中出现的各种情况搜集上来，进行分析研究，再根据反竞争情报环境的变化，对原有的方案进行修改、调整、补充或决定采用新的反竞争情报对策。这一过程尤其注重时效性，当情报不能及时送达或送达的情报已经失去了时效性，它也就没有任何价值。效果分析和信息反馈的结果还建立在对前面步骤的严谨完成基础上，通常前面的步骤完成得越好，效果分析和信息反馈的结果就越有依据性。此外，反竞争情报的效果分析和信息反馈的结果同时还受企业决策方向等方面的影响。

⑥撰写反竞争情报报告。

这是整个工作流程的最后一步，也是将前期所有反竞争情报工作书面化并进行存档的一步。由于该报告面向决策层、直接为决策者服务，其作用是使反竞争情报工作的成果明朗化、系统化，以引起他们的重视，并重新配置有限的资源，因此，必须避免结论太笼统和结论错误，要言之有物、言之有理和言之有据，能够让决策者信服。反竞争情报报告通常包括两部分，一是在企业信息安全保密过程中，员工反映上来的和实施过程中负责人员发现的问题，这可作为日后改善信息保密工作的参考依据；二是竞争情报的收获，即经过分析的竞争情报，包括竞争对手、竞争环境和竞争战略各方面情报的汇总。[①]

撰写详细的反竞争情报报告不仅可以使决策层清晰地看到反竞争情报工作阶段性的成果，还能够为接下来的反竞争情报工作提供直观可见的工作经验，以便开启一个更完善的反竞争情报工作流程。

6.3.3　企业商业秘密的保护

企业商业秘密的保护是反竞争情报内容中一个十分突出的问题。在日益激烈的市场竞争环境下，商业秘密已然成为现代企业的核心竞争力，企业商业秘密保护的缺失会使企业蒙受惨重的损失。在这样的背景下，企业商业秘密的保护也越来越被企业管理层所重视。

（1）我国目前企业商业秘密保护现状

①企业自身的商业秘密保护意识和能力薄弱。

第一，商业秘密管理组织专业化程度低。虽然大多数企业设有专门的机构或人员负责商业秘密管理，但大部分的企业还是由法务人员和普通的管理人员兼职，且管理多流于形式，而没有行之有效的管理办法和章程。这使得企业的商业秘密仍旧处在一个毫无保护的体系之下，其安全性难以得到保障。

第二，企业对员工缺乏商业秘密保护意识教育。企业在员工入职时没有进行保密教育，工作过程中没有进行保密培训，离职之后甚至没有签署保密协议。此外，企业内部在日常的工作中也没有设立严格的企业信息等级制度，使得员工将普通的信息与重要的商业秘密混为一谈。这些都会使企业的商业秘密面临巨大的威胁。

第三，企业商业秘密管理制度不健全。许多企业没有制定系统和严格的商业秘密保护管理制度，与企业商业秘密相关的管理文本只是散见于不同的管理文本中，这使得员工根本没有系统性地学习，更谈不上让员工利用这些制度规范自己的行为。大部分企业也没有设置定期的保密培训，企业商业秘密保护的实施仅局限于口头上。

第四，企业商业秘密保护手段失当。企业管理层可能对商业秘密范围的认识仍然不全面，认为商业秘密只包括技术秘密而不包括经营信息，甚至对商业秘密的构成要件不清楚，在宣传公告中没有进行事先的保密审查。这些不严谨的行为将直接导致技术信息丧失秘密性，造成企业商业秘密的泄露。

---

① 李鸣娟，蔡华利．对企业反竞争情报工作模式的分析[J]．图书情报导刊，2005，15（16）：72-74.

第五，新技术带来的新问题越来越突出。在信息化办公水平提高的同时，新技术带来的商业秘密泄露的问题也越来越多，电子化泄密已成为商业秘密泄露的重要方式。在各种泄密方式中，电子邮箱发送、U 盘拷贝、云存储、微信群等已成为新的泄密途径。

②我国商业秘密法律保护体系不健全。

我国商业秘密保护的相关法律主要散见于反不正当竞争法、合同法、劳动法、劳动合同法、民事诉讼法、刑法、公司法、个人独资企业法、合伙企业法等法律法规。[①]《中华人民共和国反不正当竞争法》对商业秘密进行了明确界定，即"不为公众所知悉、具有商业价值并经权利人采取相应保密措施的技术信息、经营信息等商业信息"。该法律在第十条还从规范经营者关系的角度保护企业的商业秘密，列举了经营者不得采用的几种侵犯商业秘密的手段。这是我国目前商业秘密保护最直接、最重要的法律。《中华人民共和国劳动法》对劳动关系中的商业秘密保护问题进行了原则性规定，要求员工保守用人单位的商业秘密，且可以自愿在劳动合同中约定保密义务及违约责任。《中华人民共和国合同法》对合同缔约阶段、履行阶段以及合同终止后对商业秘密的法律保护做出了规定，即当事人在订立合同过程中知悉的商业秘密，无论合同是否成立，不得泄露或者不正当使用。《中华人民共和国刑法》规定了承担刑事责任的具体内容，即给商业秘密的持有人造成重大损失或特别严重后果的，处有期徒刑并处罚金。其他的法律，如《中华人民共和国公司法》《中华人民共和国独资企业法》《中华人民共和国合伙企业法》主要是对高管的竞业限制规定。《中华人民共和国民事诉讼法》则对可以不公开审理的案件做了程序保密规定。从列举的这些法律条文可以看出，在企业商业秘密的保护方面，我国已有多部相关法律从各自的范畴对商业秘密保护作出了规定，这些规定共同构成我国商业秘密法律保护体系。但是，从立法层面也不难看出，立法分散、不统一，法条之间缺乏协调统一性，也成为我国商业秘密法律保护的突出问题。

（2）企业商业秘密的构成要件

企业商业秘密保护能够有效开展的前提是对企业商业秘密认定的统一，因此要界定和判断企业商业秘密的构成要件。一项技术信息或者经营信息要成为法律认同的商业秘密，必须具备 4 个构成要件，即秘密性、价值性、实用性和保密性。[②]

秘密性是企业商业秘密的核心特征，指有关信息不为其所属领域的相关人员普遍知悉和容易获得。一项构成商业秘密的信息并不是指除了合法持有人以外没有任何人知悉，而

---

① 郑海味，刘艳珂．企业商业秘密保护困境及其保护体系的构建[J]．保密科学技术，2018，98（11）：61-63.

② 檀圆．商业秘密的合理保密措施研究[D]．武汉：华中科技大学，2017.

是指该信息在本行业或本领域内不为公众所知。商业秘密区别于其他信息的最根本的属性是商业秘密与专利技术、公知技术相区别的最显著特征，也是决定信息是否构成商业秘密的最权威的要件。

价值性是指有关商业秘密具有现实的或者潜在的商业价值。商业秘密的经济价值是难以被精确衡量的，因为有时花费很小的商业秘密也可能会带来巨大的收益。商业秘密持有人可以通过利用自己拥有的商业秘密使自己在竞争中处于更有利的地位，从而创造更多的利润。

实用性是指商业秘密的客观有用性，即通过对商业秘密的运用能够创造出与商业秘密相关的经济上的价值。一项商业秘密必须为人所使用或者能够用于制造才能为其持有人创造价值，也即带来社会利益或经济利益。

保密性是指企业商业秘密持有人为防止信息泄露所采取的与其商业价值等具体情况相适应的合理保护措施。对企业商业秘密持有人而言，即使该信息在客观上具有秘密性但并不能使其拥有商业秘密，只有对这种具有秘密性的信息采取保密措施时，该信息才可能成为商业秘密，即只有经过保密措施并实现信息的秘密状态的信息才是商业秘密。

（3）企业商业秘密保护体系的构建

用制度保护商业秘密，是法律认可的保护商业秘密的重要措施，也是现代企业管理的重要内容。企业商业秘密的保护与企业内其他信息的保护类似，是企业反竞争情报的重要内容。不同于其他信息的保护，企业商业秘密的保护需要有一套明确的问责制度，即谁保密谁负责、谁泄露谁担责。在这样的思路下设计出企业的商业秘密保护体系。

①建立保密组织机构。

企业商业秘密保护工作领导小组是一个起基础支撑作用的宏观指挥机构，通常由企业决策层直接管理，根据企业的经营实际或项目运行情况，企业可以考虑形成与销售部、生产部等平行的单独机构，专门、具体地负责保密工作。如果企业规模或能力有限，也可考虑指定专门人员负责保密工作。

②构建和完善企业商业秘密管理制度。

构建和完善企业商业秘密管理制度主要从三个方面着手，即对人员的管理、对涉密物件的管理和对网络的管理。这三个方面相辅相成，共同作用于企业商业秘密的保护过程中。

第一，对人员的管理。主要任务是明确企业各类人员的保密职责。企业的每个级别，上至总经理、分管副总经理，下至重点涉密人员、普通员工等，都应有相应细化的职责分工和奖惩制度。同时，企业商业秘密的保护是一刻都不能松懈的，因此需要根据各类人员的不同工作周期制定全生命周期的商业秘密管理内容。

第二，对涉密物件的管理。一方面要制定对涉密物件管理的管理制度，如商业秘密的密级划分制度，商业秘密文件的查询、保管、销毁制度等；另一方面还要加强重点部位的监控与管理。此外，企业还应根据商业秘密的产生、使用和保管的实际情况，明确企业保密重点部门和部位，制定和完善重点部门、部位保密管理制度，优化商业秘密保护环境。

第三，对网络的管理。防范网络的发展所带来的商业秘密管理新问题。一是要严格控制网络设置，企业内未经网络管理员的批准，任何人不得改变网络的拓扑结构、网络设备布置，以及服务器、路由器配置和网络参数。筛选内部网络信息，适当进行网络监控，禁止普通员工通过某些即时通信工具聊天。二是要建立工作邮箱管理制度，为员工提供工作电子邮箱，要求员工通过工作邮箱收发邮件。三是要采取加密措施，如防火墙技术、数据加密技术、数字签名技术和数字认证技术等，利用技术保护措施来建立和完善网络环境下的企业商业秘密保护体系。[①]

从企业本身来看，商业秘密保护的重点在于事前防护而非事后补救。企业应该在日常的工作过程中注重企业商业秘密管理制度的构建和完善，以防患于未然。从社会大层面来看，执法者、立法者也应当不断完善企业商业秘密保护的法律体系，以期营造良好的企业商业秘密保护环境。

◎ **思考题**

1. 企业竞争情报泄露的途径有哪些？在企业反竞争情报活动中，如何防止竞争情报的泄露？

2. 简述企业反竞争情报工作的手段，分析这些手段分别在企业反竞争情报活动中起到的作用。

3. 简述企业反竞争情报的工作流程。

4. 简述企业商业秘密的构成要件。

5. 构建和完善企业商业秘密管理制度主要从哪些方面入手？

---

① 冯晓青. 网络环境与企业商业秘密保护策略[J]. 重庆大学学报(社会科学版), 2006, 12(5): 93-96.

第7章
大数据环境下的企业竞争情报研究

近年来，大数据(big data)已成为继云计算、物联网之后最炙手可热的现代技术之一，与之相伴随的是数据中心市场的建设与增长。大数据环境是以多源和多类别数据为对象，以互联网为基础，以个性化和精准化分析为手段，以群体智慧聚合为主导，以服务用户与反馈完善为目的的全链条知识信息处理环境。在该环境中，用户能够凭借较低的成本、较高的效率，从多结构的海量数据中提取有现实价值、符合自身需求、有助于企业实现目标的针对性数据。同时，在企业竞争情报新时期的发展进程中，数据搜集与分析、内容展现与利用将成为重点，对相关分析技术与工具的依赖将逐步凸显。通过企业竞争情报分析系统或平台进行企业内外部竞争情报资源的多元融合与统筹集成，以及相关分析人员与创新技术的有机整合，为企业竞争情报工作的顺利开展提供必要支撑，并以此开展更多高端的分析工作，满足现实中不断演进的多样化、个性化、集成化、智能化、专业化的客户需求目标，进而为企业生产经营决策过程提供保障与支持。

大数据推动企业竞争情报开展了一系列思维和决策模式的变革，如在竞争情报工作过程的数据源选择层面，注重全样本分析而非抽样调查；在数据分析层面，注重数据与企业目标的相关性而非单纯的因果联系；在数据结果层面，注重数据的实时性、全面性和效率性，而非一味苛求精确度。面对数据驱动的大环境，企业应该通过一系列创新价值方法来利用大数据获取竞争优势。例如，利用实时商店监控平台对客户数据进行跟踪、搜集与分析，从而保障企业的营销布局，及时升级和完善客户体验；利用大数据支撑企业创建数字平台，对社交媒体进行高效监管，以优化客户体验管理；利用大数据分析，实现自动化网络威胁监测和响应，从而保障客户数据安全。从企业竞争情报工作的角度来说，在大数据背景下，如何充分利用大数据构建符合实际目标需求的企业竞争情报工作发展策略已成为学术界与产业界共同关注的问题。本章主要从大数据对企业竞争情报工作的影响、大数据环境下企业竞争情报研究的特点、大数据环境下企业竞争情报研究的关键领域、大数据环境下的企业竞争情报服务四个方面进行阐述。

7.1　大数据对企业竞争情报工作的影响

企业竞争情报工作是指企业对其竞争对手、竞争环境和竞争战略信息进行研究。[①] 在大数据时代，基于数据分析决策的企业竞争情报工作面临着诸多机遇和挑战。现代企业及其竞争情报工作人员应抓住大数据带来的机遇，用大数据为其业务和员工谋利（例如，软件企业应积极参与全样本数据的交互），否则将面临由大数据引发的一系列挑战。目前，"大数据"一词在 IT 和商业领域逐渐受到关注。大数据正在成为各种企业的主要创新力量，越来越多的拥有管理大型数据集功能的新平台几乎每周都会对其进行更新。

7.1.1　大数据的特征

传统的主流软件工具在大数据面前不再有效。例如，传统的数据库技术，尽管在很多数据存储、处理和分析的场合可以发挥出优越性，但在大数据的存储、处理和分析方面，却显得苍白无力。迄今为止，尽管人们对大数据的本质的理解仍然是模糊的，但大数据涉及识别数据并将其转化为新见解的过程，需要强大的技术和先进的算法，这早已成为共识。

亚马逊（Amazon）的大数据科学家 John Rauser 认为，只要超过一台计算机数据处理能力的数据量即是大数据。维基百科（Wikipedia）定义大数据为：所涉及的数据信息量规模巨大，且无法在可承受的时间内利用现有常规软件工具进行管理、分析与处理的巨量资料或者数据集。Cox 和 Ellsworth 将大数据称为能够可视化的大量科学数据。[②] Manyika 等认为大数据是超出普通的技术存储、管理和处理能力的数据量。[③] 麦塔研究公司（Meta Group）的 Laney 认为，容量（volume）、多样性（variety）和速度（velocity）是数据管理所面临的挑战中的三个特征维度。[④] 此后，"3V"特征逐步成为用来描述大数据的通用框架，并为

---

① 包琰. 包昌火情报思想剖析［J］. 情报杂志，2013（6）：1-4，9.

② Cox M, Ellsworth D. Managing big data for scientific visualization［R］//ACM SIGGRAPH '97 course # 4, exploring gigabyte datasets in real-time: algorithms, data management, and time-critical design. Anaheim, CA, US, Los Angeles: ACM Digital Library, 1997: 5-17.

③ https://www.mckinsey.com/business-functions/mckinsey-digital/our-insights/big-data-the-next-frontier-for-innovation.

④ http://blogs.gartner.com/doug-laney/files/2012/01/ad949-3D-Data-Management-Controlling-Data-Volume-Velocity-and-Variety.pdf.

业界广泛接受。① 例如，高德纳咨询公司(Gartner Group)定义大数据是高成本、高速度和高品种的信息资产，需要具备成本效益以及创新形式的信息处理，以增强洞察力和决策能力。② 美国科技基金联邦大数据委员会(Tech-America Foundation)定义大数据是一个描述大量高速、复杂和可变数据的术语，这些数据需要先进的技术和工具来实现信息的捕获、存储、分发、管理和分析。③ 在此基础上，Gantz 等④和美国国际数据集团(International Data Group，IDG)旗下的国际数据公司(International Data Corporation，IDC)根据现实需求将大数据扩展到"4V"特征：容量(volume)、多样性(variety)、速度(velocity)和价值(value)。国际商业机器公司(International Business Machines Corporation，IBM)则在此基础上进一步提出了更为细化与详尽的包含容量(volume)、速度(velocity)、多样性(variety)、价值(value)和真实性(veracity)的"5V"特征。

　　基于上述定义以及对大数据本质的观察和分析，可以认为，大数据是一种新的集成形式，需要从海量、多样和复杂的数据集中发现大量隐性价值，并能够准确预测现实发展规律的在线技术。本节根据不同的大数据类型，包括数据源、内容格式、数据存储、数据分级、数据处理等类型及其各自的子类(如图 7-1 所示)，将在线(Online)环境下的大数据特征概括为"5V+"特征，具体包含容量(volume)、多样性(variety)、速度(velocity)、价值(value)、真实性(veracity)，以及可变性(variability)和复杂性(complexity)等特征，如图7-2所示。

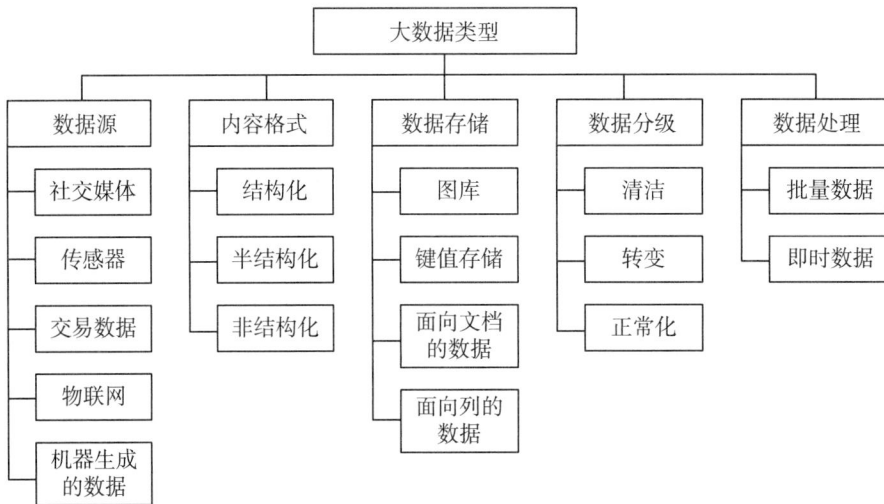

图 7-1　大数据的类型

　　① Oussous A, Benjelloun F Z, Lahcen A A, et al. Big data technologies：A survey[J]. Journal of King Saud University-Computer and Information Sciences，2018(30)：431-448.

　　② http：//www.gartner.com/newsroom/id/1731916.

　　③ http：//www.techamerica.org/Docs/fileManager.cfm? f=techamerica-bigdatareport-final.pdf.

　　④ https：//doc.uments.com/g-extracting-value-from-chaos.pdf.

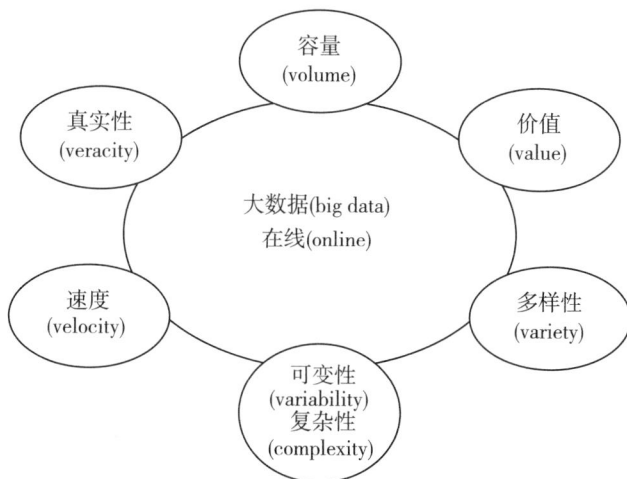

图 7-2 在线环境下大数据的"5V+"特征

容量(volume)是指数据的大小，即从不同来源产生并不断增加的所有类型数据的量。大数据的大小以 TB(1TB = 1024GB) 和 PB(1PB = 1024TB)，甚至以 EB(1EB = 1024PB) 和 ZB(1ZB = 1024EB) 为单位报告。IBM 在 2012 年的一项调查显示，在 1144 名受访者中，超过一半的受访者认为超过 1TB 的数据集才能称为大数据。① 1TB 存储的数据相当于 1500 张 CD 或 220 张 DVD 的数据，足以存储约 1600 万张照片。大数据来自日常生活的各方面，如在 Facebook 上发布图片和写评论、通过 YouTube 上传和下载视频、用智能手机发送和接收消息、通过互联网发送攻击等，② 数百万的设备和应用程序(ICT、智能电话、社交网络、传感器、日志等)连续生成大量数据。Beaver 等③的报告称，Facebook 每秒处理的照片数量达到 100 万张，预计 Facebook 将使用超过 20PB 的存储空间来存储 260 亿张照片。值得注意的是，大数据容量的大小程度是相对的，并且因各种因素而异，如时间和数据类型等。今天被认为是大数据的东西在未来可能达不到阈值，因为存储容量及其技术的提升将捕获到更大范围的数据集。由于行业或类型的不同(如表格数据和视频数据)，两个容量相同的数据集也可能需要不同的数据管理技术。Gandomi 等认为这些考虑因素使得为大数据的容量定义一个特定的阈值变得不切实际。④

---

① http://www-03. ibm. com/systems/hu/resources/the_real_word_use_of_big_data. pdf.

② Zhang J, Huang M L. Density approach：A new model for BigData analysis and visualization[J]. Concurrency and Computation：Practice and Experience, 2016(28)：661-673.

③ http://www. usenix. org/events/osdi10/tech/full_papers/Beaver. pdf.

④ Gandomi A, Haider M. Beyond the hype：Big data concepts, methods, and analytics[J]. International Journal of Information Management, 2015, 35(2)：137-144.

　　多样性(variety)是指数据集中的结构异质性,即通过不同来源(如传感器、智能手机、在线游戏、社交网络等)搜集和多种格式(如视频、音频、图像、文本、评论、日志等)生成的不同类型的数据。多样化的数据包括结构化、半结构化和非结构化,以及公共或私人、本地或远程、共享或机密、完整或不完整的数据等。为更好地理解数据的特性,可基于以下五方面对大数据进行分类:数据源(data sources)、内容格式(content format)、数据存储(data stores)、数据分级(data staging)、数据处理(data processing),具体类别如图 7-1所示。① 数据源包括互联网数据、传感和所有跨国信息的存储,最受欢迎的是各类数据库。由于数据的多样性,获取的数据在冗余、一致性和噪声等方面存在差异。② 在内容格式上,结构化数据一般指在电子表格或关系数据库中找到的表格数据;半结构化数据的典型代表是可扩展标记语言(XML),XML 文档包含用户定义的数据标记,使其可被机器读取;文本、图像、音频和视频是非结构化数据的示例,有时缺少机器分析所需的结构组织。各类企业一直在囤积来自内部资源(如传感器数据)和外部资源(如社交媒体)的非结构化数据。而且,新的数据管理技术和分析方法的出现使企业能够在其业务流程中充分利用数据。例如,面部识别技术使实体零售商能够获得关于商店仓储、客户年龄或性别构成、店内运营模式的信息,这些宝贵的信息可用于产品促销、展示位置和人员配置相关的决策中。再如,点击流数据提供了客户查看页面的时间和顺序,为在线零售商提供了大量有关客户行为和浏览模式的信息。使用大数据分析法,即使是中小微型企业也可以挖掘大量的半结构化数据,以改善网站设计并实施有效的交叉销售和个性化的产品推荐系统。

　　速度(velocity)是指数据传输的速度,即数据生成的速度以及分析和处理数据的速度,企业应快速处理以提取有用信息和相关见解。由于吸收了补充数据集,引入了先前存档的数据或遗留集合,以及来自多个来源的流数据,数据内容会不断变化。③ 智能手机等数字设备的激增导致数据创建速度得到前所未有的增长,并且不断推动着对实时分析和基于证据的规划的需求。即使是传统的零售商也在快速生成数据,如沃尔玛(Walmart)每小时可从其客户交易中产生超过 2.5PB 的数据。移动设备的联网功能也使企业可以及时处理和实时分析大量数据,这些数据提供了有关客户的客观信息,如地理空间位置、人口统计数据和过去的消费模式,可以进行实时分析以创造真正的客户价值,并为日常客户生成实时、个性化的产品。大数据技术使企业能够从大量"可消亡"的数据中创建实时情报。

　　价值(value)是指从各种类型和快速生成的大型数据集中可发现和挖掘出巨大的隐性

　　① Hashem I A T, Yaqoob I, Anuar N B, et al. The rise of "big data" on cloud computing[J]. Information Systems, 2015, 47(C): 98-115.

　　② Hurwitz J, Nugent A, Halper F, Kaufman M. Big Data for Dummies[M]. For Dummies, 2013.

　　③ Berman J J. Principles of Big Data: Preparing, Sharing, and Analyzing Complex Information[M]. Morgan Kaufmann Publishers Inc., 2013.

价值。一般认为，大数据具有相对"低价值密度"的特征，以原始形式接收的数据通常具有相对于其容积的低价值，但通过分析大量此类数据可以获得高价值，价值密度低是非结构化数据的重要属性之一，也是大数据最重要的特征之一。① 尽管如此，一旦企业及其分析人员提取并捕获到潜在的可用价值，将比其他信息来得更有说服力和指导性，因为价值是数据资源转变为情报的最基本特征。

真实性(veracity)是指数据具有准确性和可信性特征，这是针对数据的质量而言的。对大数据价值进行个性化精准"提纯"，源于某些数据源固有的不可靠性和不稳定性，这是基于大数据做出的最科学的决策之一，有助于企业及其分析人员从海量数据中找到真正对企业各阶段发展有益的情报资源。如社交媒体中的客户情绪本质上是不确定的，需要人为判断，但它们包含有价值的信息。处理后的数据必然存在不确定性和真实性，处理不精确和不确定数据的需求促进了数据管理、挖掘和分析软件与工具的开发。

在线(online)是指数据能够随时随地进行调用和计算，也是大数据区别于传统数据最大的特征。借助最新的移动互联网技术与智能手机等移动设备，企业能够实现大数据的动态交互，从而保障了数据的时间效用。如各类打车软件平台上客户和司机的数据都实时动态在线，具有更大的商业价值和意义。

除上述特征外，可变性(variability)和复杂性(complexity)也被认为是大数据的特征。可变性是指数据流速的变化，通常情况下，大数据流速不一致并且具有周期性峰值和谷值，企业及其分析人员应该具备追踪大数据可变性的能力与软件工具。复杂性是指大数据由无数不同的信源生成，同时多源数据的复杂性将伴随着一系列挑战，需要连接、匹配、清理和转换从不同来源接收到的数据。企业及其分析人员应该对大数据的复杂性具备更加敏锐的嗅觉和相关的应对处理策略。

大数据容量的相对性适用于所有特征，且大数据的所有特征都相互关联，也都受制于企业的发展和时间的推移。根据这些特征，企业在自身发展进程中可结合实际情况，实施相对应的处理大数据的新方法、新技术和新工具。

在大数据时代，数据已成为企业最重要的资产之一。企业竞争情报研究建立在数据分析的基础上，越来越多的决策基于数据分析而不是传统意义上的经验和直觉。基于数据分析和信息处理，企业竞争情报的发展将面临全新信息空间所带来的诸多机遇和挑战。

7.1.2 大数据环境下企业竞争情报研究的机遇

21世纪以来，越来越多的企业采用数据驱动的方法来开展更有针对性的服务，以降

---

① Chen M, Mao S, Liu Y. Big data: A survey[J]. Mobile Networks & Applications, 2014, 19(2): 171-209.

低风险、提高绩效。通过专门的大数据分析程序，搜集、存储、管理和分析来自各种来源的大型数据集，以确定可用于支持更好决策的关键业务。麦肯锡(McKinsey)的一份研究报告声称，大数据可以通过搜集、处理、分析社会行为数据，提高企业和公共管理部门的生产率和竞争力，使世界经济显著增长。据估计，全球所有企业的商业数据量每 1.2 年翻一番。① 以零售业为例，沃尔玛(Walmart)每天约产生 2.67 亿笔交易。为了在零售业寻求更高的竞争力，沃尔玛与惠普合作建立了一个容量为 4PB 的数据库，从他们的零售终端跟踪每一个购买记录。利用先进的机器学习技术挖掘隐藏在海量数据中的信息，沃尔玛成功地提高了定价策略和广告活动的效率，在库存和供应链方面的管理也从大规模仓储中获益。② 在健康领域，大数据每年可以为美国带来 3000 亿美元的潜在价值，并向欧洲的公共管理部门提供 2500 亿欧元。全球使用个人位置数据，每年可产生 6000 亿美元的潜在消费者剩余，且其潜在年增长为 60%。仅在美国，大数据就产生了 14 万至 19 万名深度分析人才职位和 150 万名精通数据的管理人员，有效利用大数据正成为当今企业的基本竞争力。同时，新的竞争对手将是那些能够吸引具备大数据关键技能员工的企业。大数据有助于企业提高运营效率与业务知识、确定战略方向与提供决策支持、改善客户关系与分析市场动态、开发新产品与新服务、集成数据分析消费者趋势和偏好等。③ 大数据更丰富、更全面、更及时的特征有助于提高竞争情报的真实性、准确性、实时性和透明度。大数据环境下企业竞争情报研究的机遇，主要集中在以下几个方面。

(1) 竞争情报的地位正在提升

在大数据时代，数据已渗透到各个行业领域并逐渐成为关键生产要素，大数据的使用将成为未来企业竞争和市场增长的基础。易安信(EMC)、惠普(HP)、甲骨文(Oracle)、国际商业机器公司(IBM)、微软(Microsoft)、谷歌(Google)和亚马逊(Amazon)等全球行业巨头正加速架设各自的大数据项目，同时收购"大数据"相关厂商以实现技术整合。*Nature* 和 *Science* 分别在 2008 年和 2011 年发布了关于大数据及其处理的特刊。④ 同时，美国、日本、中国及欧洲地区等通过不同的行动促进大数据战略发展，如美国的大数据研究和发展

---

① James Manyika, Michael Chui, Brad Brown, Jacques Bughin, Richard Dobbs, Charles Roxburgh, Angela Hung Byers. Big data: The next frontier for innovation, competition, and productivity [R]. McKinsey Global Institute, 2012.

② Chen C L P, Zhang C Y. Data-intensive applications, challenges, techniques and technologies: A survey on big data[J]. Information Sciences, 2014, 275(11): 314-347.

③ Sharma D, Chaudhary K, Vaidya P, et al. Big data-competitive intelligence [C]. International Conference on Computing for Sustainable Global Development. IEEE, 2015.

④ Chen M, Mao S, Liu Y. Big data: A survey[J]. Mobile Networks & Applications, 2014, 19(2): 171-209.

倡议(Big Data Research and Development Initiative)为大数据战略提供了 2 亿美元的经济支持。我国工业和信息化部发布的《物联网"十二五"发展规划》,将信息处理、信息感知、信息传输和信息安全技术作为 4 项关键技术创新工程,其中信息处理技术包括海量数据存储、数据挖掘、图像视频智能分析等。① 为完善业务流程,企业希望获得大数据的可预测价值,并致力于将数据分析技术嵌入到日常业务流程中。决策模型的变化凸显了竞争情报的价值,目前许多大型企业都有专业的数据分析师。如年交易额超过 3 万亿元,且拥有超过 8.6 万名员工的阿里巴巴集团(Alibaba Group),早在 2012 年便设立首席数据官(Chief Data Officer,CDO)以负责推动"数据共享平台"战略,其数据技术及产品部致力于全域大数据建设,覆盖采集、加工、服务、消费的各个环节,提供全方位服务,并构建大数据标准化规范——OneData 体系。② IT、电商和生命科学等行业的众多顶尖企业都拥有大量从事数据信息相关工作的专业人员。此外,美国国家卫生研究院(National Institutes of Health,NIH)和国家科学基金会(National Science Foundation,NSF)等机构确定大数据及其隐性知识在数据密集型决策中的应用对企业发展有深远影响。③ 政府部门支持的大数据计划有助于企业进行大数据技术、信息性知识的开发,并促进企业的有效决策。

(2)竞争情报的价值正在提高

大数据综合了各类数据,包括用户数据、交易数据、交互数据、在线和离线数据等,有助于提高企业竞争情报的可信度。大数据提供的海量智能资源可以为企业整个业务流程的有效运作和优化提供指导,并帮助企业做出明智甚至是最优的决定。一般认为,所分析数据的全面性与分析结果的真实性成正比。同时,客户是企业发展的关键,挖掘和分析客户及其行为的数据具有重要价值。此外,从微博、微信、虚拟社区等社交媒体及其他在线活动中找到的客户数据记录,有助于提高竞争情报的准确性。通过分析社交数据以了解客户思维或喜好,可以使企业竞争情报工作者快速捕捉客户情绪和市场趋势的变化,并为企业提供准确和可预测的竞争情报,以更积极地制定营销策略。智能手机、平板电脑等移动端和移动互联网的发展充分利用了由此产生的大量即时传输数据,有助于提高企业竞争情报的实时性和快速响应能力。如社交媒体监控平台 DataSift 在 Facebook 上市当天,通过分析 Twitter 用户的情绪倾向,成功预测了股价波动。在金融领域,可用的金融数据源包括股票价格、货币和衍生品交易、交易记录、高频交易、非结构化新闻和文本、消费者信心以及隐藏在社交媒体和互联网中的商业情绪等。分析这些大数据集有助于衡量企业风险和系

---

① http://www.gov.cn/zwgk/2012-02/14/content_2065999.htm.

② https://yq.aliyun.com/download/1028.

③ Chen C L P, Zhang C Y. Data-intensive applications, challenges, techniques and technologies: A survey on big data[J]. Information Sciences, 2014, 275(11): 314-347.

统风险，并完善企业竞争情报相关的人才队伍建设。[1]

（3）竞争情报的分析处理能力正在提高

新技术和新系统助力大数据的搜集、存储、处理与分析。信息系统关注业务需求，涉及内部业务和外部交易等关键数据的管理，重点在于大数据的分析和快速决策。IT 技能主要用于管理和分析结构化数据和非结构化文本。[2] 如 Hadoop 专注于大数据批处理，而 Storm（BackType）支持持续转换没有终点的数据流。前者实现了大数据分布式存储及结构化与非结构化数据间的联系，后者基本满足实时搜索需求。[3] 谷歌（Google）是大数据时代的开拓者，为追求更快速的搜索，开发 Caffeine 增量处理索引系统来取代 MapReduce 批处理索引系统，并设计分布式存储 Colossus（二代谷歌文件系统，GFS2）；[4] 为更好地支持大数据集的互动分析，提供比 BigTable 更强大的分析性能，推出 Dremel 管理非常大量的大数据集（指数据集的数量和规模都大）和 PowerDrill 分析少量的大数据集（指数据集的规模大，但数据集的数量不多）。[5] 在上述谷歌搜索引擎平台上，每月约 143PB 的 Web 索引，40 亿小时的视频，4.25 亿 Gmail 用户，能实现 0.25 秒搜索出结果。[6] 亚马逊网络服务（Amazon Web Services，AWS）部门提供了最全面的服务集来移动、存储和分析数据，以此构建数据湖（data lake）和分析解决方案。[7] 华为的 FusionInsight 是企业级大数据存储、查询、分析的统一平台，通过为企业构建数据信息处理系统，对海量数据进行实时或非实时的分析挖掘，探索全新价值点和企业商机。[8] 企业竞争情报在这些新技术和新系统的帮助下，其分析处理能力正实现质的飞跃。

（4）竞争情报的人才供应正在增加

为提供有用的决策支持，企业竞争情报工作者必须有足够的专业知识和技能来理解业

① Fan J, Han F, Liu H. Challenges of big data analysis[J]. National Science Review, 2014, 1(2): 293-314.

② Chen H, Chiang R H L, Storey V C. Business intelligence and analytics: From big data to big impact [J]. Mis Quarterly, 2012, 36(4): 1165-1188.

③ Ghemawat S, Gobioff H, Leung S T. The Google file system[C]. 19th ACM Symposium on Operating Systems Principles. ACM, 2003.

④ Dean J, Ghemawat S. Mapreduce: Simplified data processing on large clusters[J]. Communication of the ACM, 2008, 51(1): 107-113.

⑤ Chang F, Dean J, Ghemawat S, et al. Bigtable: A distributed storage system for structured data[J]. ACM Transactions on Computer Systems, 2008, 26(2): 1-26.

⑥ https://blog.csdn.net/yangquanhui1991/article/details/47732415.

⑦ https://aws.amazon.com/cn/big-data/datalakes-and-analytics/.

⑧ https://developer.huawei.com/ict/cn/site-bigdata.

务问题并构建适当的分析解决方案。国家、行业与企业等对大数据的发展、支持与需求直接促成了高校大数据及其相关专业的开设，例如第一批开设该专业的北京大学、中南大学和对外经济贸易大学，以及中国人民大学、复旦大学和电子科技大学等，这为大数据专业化人才培养提供了平台依托，企业竞争情报的专业人才建设也随之步入黄金时代。同时，高校在专业培养上，逐渐走向跨专业、复合型人才培养模式，如该专业学生应同时具有较强的计算机、数学、统计和数据分析能力；在开设专业课程的安排上，也有意识地吸纳数据分析相关领域的教师为学生授课，如商学院通常在信息系统等课程中同时安排管理科学和统计学方向的教师；在实践应用能力的培养上，注重学生理论与实践的结合，如聘请跨领域知名企业的管理层或技术人员作为校外导师进行校企联合培养。此外，部分大型且成熟的企业也开展了一系列面向相关专业技术人员的培训与认证，以此助力企业的实践工作。如阿里云大数据专业认证(ACP 级——Alibaba Cloud Certification Professional)有助于相关企业专业技术人员对大数据进行存储、处理及分析，并根据企业的实际业务需求，提高企业竞争情报在制定有效的技术解决方案和企业最佳实践方面的作用。[①]

(5) 竞争情报工作的成本正在降低

企业竞争情报依赖于大数据分析，而企业大数据分析应用程序的正常运行则须借助于强有力的存储设备和计算资源，但这些基础设施的稳定性和寿命仍需不断完善，且并非所有企业都愿意或有能力购买这些设备或资源。[②] 云计算(cloud computing)作为互联网服务动态易扩展且虚拟化的资源(如阿里云、华为云、亚马逊云等)，能够帮助企业更有效、更灵活地构建和应用相关的基础设施和软件工具，企业从 IaaS、PaaS、SaaS 三种服务模式中获取信息基础设施、平台和软件，将廉价的数据存储与强大的数据分析能力相连接，在云上实现数据采集、共享、跟踪、分析、挖掘。[③] 云计算，尤其是具有加密和安全传输功能与设置的云，使企业竞争情报工作的成本大大降低。此外，诸多开源软件框架也为有需要的企业搭建或部署自己的大数据分析架构提供了可能与便利，以此大幅度减少研发与维护成本。而专业性复合型人才和先进的信息系统与技术，使得企业在进行竞争情报工作时可以根据实际需求适当降低人力成本。

---

① https：//help. aliyun. com/document_detail/32421. html.

② Marx V. Biology：The big challenges of big data[J]. Nature，2013，498(7453)：255-260.

③ Huang X B, Zhong H X. The construction of the competitive intelligence system in small and medium-sized enterprises in a cloud environment[J]. Information and Documentation Services，2012(2)：39-44.

7.1.3　大数据环境下企业竞争情报研究的挑战

在大数据时代，几乎所有大型企业都会遭遇大数据带来的困扰和问题，尤其是跨国企业。其主要原因是大型企业在全球拥有大量的客户，企业的交易数据不仅量大而且产生速度快，同时还面临着因越境数据流而产生的搜集、传递、管理等方面的难题。如 FICO 的猎鹰信用卡欺诈检测系统在全球范围内管理着超过 21 亿有效账户；Facebook 每天生成 30 多亿条内容。① 大数据受技术的影响，需要不断克服大规模样本量和高维度方面的诸多挑战，包括可扩展性、存储瓶颈、测量误差、异构性等。② 因此，企业在数据捕获、转移、存储、搜索、共享、分析和可视化等方面都存在各类相同或相似的困难，企业间围绕大数据展开的角逐势必也将更加激烈。此外，由于大数据包含着大量客户的隐私或机密信息，应当采用高科技手段对其进行保护，以防被竞争对手或犯罪分子窃取，甚至被肆意误用或滥用。大数据环境下企业竞争情报研究的挑战，主要集中在以下几个方面。

（1）竞争情报的数据存储成本高

与存储系统相对缓慢的发展相比，数据正以前所未有的速度和规模生成。企业经过多年的信息化建设积累了海量数据，未来竞争情报系统的数据量将达到 PB 级甚至 ZB 级。如此庞大的数据量远远超出了传统数据库的存储与管理能力，同时也正不断考验着竞争情报系统的软件和硬件能力。只有少数企业愿意且有足够的能力建立相应容量的数据中心以处理当下和未来的大数据资源，这些数据中心需要巨额的投资、运营和维护成本，尤其是大型计算系统在大数据处理、分析、存储和传输过程中产生的能耗引发了全球经济和环境层面的关注。例如，Google 建造的欧洲数据中心耗资 4000 万欧元，在美国俄勒冈州（Oregon）兴建的数据中心在满载运行时耗电达 103 兆瓦，相当于整个纽卡斯尔（Newcastle）的家庭用电总量，③ 而这些设施仅是 Google 拥有的众多数据中心中的两个。大数据的价值具有时效性，因此，应利用云计算满足大数据的基础设施要求，完善永久存储和管理大规模无序数据集的解决方案，制定与数据价值分析有关的重要性原则，并开发数据清洗系统，以决定应该存储哪些有用且有价值的数据。因此，应建立大数据的配套系统及功耗控

---

①　Chen C L P, Zhang C Y. Data-intensive applications, challenges, techniques and technologies: A survey on big data[J]. Information Sciences, 2014, 275(11): 314-347.

②　Sharma D, Chaudhary K, Vaidya P, et al. Big data-competitive intelligence [C]. International Conference on Computing for Sustainable Global Development. IEEE, 2015: 684-689.

③　Yang Y N. Research on emergency management of information resource configuration based on customer relationship management (CRM)[J]. Journal of the Central Institute of Socialism, 2011(5): 118-119.

制和管理机制，同时保证其可扩展性和可访问性。

(2) 竞争情报分析与管理效率低

大数据时代的企业竞争情报结构已发生变化。传统的数据管理与分析基于关系数据库管理系统(Relational Database Management System，RDBMS)，而竞争情报分析系统应在有限的时间内处理大量异构数据，但缺乏可扩展性和适用于结构化数据的 RDBMS，难以处理半结构化和非结构化数据。针对大数据的异构性，常见做法是在数据挖掘和分析之前将半结构化和非结构化数据转换为结构化数据。但该做法会降低数据分析的效率，进而影响竞争情报的效率。同时，结构化过程中非结构化数据的潜在相关性会丧失，从而导致分析结果具有很大的不确定性和不准确性，进而降低原始数据的价值，甚至可能妨碍有效的数据分析，如可能妨碍从中找出潜在的竞争对手。因此，应开发能够处理日益扩展和更复杂数据集的分析算法，在 RDBMS 和非关系数据库管理系统间找到折中的解决方案，如 Facebook 和阿里巴巴等企业已开始使用集成两种数据库优点的混合数据库架构。① 同时，在保证数据潜在价值不受影响的情况下，减少数据冗余和进行数据压缩以有效降低系统间接成本，如可以按数量级实施数据过滤、压缩、转换、清晰、集成等数据预处理技术。②

(3) 竞争情报人才短缺

大数据商业价值高、潜力大，除引入大数据分析系统和借助大数据服务提供商，企业仍须依靠熟悉大数据工具的专家(如擅长统计、预测建模、业务决策、系统集成和编程的复合型人才)和大规模数据中心的管理员来处理和分析数据，同时需要不同领域的专家进行合作以获取大数据的价值和潜力。但目前的大数据专家严重短缺，即使部分高校和企业已有意识地开设相关专业、课程和培训来培养大数据人才，但短期内缺口仍然很大，且缺少企业竞争情报分析实践。Gartner 和 IDC 预测，大数据行业将在全球产生数百万个新职位，大数据服务市场的价值和提供大数据服务的公司数量也将随之急剧增长。因此，企业可以考虑与高校合作培养相关人才，加强竞争情报分析、大数据和智能信息处理教学，从源头填补人才缺口。同时建立全面的大数据网络架构，帮助各领域专家访问不同类型的数据并充分利用他们的专业知识，从而合作完成分析目标。③

① Fan J, Han F, Liu H. Challenges of big data analysis[J]. National Science Review, 2014, 1(2): 293-314.
② Chen M, Mao S, Liu Y. Big data: A survey[J]. Mobile Networks & Applications, 2014, 19(2): 171-209.
③ Marx V. Biology: The big challenges of big data[J]. Nature, 2013, 498(7453): 255-260.

(4) 竞争情报资源利用率低

在大数据的实际应用环境中，由于产业集中度、投资能力、流动资金、人才储备和竞争的限制，企业难以在短期内建立完善的大数据技术应用系统来全面搜集企业内外部数据资源。企业数据的产生速度一般会超越企业的数据利用能力和技术改进速度，为了保持或提高竞争能力，企业更可能投资自身的重点或优势领域来搜集相关数据，但企业通常会选择在某些特定维度提取子集而非面向综合数据。在企业独立运作情报信息应对大数据的挑战时，全社会积累的大数据资源没有充分发挥其应有的作用，从而不可避免地造成诸多数据资源的浪费与重复，甚至造成人员的浪费和成本的增加。因此，企业必须改变思维方式与模式，整合使用其他组织中的大数据资源，并根据较大的数据集进行针对性分析，以提高分析结果的准确性和价值。

(5) 竞争情报安全机制较弱

企业大数据包含来自 GPS 系统、位置服务系统、情境感知系统的大量隐私信息，能随时提供个人行踪甚至手势和情绪状态信息，企业竞争情报应关注如何防止信息被竞争对手或罪犯滥用。同时，由于工作人员人为因素的不确定性，企业竞争情报应关注大数据核心信息在保存时如何避免被损坏、丢失和被盗。另外，由于容量有限，目前大多数大数据服务提供商无法有效维护和分析庞大的数据集，因此必须依靠专业人员或工具进行分析，从而增加了潜在的安全风险，如业务数据集可能包括信用卡号等敏感信息。尽管云环境解决了企业的信息存储和计算问题，并能显著地降低成本，但企业的核心信息很可能在政府机构检查云服务提供商的销售信息中泄露。此外，微博、微信等移动社交媒体可以随时在全球传播这些核心信息，在短时间内对企业造成巨大影响。因此，企业竞争情报应关注如何合理、合法地保护企业的核心信息，并在将大数据的分析传递给第三方处理前采取适当的预防措施来保护核心数据，以确保其安全。

大数据已成为改变企业决策模型的重要资产。竞争情报工作者需要面对这些挑战，改变思维方式，并采用各种方式充分挖掘大数据的价值，为企业的可持续竞争优势提供智力支持。

①建立基于云计算的企业竞争情报系统，实现资源共享、快速交付和按需服务。主要包括充分利用大数据技术，建设数据量足以容纳 ZB 级数据、分析能力强、反应速度快、实现 IT 资源自动管理与配置的企业竞争情报系统。

②组建具有大数据分析能力的竞争情报团队，实现大数据转化为运营智能。竞争情报分析需要 IT 技术人员和行业专家的合作，以了解数据间的关联并建立合理的数据结构。①

---

① Liu G Y, Wang H L, Wu J H. Analysis of competitive intelligence development in the era of big data [J]. Document, Information & Knowledge, 2013(2): 105-110.

企业有必要采取灵活的策略来建立人力资源的大数据相关储备，如加强统计分析等技术培训、合理使用外包以降低成本、可持续培养信息处理人才等。

③建立基于组织目标的大数据技术系统，搜集、分析和理解内外部数据，实现大数据资源协作和共享。创建竞争情报协同分析模式与实现资源增值，完善资源和服务产业链。①

④加强情报安全建设，保护企业核心信息、核心业务和商业秘密。建立信息安全保障与应急系统、信息资源共享系统、机密信息保护系统和信息审计系统。②

7.2 大数据环境下企业竞争情报研究的特点

大数据环境下，企业竞争转为持续的动态竞争，面对企业竞争优势、发展战略和管理思维的转变，企业竞争情报研究进入全新的发展阶段，成为传统企业竞争情报与外部新环境相融合的延伸。企业在与竞争对手高频率与高强度的交互中已意识到数据资源对企业发展的价值，并加速建设竞争情报系统和相关的情报分析部门，同时引进竞争情报分析技术与专业化人才，充分利用各类数据资源，为企业的短长期目标实现和长期发展规划制定与实施提供竞争情报服务。③ 企业竞争情报研究是对情报的搜集、整合、分析和运用，有助于提升企业核心竞争力。④ 明晰大数据环境下企业竞争情报研究的特点，有助于企业有效制定战略决策并实现价值增值。本节主要从大数据环境下企业竞争情报研究的总体特点、大数据环境下中小企业竞争情报研究的特点等方面进行阐述。

7.2.1 大数据环境下企业竞争情报研究的总体特点

(1)企业竞争情报研究对象不明确

随着大数据时代的深化发展，全球各行业领域的市场准入门槛变低，多渠道多来源的

---

① Gu T. Research on collaboration analysis of competitive intelligence based on big data[J]. Information Science, 2013(12): 114-118.

② Zhang W K, Liu M R, Li Z Z. Research on competitive intelligence security problems and strategies in cloud computing era[J]. Journal of Intelligence, 2011(7): 8-12.

③ 杜攀旭. 大数据背景下的企业竞争情报工作：机遇、挑战与提升策略[J]. 图书情报导刊, 2018, 3(9): 58-62.

④ 彭靖里, 杨斯迈, 马敏象, 尚朝秋. 论企业竞争情报研究的发展现状及其特点比较[J]. 情报杂志, 2001(10): 3-4, 7.

数据获取削弱了竞争壁垒，更多的企业能够比过去更方便地直接或间接参与市场竞争，所有行业领域内的企业总数正在持续大幅度增加，从而直接导致高度激烈甚至惨烈的企业竞争，使得企业倒闭的数量也在与日俱增。据国家统计局的数据显示，我国在 2010—2017年，企业单位数整体上逐年递增，① 尤其是 2017 年，私营企业的增量甚至超过了企业单位数的增量(见表 7-1)，② 但我国每年倒闭的民营企业也有约 100 万家，其平均寿命一般低于 3 年，仅 2016 年我国各级法院受理的企业破产案就超过了 5500 起。类似情况在全球范围内都有体现，2017 年世界银行发布的《中小微企业破产处理》报告称，中小微企业在很大程度上极难抵御风险冲击，原因之一便是其竞争情报来源有限。③ 此外，企业背景、实力和资本已非维持当代企业核心竞争力的唯一标准，尤其在非传统的行业领域，市场日益倾向个性化创意和服务，以此满足市场和客户多元化与差异化的需求。因此，各企业为在本行业领域内获得大众认可与支持，必将针对竞争情报及其相关资源进行激烈争夺。

表 7-1　　　　　　　　　2010—2017 年我国企业法人单位数(单位：个)

年份	企业单位数	私人控股	国有控股	集体控股	港澳台商控股	外商控股	其他
2017	18097682	16204143	325800	249946	113103	111628	1093062
2016	14618448	12537206	310992	243393	103849	99987	1323021
2015	12593254	10677612	291263	253199	101730	99693	1169757
2014	10617154	9027688	263348	248221	98661	97793	881443
2013	8208273	7059996	220508	212585	83840	85896	545448
2012	8286654	6552049	278479	271295	101518	109103	974210
2011	7331200	5792102	261944	270139	95382	102989	808644
2010	6517670	5126438	249622	269565	89681	98412	683952

　　上述我国企业增长实际情况让企业特别是私营企业在确定竞争对手方面加大了难度，尤其是区分企业发展过程中的中长期竞争对手和其他潜在竞争对手比较困难，因此企业竞争情报研究的对外需求规划很难真正做到目标明确或需求明确。不管是选取较少数量的竞争对手进行情报的深度追踪，还是选择较全面地去分析相关的目标企业，多增长、多消亡的企业单位带来的多变的市场环境在很大程度上都有可能导致企业在人力、物力、财力等方面出现较为严重的损失浪费，从而大大降低先期所获取的竞争情报的价值，甚至可能使

① http://data.stats.gov.cn/easyquery.htm? cn=C01.
② http://www.stats.gov.cn/tjsj/ndsj/2018/indexch.htm[EB/OL].
③ http://www.nai.edu.cn/index.php? a=show&c=index&catid=36&id=2879&m=content.

企业在激烈多变的竞争中失去其曾经保有的市场地位。因此,在企业决策的制定、实施、反馈、调整等阶段的竞争情报研究过程中,企业要时刻关注竞争环境的变化并对竞争对手做出相应调整,在每个阶段都保持较明确的研究目标和高度的针对性,同时要做到不断提升自身的核心竞争力或竞争优势。

(2)企业竞争情报研究难度大

随着信息系统和信息技术的持续革新,网络化、信息化、电子化已成为经济社会繁荣发展的主流,如以社交媒体及其附属产品为代表的新兴数字传媒在功能和质量层面不断完善。大数据环境下的企业竞争将进入"无秘"状态,竞争对手的情报可能轻而易举便获得,企业自身的诸多信息(甚至是核心情报)被对方深度挖掘和分析的可能性也大大增加,传统市场的竞争情报行为和信息的隐秘性将在开放化的网络世界中一览无余,尤其是那些借助第三方竞争情报服务和大数据服务的企业,这给企业的反竞争情报工作带来了前所未有的挑战。但也正因为如此,竞争对手情报意识不断增强,因而会利用更加先进和完善的竞争情报技术、系统和部门专家体系做好情报防护工作和保密措施,这就造成尽管情报的可获得性提高了,但其获取的合法性却受到保密工作的挑战。同时,如何从获取的海量数据中筛选出有价值的信息也面临着重重困难。

此外,随着现代企业经营范围日趋宽广和竞争情报研究面的不断拓宽,企业竞争情报研究在研究周期、情报获取渠道、研究规范性和研究方向及目标层面的隐患也增加了难度。从理论上讲,企业竞争情报研究应放眼于长远周期,一要对历史成因展开分析与总结;二要对即时情况进行调研与考察;三要对未来趋势开展预测与论证。但现实中,由于受到各方面的限制,企业对竞争情报的搜集与利用主要以提高当前产品的市场占有率为目标方向,而忽视了对竞争对手和瞬息万变的竞争环境的全面研究,从而导致研究往往倾向于短期化,[①] 使得竞争情报工作对企业发展的推动作用无法发挥到最大。

(3)企业竞争情报研究更注重时效性与动态性

大数据环境下,技术与系统持续更新换代,企业经营管理理念与模式也在不断适应调整,竞争情报研究的目标、内容、模式等随之发生改变。与此同时,企业所处的竞争环境和关注的各类竞争对手也时刻处于变化之中,因此必须及时发现和抓住该过程中的动态信息,并即时做出与之相匹配的判断,才能确保竞争情报的时效性,以及这些信息为企业决策与发展带来的价值。[②] 企业内外部竞争环境的动态性决定了研究必须重视竞争情报的时

---

① 何美琴. 企业战略竞争情报特点转变及发展趋势[J]. 图书馆学研究,2010(21):56-58.
② 郭伟. 互联网环境下企业竞争情报系统研究[D]. 镇江:江苏科技大学,2011.

效性，一旦未能及时处理利用所获取的情报，情报便会失去其应有的价值，从而造成资源浪费、错失企业获取预期经济效益的机会，甚至使得企业处于被动或不利的境地。鉴于此，大数据环境下，企业参与竞争的关键在于对竞争环境变化和竞争对手反应的预测以及适时抓住企业竞争机会的能力。同时，还应重视由于动态性带来的各类相关的预警信号，尽量做到快速找出原因、采取相对应的避险措施，在实践中培养企业对竞争对手策略变更及竞争环境变化的随机应变能力，不断搜寻更契合企业长远发展的机遇。

（4）企业竞争情报研究不断寻求新方法

大数据环境下，复杂多变的竞争环境和日益增多的竞争对手，使过去经常使用的传统研究方法已不能继续满足企业现有竞争情报研究的要求。纯粹依靠人力进行简单情报搜集、甄别、捕获、整理、分析和使用的企业竞争情报研究时代已经一去不复返，现代企业应进一步重视其内部竞争情报相关研究人员和管理人员的技能和素养培育，以及对已有的竞争情报技术与系统进行有针对性的升级改造，并与时俱进引入数据库、云计算等最新科技与工具，综合采用定量与定性结合、计算机模拟与仿真等现代化、专业化的竞争情报研究方法，以此保证相关研究的科学性和可行性，构建符合企业发展需求与目标的专业化竞争情报研究团队及相应体系。

（5）企业竞争情报研究在用户层面更加主动

大数据环境下，企业竞争的不确定性使竞争情报由被动服务转化为创新价值驱动的系统性主动服务战略，进而成为企业核心竞争力和竞争优势的重要组成部分。大数据时代赋予的高度激烈的企业竞争环境使得一部分实力较弱的企业不得不在其他方向寻找适合自身发展的竞争突破口以求得更长远的生存和发展，这个突破口便是面向用户的主动服务。以细致的市场调研和创意生成为基础，提供符合市场需求的个性化定制服务和多元优质服务是如今企业竞争中不断争夺的又一战略高地。许多企业通过全面、细致、主动的竞争情报研究，获取专业化、精准化、个性化、智能化的定制服务，以期弥补在各类企业竞争中其他方面的短板与不足。

（6）企业竞争情报研究趋向数据化与网络化

大数据时代，企业更注重其自身核心竞争力和竞争优势的提升，并主动加大人才、资金和技术支持，为其日常的数据化管理运营提供最坚实的保障。网络化、数字化的纵深发展使企业在市场竞争过程中的各种记录都能以数据的形式进行保存、管理和运营，这种记录不易丢失、安全性高，真正适应了网络化、高效化办公的要求，同时方便日后的检索和查找，有助于二次利用或多次重复利用，是企业竞争情报数据的重要来源之一。此外，借助互联网和云计算等基于大数据的数据分析与数据挖掘的企业竞争情报管理运营模式(如研发、生产、销售和售后等),能够真正实现精简机构及其人员,将人力、财力、物力的运用效率达到最优,实现数据化管理运营的常态化与制度化,这是目前企业竞争环节能够达到的最高境界,是企业进行生产经营管理日常决策和中长期规划的优势保障,也是企业真正融入大数据时代的必由之路。

(7)企业竞争情报研究呈现数据整合趋势

由于大数据自身具有多样性、数据结构的不确定性等特征,竞争情报研究所需的信息资源可能隐藏在部分数据或复杂多变的大数据环境中。因此,从海量的数据中检索、挖掘、捕获并利用有价值的隐性竞争情报资源,有必要进行客观的数据整合与信息获取。大数据环境下的企业竞争情报数据整合要求企业相关的研究分析人员从多重信源中进行有针对性的筛选、融合、分析,以此确保信息资源的可获得性、有用性、价值性、匹配性、逻辑性、科学性和前瞻性。同时还必须依靠雄厚资金来吸引具备相关技术能力和素养的专业化实践人才,并研发或引进数据采集、存储、挖掘、分析等技术和配套设备。

7.2.2 大数据环境下中小企业竞争情报研究的特点

由表7-1可知,2017年我国企业单位总数中私营企业占比近90%,而中小企业又是私营企业的主力军,对其在大数据环境下的企业竞争情报研究中的特征进行单独分析具有重要的理论与实践意义。与大企业较为成熟的竞争情报研究相比,中小企业竞争情报研究主要呈现如下特点:情报需求行业特征明显,针对性较强;以客户需求为导向,兼顾自身竞争环境;非正式渠道来源占比大,共享率低;面向具体决策,追求情报利用便利性等。大数据环境下,作为构筑在数据分析和信息处理基础上的中小企业竞争情报研究,在其原有特征基础上,其发展必将面临着诸多空前的挑战。[①]

(1)中小企业竞争情报研究趋向需求"个性化"

不同于拥有各类雄厚资源作为支撑的大企业,中小企业面对自身有限的资金和人力资源,在开展竞争情报研究时一般只能通过较为单一的方式、手段和渠道进行。大数据环境下,这种相对被动消极的研究模式将促使中小企业更加注重符合自身发展目标的竞争情报规划,在进行竞争情报研究时明确自身需求,并同步于相对应的第三方大数据情报分析机

---

① 王洪亮,张琪,朱延涛.大数据环境下中小企业竞争情报系统模型构建[J].情报理论与实践,2015,38(7):109-114.

构。与之合作的第三方机构通过中小企业的具体实情、需求、目标和行业特征，为其提供与竞争情报相关的个性化、精准化定制服务，如系统构建、专项报告、风险评估、趋势预测等。与此同时，各类中小企业用户也能够对所获取的情报服务展开实时评价与反馈，并持续优化中小企业竞争情报研究的知识生态链。

（2）中小企业竞争情报研究趋向低成本化

中小企业如果想要获取与其发展规划相匹配的竞争情报研究成果，必然需要支付较高的研究成本，包括人力成本、研发成本、设备成本、运营与维护成本等。有限的竞争情报分析与研究能力会制约中小企业整体的战略规划，限制其对竞争对手和竞争环境的响应速度及应对措施，进而可能对中小企业的生产经营管理决策和未来发展方向产生不可忽视或具有决定性的影响。大数据环境下，互联网和云计算等科学技术为中小企业整合信息资源提供了极大的便利性，而且按需服务和按量收费的模式在为中小企业带来诸多方便的同时也极大地降低了中小企业的研究、运营与维护成本。而第三方机构的进入，使中小企业可以支付相对较少的费用来委托其进行相应的竞争情报研究，为复杂的竞争情报研究和企业预测及决策提供一定的支持与保障。

（3）中小企业竞争情报研究趋向透明化

大数据环境下，尤其是互联网、移动智能端（如智能手机）和移动应用平台（如社交媒体）等的普及，使得所有企业及其员工都可以作为信息的发布者、传播者和使用者。在开放共享的信息平台上，各类中小企业的供需关系与营销信息、中长期战略规划与决策信息、员工行为与企业制度、客户关系网络与库存供应链等信息都有很大可能被第三方情报机构轻易地检索、搜集、捕获、整理、分析和利用；另有一定数量的中小企业甚至将自身的竞争情报研究全权委托于第三方情报分析机构，直接向其完全开放竞争情报研究所需的内部权限，以期获取第三方机构的专业性研究支持。因此，在大数据环境下，中小企业竞争情报研究势必会因为技术发展、自身限制等因素而日益趋向透明化。

（4）中小企业竞争情报研究问题凸显

中小企业因为受到诸多资源因素（如资金保障、政策支持、人才配备、社会文化、市场竞争力、企业价值增值能力、企业创新创造能力）的限制，其自身存续与中长期发展会遭遇到各类企业竞争的威胁，打破这种威胁的重要方式就是对变化中的竞争环境和竞争对手时刻保持快速反应和正确解读，这也正是中小企业进行竞争情报研究的现实需求。大数据时代，中小企业一定程度上更多的是依靠第三方情报机构，双方对所获取的情报存在时间差，这就可能使中小企业失去对所处环境的灵敏感知，从而错失最佳商业时机。另外还有一定数量的中小企业进行竞争情报研究的途径仍然是依赖于现有的人际关系、定期的行业领域展会、传统的大众媒体广告等老旧的竞争情报研究手段与方法，致使在中小企业的竞争情报研究过程中，竞争情报搜集方式单一，各类竞争情报信源和竞争行为较为孤立，片面的竞争情报研究极易陷入误区，或产生一定的被动与滞后性。此外，中小企业竞争情报研究的透明化也可能会使企业面临前所未有的安全问题，尤其是将竞争情报研究委托或外包给第三方机构的过程中产生的信息传输与存储等技术安全问题。因此，在大数据环境下，企业竞争情报研究领域现有的研究对象与方法、分析工具与模式等中小企业竞争情报体系已然发生巨变，中小企业管理者与决策者、竞争情报研究人员、第三方情报机构等应自我创新以满足新环境下中小企业的现实发展需求。

7.3 大数据环境下企业竞争情报研究的关键领域

大数据时代，企业决策模式正在悄然发生改变，企业竞争情报研究在其保密性、预测性、对抗性等方面将面临更多的机遇和挑战，开拓其关键领域有助于企业应对大数据带来的困境，提升企业对其所处内外环境的分析、适应能力和对海量情报的存储、管理能力，并提供全面、精准的决策。企业竞争情报研究的两个关键是"以需求为导向"和"共享协同"。[①] 传统的企业竞争情报研究主要集中在企业竞争情报系统的构建，[②③] 企业竞争情报服务的完善，[④] 企业竞争情报与企业危机管理，[⑤] 企业竞争情报研究对企业经营管理的影响、[⑥] 对企业竞争力的提升[⑦]等方面。而随着互联网技术和设备的完善与普及，大数据环境下的企业竞争情报研究主要集中在企业竞争情报需求、企业竞争情报系统、企业竞争情报服务、企业竞争情报价值、企业竞争情报人才及能力培育体系、企业危机管理等关键领域。此外，众包成为企业发展进程中最具潜力的问题解决机制之一，使得企业竞争情报研究走上"用人而不养人"的生产组织方式。本节主要从企业竞争情报价值、企业竞

---

① 赵柯然. 大数据环境下的中国竞争情报发展探析[J]. 图书情报研究，2016(2)：27-31.

② Ding N. Research and construction of the enterprise competitive intelligence system [J]. Applied Mechanics and Materials，2014(519)：1589-1594.

③]郑悦雪. 大数据环境下中小企业竞争情报系统研究[D]. 昆明：云南大学，2016.

④ 杨冉. 基于云服务平台的竞争情报服务联盟构建及运行机制研究[D]. 长春：吉林大学，2017.

⑤ 李亚京. 大数据环境下竞争情报在企业危机管理中的应用[J]. 内蒙古科技与经济，2017(21)：16-18.

⑥ 曹如中，史健勇，郭华. 不确定性环境下竞争情报服务战略决策的作用机理研究[J]. 情报理论与实践，2018，41(1)：28-32，4.

⑦ 张慧泽. 竞争情报——提升企业竞争力的法宝[J]. 现代情报，2004，24(12)：171-172.

争情报的基础框架设计、企业竞争情报的外围保障机制、企业竞争情报的应用等方面进行介绍。

7.3.1　企业竞争情报价值

随着经济全球化的大环境、互联网技术及平台的普及和数据分析应用方式的发展，各企业在竞争情报获取与分析上正面临前所未有的机遇和挑战，同时也更重视竞争情报价值的维持。大数据作为当前互联网快速发展的时代性产物，它与现代企业的关系类似于公共基础设施与城市的关系，其潜在价值已在多个产业中得以运用并得到肯定，是企业提升市场竞争力的源动力。

企业竞争情报价值时刻影响着现有社会经济环境的价值体系，以及相关人员的认知方式。企业竞争情报价值的核心不在于只让部分人获利，而是要让大数据环境下的竞争情报能够以低成本、高收益、实时利用的方式促进社会经济的稳步发展。大数据和竞争情报的融合是互联网时代的大势所趋，也是推动企业竞争情报发展的必经之路。融入大数据之后，企事业单位和政府能够统一实时准确的竞争情报，商业竞争中客户需求的精准度和信息资源的保障水平得到提升。通过大数据挖掘的竞争情报更具价值，研究人员用数据支撑事实的情报分析模式直接展示了大数据环境下企业竞争情报价值的独特性，保证了企业能够拥有中长期竞争优势。基于此，全球的大企业乃至相关政府机构均根据自身实情来建立满足商业发展与竞争活力的竞争情报部门，并将其纳入企业的中长期战略规划与管理中。如 2015 年挂牌的贵州大数据交易所激活了我国亿万数据资产价值，并拓展至三十多个行业领域，有助于企业竞争情报价值的进一步延伸。

过去竞争情报及其价值研究主要聚焦在军事领域和研究院所，体现出研究领域单一、趋向小众情报、较少对外开放等特点，从而导致价值利用并不充分。而大数据环境下，竞争情报面向更广的群体和更多的领域，正融入各行各业的发展中，成为众多领域尤其是企业必须面对和处理的日常事宜，竞争情报价值的先决性和独特性正不断凸显。因此，企业竞争情报价值研究需要将思维、技术、系统、数据、管理等维度整合，并考虑现实机遇和竞争环境。如专门为消费者进行估价服务的平台，其资源便是各类电子商务平台上的数据，这种依靠技术革新获利方式的背后是相关企业在大数据竞争环境中对数据信息的完美利用，更是对企业及其研究人员管理思维的精准把握。企业管理决策者和竞争情报研究人员应以超前的大数据思维，使数据和技术为其所用，把大数据转变为有利于自身和社会经济发展的有用信息，充分发挥企业竞争情报价值，并降低与企业生存发展息息相关的竞争成本。

7.3.2　企业竞争情报的基础框架设计

(1)企业竞争情报需求

大数据环境下,全球政策信息与市场竞争情报瞬息万变,面对日益复杂多变的竞争环境和竞争对手,如何根据特定的企业竞争情报需求,高效获取符合自身发展的相关竞争情报,并快速调整企业战略以取得最优收益,已成为各大企业商业发展的重要推动力,企业竞争情报需求逐渐被各界所重视。[①] 目前对企业竞争情报需求的研究主要是:通过具体案例和行业特征分析竞争情报需求的特点、内容和影响因素,[②] 针对企业发展规划分析竞争情报需求的体系结构和应对策略,[③] 以及中小企业的竞争情报需求[④]等。如崔小委等研究了开放式技术创新环境下的竞争情报需求;[⑤] 逄锦荣等开展了大数据环境下中小企业竞争情报需求分析,以及构建了相对应的实施策略体系;[⑥] 刘书孟等分析了计算机电信集成技术对于竞争情报的需求,并列出了支持企业竞争情报工作的有效举措;[⑦] 宋新平等通过对中小企业竞争情报需求进行的实证研究,总结了几个相关的基础理论问题。[⑧]

大数据环境下的企业竞争情报需求是指在复杂多变的竞争环境中,各企业针对自身短期或中长期发展问题,在其生产经营管理过程中,通过正当手段并借助云平台等工具组织必要的人力和物力来搜集、处理和分析情报的需求,体现在企业竞争情报研究及其管理体系等层面,依赖竞争情报研究人员的技术、素养和相关制度的保障,并逐渐凸显出长期性、复杂性、时效性、不确定性、信息不对称等特点。大数据环境相比传统环境,伴随着更多的风险和激烈的竞争,企业竞争情报分析人员需随时检验所需情报的质量,并依据实

① 逄锦荣,张雨. 大数据环境下中小企业竞争情报需求分析与实施策略研究[J]. 山东科技大学学报(社会科学版),2018,20(4):80-87.

② 刘璐,尚朝秋. 浅析我国白酒行业的竞争情报需求[J]. 图书情报工作,2014(2):193-195.

③ 崔小委,吴新年. 面向开放式技术创新环境的产业技术竞争情报需求分析[J]. 图书情报工作,2015,59(9):88-96.

④ 王洪亮,张琪,朱延涛. 大数据环境下中小企业竞争情报系统模型构建[J]. 情报理论与实践,2015,38(7):109-114.

⑤ 崔小委,吴新年. 面向开放式技术创新环境的产业技术竞争情报需求分析[J]. 图书情报工作,2015,59(9):88-96.

⑥ 逄锦荣,张雨. 大数据环境下中小企业竞争情报需求分析与实施策略研究[J]. 山东科技大学学报(社会科学版),2018,20(4):80-87.

⑦ 刘书孟,郑彦宁. 企业科技规划工作对技术竞争情报需求分析[J]. 情报科学,2017(6):69-72.

⑧ 宋新平,甘德昌,熊强. 中小企业竞争情报的需求及应用行为探析[J]. 情报理论与实践,2012,35(3):62-65.

际情况统筹兼顾，规避潜在风险。同时不管面临何种特殊情况，都只能在法律的规定范围之内进行相关竞争情报研究。

图 7-3 展示了大数据环境下企业的竞争情报需求。为高效、精准、快速地满足企业竞争情报需求，同时面对企业竞争情报面临的长期性、复杂性、时效性、不确定性和信息不对称等问题，企业应构建符合现实发展的竞争情报需求体系，了解企业自身的发展规划和所处的竞争环境及竞争对手，真正做到知己知彼。首先，强化掌控自身运营实情的能力，如通过 SWOT 分析等熟悉自身发展战略的优劣势，对各部门情况、决策管理者、员工、核心竞争力、产品或服务细节、自身不足等企业内部的方方面面做到透彻了解。其次，充分评估外部情报，如竞争对手的中长期规划，竞争对手内部的情报信息，竞争对手所拥有产品、技术和服务的特点，及时掌握国内外相关行业的竞争情报需求，追踪行业及国内外动态，顺应国家政策的大趋势和经济发展竞争的大环境。

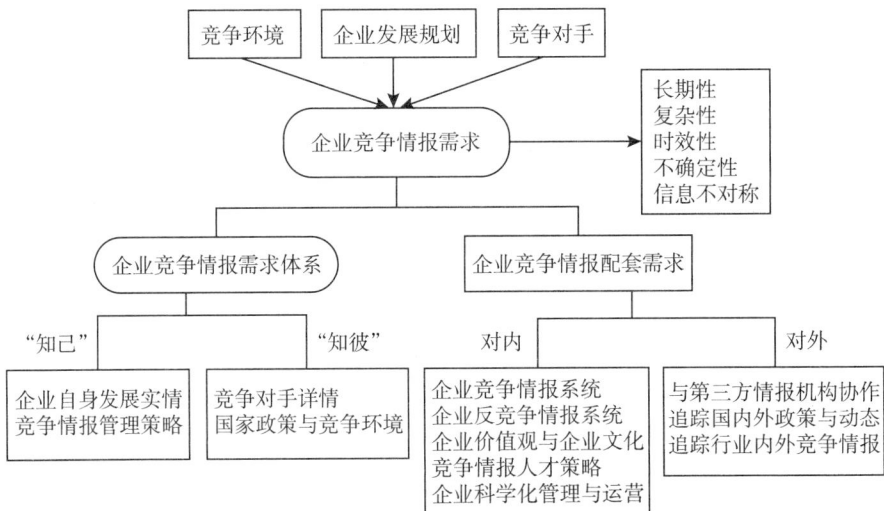

图 7-3　大数据环境下企业竞争情报需求

为更好地落实竞争情报工作，企业在构建竞争情报需求体系的同时，还需加强相应的配套需求建设。对内，进行部门整合，细化职能分工，完善企业经营管理条例，做到科学化运营；优化人才队伍，重视竞争情报分析人员的长期培养与激励，以及加强管理决策层对竞争情报研究及人才的关注，保障高水平竞争情报人才的自我提升及其与企业的共同成长；营造企业自身的价值观和建设有特色的企业文化，在大数据环境中为企业树立品牌、赢得商誉、凝聚员工的忠诚度、达到员工的满意度；借助大数据云平台构建企业自身的竞争情报系统和服务体系，不断适应竞争环境，预测潜在危机，实现科学决策；配合竞争情报系统建立反竞争情报系统，在法律允许的范围内保障自身运营的安全，并对竞争对手的竞争情报研究进行诱导。对外，可找寻有资质的第三方情报机构进行竞争情报协作研究，借助第三方机构的资源与人才弥补企业自身在经验和能力上的局限等大数据环境中的不足。

（2）企业竞争情报系统

企业竞争情报系统（Competitive Intelligence System，CIS）是企业根据现实发展需求，以竞争情报为对象为企业提供决策支持、危机预警等服务的系统。高效、稳定的竞争情报系统，是企业对内外资源直接应用的战略系统，有助于企业正确应对竞争对手和竞争环境，采取符合实情的竞争战略，确保企业竞争情报研究有序开展。大数据环境为企业竞争情报系统带来了发展机遇，也带来了挑战：云计算结合数据挖掘、处理和分析技术进一步支持竞争情报系统运行；[1] 基于大数据的情报系统将提高情报分析的精度，[2] 并提供更多优于传统系统的支撑功能，[3] 如基于 KNN 算法用于定制用户个性化服务的企业竞争情报系统，[4] 基于大数据的企业交互式竞争情报系统及其运行保障机制[5]等；而在系统分析、建模和实践等方面，大数据时代则提出了更高、更新的要求。基于大数据环境，黄晓斌等认为企业竞争情报系统通过核心层、支撑层和表现层的结合来实现功能；[6] Ding 通过构建企业竞争情报系统论述了其相关的概念、功能和对应的建设过程；[7] 李建等构建的竞争情报系统有助于实现竞争情报各个应用阶段的高效整合；[8] 马林山等建立的交互式竞争情报系统有助于实现对竞争情报运行保障机制的理解；[9] 王洪亮等构建的中小企业竞争情报系统

[1]　刘高勇，汪会玲，吴金红．大数据时代的竞争情报发展动向探析[J].图书情报知识，2013(2)：105-111.

[2]　马栋之，张丽丽．大数据时代的企业竞争情报系统研究[J].中小企业管理与科技(中旬刊)，2015(3)：275-276.

[3]　黄晓斌，钟辉新．基于大数据的企业竞争情报系统模型构建[J].情报杂志，2013(3)：37-43.

[4]　王勇，许钟涛，王瑛．大数据环境下竞争情报系统的研究与实现[J].广东工业大学学报，2014(3)：27-31.

[5]　马林山，赵庆峰．大数据时代企业竞争情报运行保障机制建设研究[J].现代情报，2015，35(7)：148-152.

[6]　黄晓斌，钟辉新．基于大数据的企业竞争情报系统模型构建[J].情报杂志，2013(3)：37-43.

[7]　Ding N．Research and construction of the enterprise competitive intelligence system [J]．Applied Mechanics and Materials，2014(519)：1589-1594.

[8]　李健，史浩．大数据背景下再制造闭环供应链竞争情报系统研究[J].图书情报工作，2014，58(2)：96-101.

[9]　马林山，赵庆峰．大数据时代企业竞争情报运行保障机制建设研究[J].现代情报，2015，35(7)：148-152.

模型有助于相关企业的需求分析;① 刘高勇等认为"未来发展中,云计算是竞争情报系统的基础"。② 企业竞争情报系统应顺应时代潮流并与其同步,结合最新的数据挖掘、处理和分析技术,帮助企业开展行业评估、战略制定、优势强化、动态追踪、趋势预测、决策支持等活动。

图 7-4 展示了大数据环境下企业竞争情报系统的设想。企业在对自身情报需求进行分析后,竞争情报分析人员和专家合理选取或综合选取对应的信息源,依托企业竞争情报安全保障体系和情报人才的职业能力与操守,通过大数据云平台运行企业竞争情报系统及反竞争情报系统,为企业管理决策层和客户服务。利用竞争情报系统可支持企业决策,筛选出优先级目标与策略,以及通过信息的搜集、分析、存储、转换来满足企业的需求,该系统产生了一个从数据到信息再到知识和情报的过程。但目前,对新创企业和中小企业竞争情报研究的关注较少,尤其在情报需求和运行机制等方面。因此应加强企业战略决策的制定,以此实现企业的阶段性和中长期收益与发展。此外,由于企业规模、管理模式、储备资金等因素的限制,以及信息化基础设施建设与维护成本较高、人才培养较慢、异构数据融合较难等,企业竞争情报系统的建设在实际应用中很难满足企业对实时精准情报的需求。因此,需要从多渠道、多方面入手,加强对技术、设备、人才的培育与研发力度。

(3) 云计算与企业竞争情报服务

大数据环境下,企业竞争情报需求的不断提高,使竞争情报研究更侧重于预测潜在信息,以及基于大数据的在线需求和主动、自助服务。④ 顾穗珊等建立了大数据环境下政府主导的中小企业竞争情报服务体系。⑤ 钟辉新等研究了基于大数据的企业竞争情报管控与决策机制,以此帮助现代企业适应大数据下的信息生态系统。⑥ 目前企业竞争情报研究实践主要基于 SaaS 模式、B2B 模式和复杂系统理论模式等,⑦ 而具备相应能力和素养的企业竞争情报人才是企业发展过程中必需的无形资产和战略资源。

---

① 王洪亮,张琪,朱延涛. 大数据环境下中小企业竞争情报系统模型构建[J]. 情报理论与实践,2015,38(7):109-114.

② 刘高勇,汪会玲,吴金红. 大数据时代的竞争情报发展动向探析[J]. 图书情报知识,2013(2):105-111.

③ 吴月梅. 大数据时代企业战略竞争情报研究方法探究[J]. 竞争情报,2018,14(1):40-48.

④ 张兴旺,麦范金,李晨晖. 基于大数据的企业竞争情报动态信息处理的内涵及共性技术体系研究[J]. 情报理论与实践,2014,37(3):121-128.

⑤ 顾穗珊,孙山山. 大数据时代智慧政府主导的中小企业竞争情报服务供给研究[J]. 图书情报工作,2014,58(5):64-68.

⑥ 钟辉新,张兴旺,黄晓斌. 面向大数据的企业竞争情报动态运行模式 MDD:监控、发现、决策的互动[J]. 情报理论与实践,2014,37(3):6-11,15.

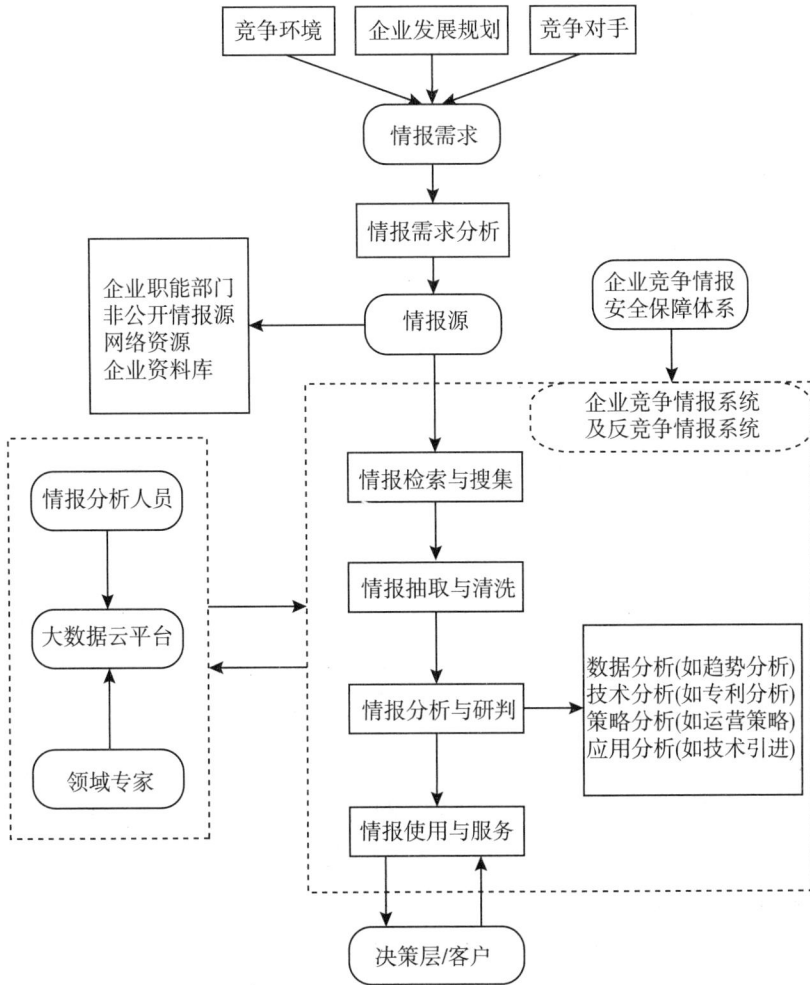

图 7-4 基于大数据云平台的企业竞争情报系统设想①

云计算可以持续、可靠、便利、廉价、高效地按需提供计算、存储等资源共享服务和解决方案，帮助企业实现竞争情报技术、系统、环境、流程和研究人员的协调，并智能地进行竞争情报研究，促进知识交流与共享，从而构建个性化、智能化和集成创新的竞争情报研究模式，为竞争情报研究的决策建立优势，以弥补传统竞争情报研究模式在大数据环境下难以完全满足企业现实需求的缺陷。基于云计算的企业竞争情报服务颠覆了传统的企业竞争情报研究，也为企业的业务转变、部门设置、人员调配做出了适应性调整，使竞争情报研究步入社会化、集约化和专业化的浪潮中。在组织管理上，云计算革新了企业竞争

---

① 郑荣，彭玉芳，李千，刘永涛. 中小企业竞争情报服务体系的运作模式研究[J]. 情报理论与实践，2013，36(7)：15-19.

情报服务的模式，有助于企业弥合竞争情报鸿沟，保障企业竞争情报协同与信息共享，强化企业竞争情报研究与分析能力，完善大数据环境下企业竞争情报研究的组织结构、激励机制与运行保障机制等。在技术创新上，云计算在便利性、集成共享、环保、自助服务等方面为企业竞争情报研究提出了创造性方案，如借助移动智能终端进行竞争情报研究，进行计算机仿真模拟，有机整合竞争情报、反竞争情报与知识管理，以及探索大数据环境下的竞争情报云安全体系等。在经济效益上，云计算大大缩减了企业竞争情报研究的成本，解决了传统竞争情报研究可能带来的问题，云计算的 IT 服务化和服务运营规模化理论上能够为企业实现低成本高效益，并配合推进国家创新发展与环保社会的建设。

此外，随着大数据云服务的发展，对于受到技术含量低、创新创造能力弱、资金短缺、资源配置差、信息搜集困难等限制的中小企业，有必要共建共享跨机构、跨系统、跨平台的竞争情报服务联盟，[①] 加强对政府、企业、第三方机构等主体及其之间的集成，整合竞争情报资源，探索官、产、学、研相结合的企业竞争情报协同机制。构建企业竞争情报服务体系能够满足规模以上企业的中长期战略规划，而竞争情报服务联盟则使中小企业能够选择符合自身发展的竞争情报云服务，推动了大数据环境下企业竞争情报研究的专业化和社会化进程。图 7-5 展示了基于大数据云计算的企业竞争情报服务体系及联盟。

但在企业构建、租售或使用竞争情报云服务平台的实践过程中，仍需要处理和解决诸多相关问题，如应不断完善数据挖掘、云操作系统和信息处理等技术，健全相关的安全机制、法律法规和行业标准，探索与云计算配套的商业模式、运营方案和产业升级，逐步开展基于云计算的企业竞争情报研究试点，进行充分的市场调研与客户需求分析，同时加深对外部经济和政治大环境的考察。此外，还需进一步加大对平台监管、企业信息安全等的重视和对竞争情报人才的职业素养和服务能力的培养。[②]

7.3.3　企业竞争情报的外围保障机制

(1)企业竞争情报人才及能力培育体系

目前，我国仍处于大数据时代的初期阶段，企业竞争情报研究要从理论进一步走向实践，还需依靠更多数据挖掘、整合、处理和分析技术等专业人员(如大数据算法师等)，并结合专业人员的专业特性和企业经营决策环境来获取竞争情报价值。企业一般通过两种途

---

① 杨冉. 基于云服务平台的竞争情报服务联盟构建及运行机制研究[D]. 长春：吉林大学，2017.
② 王晓慧，李迎迎，成志强. 大数据时代我国企业竞争情报研究综述[J]. 电子商务，2017(4)：21-23.

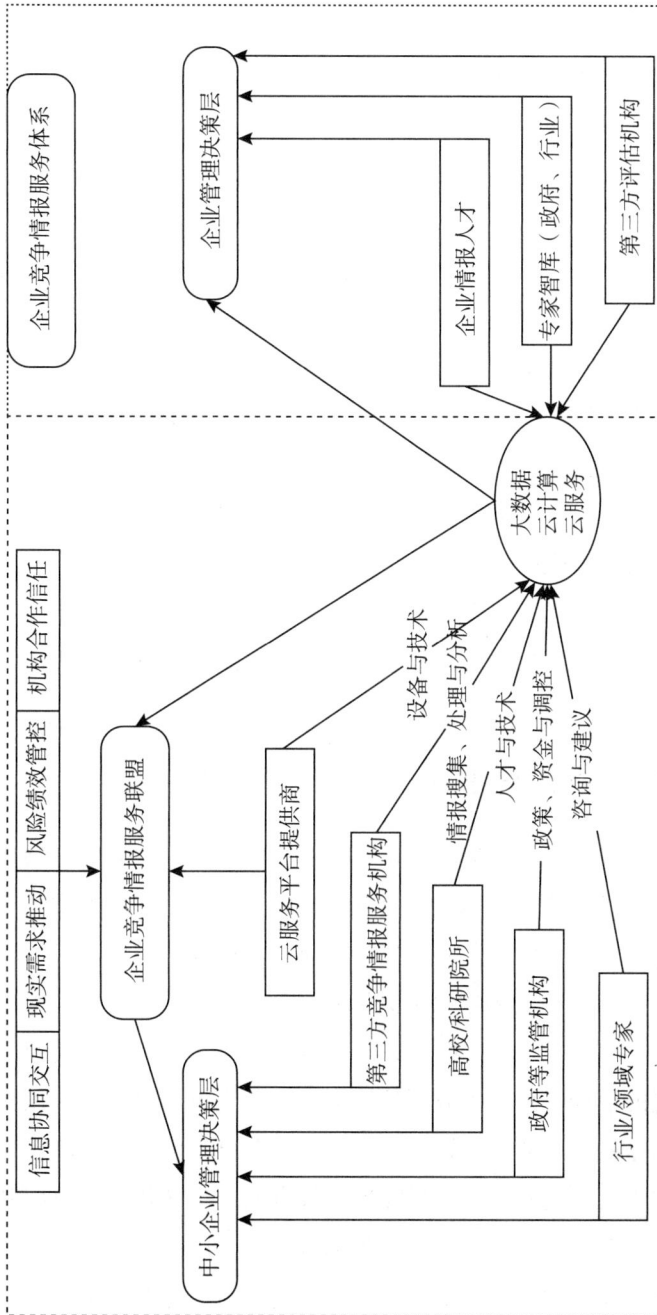

图7-5 基于大数据云计算的企业竞争情报服务体系及联盟

径吸收竞争情报人才：一方面，从高校或科研院所招录相关专业的学生或专家，进入企业直接构建相应的竞争情报体系，这类人才专业性和理论性较强，可以更客观地面对企业实情，但可能缺乏对企业及相关行业的熟悉度；另一方面，企业根据自身需求和自身人才梯队，按需培养内部人才，这类人才实践性强，一般对企业和行业情况了解全面，能够以最快速度处理企业困境，但可能会产生主观性、经验性等非专业性上的误判。认同企业文化和企业价值，具备良好的职业操守、知识架构、语言能力、信息素养、服务意识、计算机水平和隐私观、大局观等，是目前企业竞争情报人才及其培养上需要重视的素质。

大数据时代也是一个企业竞争愈加激烈的时代，如何在快速变化的竞争环境和海量、异构的数据中高效获取、有效整合竞争信息，以准确掌握对手动向和行业动态，并发挥相关人员的能动性，是大数据环境下企业必须要面对的现实。企业应构建竞争情报能力培育体系，激发企业的内外部竞争情报研究因素，并通过协作整合来保持企业在大数据环境下的竞争优势。同时，应将安全保障机制融入人才培养和能力培育体系中，协调信任与沟通、技术安全与反馈改进等机制，从规章制度、流程技术、团队文化等层面助力企业竞争情报能力培育体系的高效运作。对内分析企业竞争情报研究流程和保障能力，对外整合科研院所和第三方情报机构，大数据时代下企业竞争情报能力培育体系的重要性和必要性正在不断提升。

（2）企业竞争情报研究的众包模式

众包是现代企业发展中不可或缺的组织方式之一，是创新发展的产物，吸引并激励众多用户参与其中，进行信息共建共享，以及有效提供针对性的解决方案，有助于整合企业外部的专业人才与实践知识等优势资源，规避企业可能遇到的经营风险，降低企业发展进程中不必要的成本。[①] 企业将自身竞争情报研究委托给第三方情报机构的服务模式，即是基于众包（发包方——众包中介——接包方）的竞争情报研究机制，众包是大多数企业对所需资源进行最优配置的最佳选择。大数据环境下，企业竞争情报研究采用众包模式，一定程度上能通过集智的途径为企业建设智囊团以弥补企业自身资源的缺陷，为探索解决企业竞争情报研究的成本难题、创新局限和人才困境等方面问题开拓了新思路和新渠道，推动企业解决技术难题、提高企业效益、激发无限创意。

众包模式离不开企业、用户、技术和平台的共同参与，为充分了解用户的参与动机提供了机会，因此应采取相关措施激励更多用户参与众包活动（大众创造、大众智慧、大众

---

① 张安淇，宗利永. 大数据背景下企业竞争情报工作众包模式研究［J］. 情报理论与实践，2017，40（1）：12-17.

集资、大众投票等）。其中发包方即企业，主要应从众包采纳、众包管理和众包评估三个层面开展研究：在选取众包项目的过程中需对竞争情报任务的创新性、成本价值、适当性和众包采纳时的任务目标、类型等进行考虑，并审慎对待众包决策；一旦正式决定采用众包，最重要的便是进行众包管理，而企业竞争情报众包因其无边界性和开放性的特征，对完善众包管理提出了更高的要求。此外，企业应咨询专业人员选取合适的方法以充分评估、鉴别大数据环境下与竞争情报众包相关的方案。

当前企业竞争情报研究的众包模式主要依附第三方众包平台和企业自建平台。企业应合理选取符合自身发展实情的众包平台，并充分考虑企业效益以取得理想的解决方案，挖掘潜在价值。此外，为充分发挥众包模式的集智、减轻成本和激励创新等优势，在企业竞争情报研究进程中，在构建基于众包的企业竞争情报研究模式及平台的同时，还应分析该模式的运行机制。企业应根据竞争情报研究的内容和性质决定众包是全程贯穿竞争情报研究，还是仅集中在情报的搜集和分析阶段。同时，还可从企业竞争情报的决策、信任、激励、监管和评估机制等层面分别进行运行机制分析，其具体作用见表7-2。众包模式的运用能够使企业有效处理大数据带来的相关挑战，如大数据分析人才短缺、企业竞争情报分析成本高、企业竞争情报机制固化等。大数据时代，企业竞争情报工作的开展应充分利用最新的科技与知识，采用科学的方式方法搜集数据，把握众包的集群智慧与多源数据融合等优势，通过众包平台激励跨领域、跨地域的专家参与问题的解决过程，在适当的策略下高效完成竞争情报工作。

表 7-2　　　　　　　　基于众包的企业竞争情报研究运行机制及其作用

基于众包的企业竞争情报研究运行机制	作　　用
选择机制	有助于全员参与并建立规范标准
配置机制	完善任务的精细化分解与兴趣化包装
决策机制	主要负责众包平台和项目的选择
信任机制	降低企业风险，增加多方信任，促进知识共享与知识转移
激励机制	通过内部和外部激励方式鼓励网络大众参与动机分析
监管机制	保持企业竞争优势和知识产权，提升自身核心竞争力
评估机制	对完成的众包任务进行筛选、评估，以保证其质量
安全机制	建设反竞争情报能力，注重情报的可信性管理

7.4　大数据环境下的企业竞争情报服务

大数据时代，企业的竞争环境发生了深刻的变化，数据已然成为企业竞争的重要资源，企业的决策活动越来越依赖于对数据的分析与利用。大数据呈现出数量大、复杂性、稀疏性以及传播迅速等特征，[①] 这一方面为企业的竞争情报服务提供了获取、分析和利用竞争数据的便利，大力提升了企业竞争情报服务的效率；另一方面，也对企业自身的竞争情报服务能力提出了更高的要求。

7.4.1　大数据对企业竞争情报服务的影响

企业竞争情报服务主要是帮助企业获得行业竞争优势，通过一系列竞争情报活动实现对企业竞争对手、企业所处的竞争环境的动态监测，以及对企业未来的竞争战略决策提供有效的情报支撑。信息经济时代，企业所处的竞争环境复杂多变，有关竞争环境和竞争对手的情报更新快、数量多，传统的竞争情报手段在大数据环境下变得有些应接不暇，企业的竞争情报服务也应当随之做出相应改变，从而为企业在应对企业危机、做出企业战略决策的过程中提供更及时、更精准的情报支撑。

（1）大数据环境下企业竞争情报服务与危机管理

企业危机管理是企业检测、分析已有或潜在危机，以此控制并解决危机的过程。大数据环境下，企业危机管理与竞争情报的关系变得更加复杂。一方面，企业危机管理离不开竞争情报的有效支持，企业竞争情报可通过危机预警、持续监控等来助力危机管理中的科学决策，从而有效减少失误；另一方面，大数据带来的复杂多变的外部情报又使企业危机变得更加难以预测，企业难以精准捕捉所需数据并作出针对性分析。这种交错复杂的危机管理方式进一步要求企业在竞争情报服务方面变得更加高效。

危机管理可分为危机预警、危机处理和危机平复阶段，[②] 竞争情报在企业危机管理的三个阶段都起到了重要的情报支撑作用。[③] 大数据环境下，企业的竞争环境日趋复杂化和

---

①　吴金红，张飞，鞠秀芳. 大数据：企业竞争情报的机遇、挑战及对策研究[J]. 情报杂志，2013，32（1）：5-9.

②　焦瑜净. 浅谈竞争情报在企业危机管理中的应用[J]. 图书情报工作，2007，51（8）：54-57.

③　徐芳. 基于结构方程模型的竞争情报与危机管理关系的实证研究[J]. 竞争情报，2018，14（4）：17-25.

动态化，危机已成为企业面临的一种新常态，企业针对自身所遇危机展开的竞争情报服务也正面临着新挑战。

由于信息技术的快速发展、互联网和移动终端的普及，企业间的竞争也从线下向线上发展，企业在网络中更新动态、发布报告等信息，大量繁杂的商业信息涌入网络。而庞杂的数据和信息要求企业花费更多的时间和精力去发现和解析竞争信息，提高了有价值的竞争情报的获取和解析难度，稍有不慎，就可能会错失重要的竞争情报，未能预先察觉潜在的危机，或是错过最佳的危机防范时机，可能会给企业带来巨大损失。此外，依托移动互联网和终端设备，各类社交媒体、自媒体等迅猛发展，人人都可以参与到网络内容的生产和传播中来，数据的来源渠道增多、传播速度加快，企业的危机信息经新媒体传播扩散后，传播的范围变大且传播内容可能被加工处理，企业危机的演变方向变得更加莫测，甚至可能会产生新的危机，危机形势难以控制，这些都会使得企业在寻找信息源头、处理危机信息以及制定应对策略方面困难重重，从而加深危机对企业造成的损失程度。

大数据时代，企业危机表现出新的特征，如预测难、传播广、成因复杂和危害深等，[①] 企业竞争情报服务也应时而变，做出相应的业务调整。

①危机预警方面。危机预警是企业竞争情报的首要任务和主要功能之一，包括监测竞争对手、扫描竞争环境、发出危机预警等。移动互联网、大数据、云计算、人工智能等新技术蓬勃发展并加快融合，特别是移动互联网服务和应用的成熟化，个体生活全面走向数字化，给各个行业带来了巨大冲击，数字时代对各个领域的传统模式进行了重塑。企业和个人越来越习惯在网络上进行各种活动，这些商业或个体活动生产出了海量的数据，为企业获取到有价值的竞争情报提供了便捷的可能。因此，企业可以借助当前的大数据技术手段，实现对企业竞争对手、竞争环境、目标用户以及企业内部的动态信息实施在线监测，定期对挖掘到的海量数据进行清洗和解析，通过加工处理后，获取精准的、及时的竞争情报；同时，建立实时预警系统，一旦监测到敏感信息，立即发出预警，竞争情报人员对相关信息进行搜集与分析，快速获得即时竞争情报。由此，企业管理者能够更及时地获得更精准的竞争情报，从而实现预先判断危机警情，做到提前避免危机的出现，或者在危机出现前，制定好对应的措施，尽量减轻危机的波及范围和损失深度，甚至在理想的情况下，利用将要出现的危机，化危机为机遇。企业一般通过对以下三个方面的监控来预测并避免危机，或尽可能将损失降至最低：一是外部环境，包括政策变化、消费者需求、舆论态度、供应商与投资者的选择等；二是行业走向，包括竞争对手现状、市场动态、产品与技术的革新等；三是内部管理，包括人才梯队、生产经营方式、技术专利、资金结构、绩效

---

① 李亚京. 大数据环境下竞争情报在企业危机管理中的应用[J]. 内蒙古科技与经济, 2017(21)：16-18.

晋升等。①

②危机处理方面。由于复杂多变的情报往往具有不确定性和不对称性，企业危机往往难以避免。因此，一旦发生危机，企业应尽可能采取应急措施以及时控制其危害程度，并应对竞争对手有可能进行的恶意竞争和相伴产生的舆论危机，强化自身竞争力以减少损失。在企业遭遇危机过程中，竞争情报服务也是至关重要的支撑。一方面，考虑到危机成因复杂、危机信息来源渠道多，且可能在传播过程中被进一步加工，企业要立刻搜集危机信息，找到危机爆发的源头，从源头把控，进行合理应对；另一方面，随着移动互联网、大数据、云计算的加速融合以及各类移动应用的成熟，各类新媒体和用户很容易参与到网络内容的生产和传播中来，信息传播和更新速度的提升导致危机进程加快，趋势则更加难以预测，企业要时刻监控来自新媒体和用户的舆论导向，及时做出回应，引导舆论，以防危机失控，影响扩大，同时也可避免二次危机的产生。此外，随时监测竞争对手的举动，预测竞争对手下一步可能会展开的战略措施，以便企业及时制定出应对策略，警惕竞争对手的乘虚而入，避免更大的企业损失，实现危机的平稳解决。

③危机平复方面。危机过后，企业需要对此次危机进行总结，通过对内外部环境进行深入监测与分析，以及对现有竞争情报工作的查漏补缺，进一步优化研究方案、调整竞争情报策略。这将涉及大量与此次危机有关的重要信息，如危机的成因、危机的演变过程、竞争对手的反应、政策的变化情况、市场的变动，以及消费者、供应商、投资者等在危机中的态度变化等。因此，竞争情报人员一方面应做好各类数据的加工与处理、情报的存储与归档，做到随需随有，帮助企业高层管理者更全面深入地了解危机全貌，避免下次同类危机的发生；另一方面应利用企业的云平台，整合企业各部门危机处理过程中的各类信息，对企业内部在此次危机中的表现情况进行评价，发现自身存在的短板和漏洞并予以改进，从而提高企业的危机应对能力和市场竞争力。另外，竞争情报人员还应该持续监测新媒体和用户对企业的态度变化，从而采取有效措施促进企业形象和企业行业地位的恢复。

（2）大数据环境下企业竞争情报服务与战略管理

当今社会，全球的信息化、网络化和数字化程度正在快速提升，"互联网+"模式在各行各业兴起，数字经济成为衡量各国经济发展的重要因素。据统计，2018年中国的数字经济体量为29.91万亿元，占国内生产总值的比重为33.22%，较上年增长了1%。② 数字经济的繁荣促使企业之间的竞争主战场逐渐转至数字网络中来，数据资源已经成为企业之间

---

①　李亚京. 大数据环境下竞争情报在企业危机管理中的应用[J]. 内蒙古科技与经济, 2017(21)：16-18.

②　https：//tisi. org/Public/Uploads/file/20190521/20190521094350_27493. pdf.

你争我夺的关键资源。谁掌握更多的数据资源，谁就在市场竞争中占据优势地位。在这种背景下，受数据驱动、依靠数据科学决策的新企业战略管理模式已成为企业发展的大趋势，① 企业从追逐利润最大化，转变为寻求大数据等技术勃兴带来的新机遇，从而促进企业的持续发展能力。②

当前，企业所处竞争环境瞬息万变，竞争态势更加激烈。企业为了自身的持续发展和保持竞争优势，更加需要实时掌握竞争对手的进展、竞争格局变化、核心技术前沿趋势以及竞争市场的动向。企业对这些竞争情报的实时掌握，体现为利用大数据技术对来自外部和企业内部、线上和线下的结构化或非结构化数据资源进行挖掘、清洗、提炼和分析，进而全面了解竞争对手的优势和弱点、未来的战略走向，时刻关注用户的需求变化情况，并深入剖析当前企业所处的竞争环境，为企业的战略决策提供可靠的情报支撑，在激烈的市场竞争中占据先机，从而赢得竞争。在大数据背景下，企业竞争情报为企业战略管理提供的情报服务主要集中在以下几个方面：

①精准营销。大数据、移动互联网和云计算相互融合，人们的生活与网络密不可分，线上和线下交织，人们与外界的交互变成了有迹可循的数据，如购买记录、搜索记录、交互记录等数据。调查发现，互联网上每 60 秒，社交媒体 Facebook 用户更新近 70 万条状态，发布近 8 万篇文章以及近 51 万条评论；用户利用搜索引擎 Google 搜索内容近 70 万次。③ 90 后、00 后逐渐成为消费主力，他们更加注重产品是否能够满足个性化需求，以及企业是否能够提供良好的购买体验。企业如何从庞杂的海量数据中挖掘出用户的个性化需求，给予用户沉浸式体验，对企业来说至关重要。例如，企业可以建立用户数据仓储系统，定期跟踪用户在线上的购买行为轨迹数据(购买数量、购买颜色、种类、退货率等)、口碑行为(购物网站评论、打分、社交媒体评论等)以及线下销售信息(监控视频、销售记录、用户反馈信息等)，对"线上+线下"数据进行整合分析，如利用数据分析对用户进行细分，包括地区、年龄段、性别、季节等，还可以分析出广告投放和促销手段对用户购买行为的影响，全面了解用户的需求变化，预测用户的购买趋势，从而制定精准的销售策略，做到差异化营销，实现精确营销的目的。

②竞争环境实时监控。大数据体量大、更新快、价值稀疏的特征，加剧了企业竞争的激烈化和动态化程度，需要企业实时监控竞争环境的动态和竞争对手的举动。同时，大数据又具有真实性，企业虽然都会对自身的机密信息进行严格保密，但大部分信息资料还是公开的状态，可能比较零散，但也会故意施放一些迷惑性的信息干扰对手，这就需要企业

① 张金磊. 浅析大数据技术在企业战略管理中的应用[J]. 电脑知识与技术, 2016, 12(20)：17-20.
② 张垚, 刘晓静. 基于大数据背景下的企业价值管理——以海康威视为例[J]. 现代商业, 2018(25)：97-98.
③ 吴月梅. 大数据时代企业战略竞争情报研究方法探究[J]. 竞争情报, 2018, 14(1)：40-48.

竞争情报人员利用大数据技术和自身的专业知识对这些数据进行搜集、清洗、整合，并从中得到有价值的情报。大数据时代，竞争情报的一项重要工作就是从来自不同渠道的各种零散信息中清洗无关数据，排除虚假信息，整合有价值的数据，利用不同来源的信息进行相互验证，从中捕捉微弱的市场信号，加速实现从数据到情报的过程，帮助企业管理层及时了解当前竞争环境和竞争对手的动向，从而做出准确的竞争形势预判，制定出超前的战略决策，在市场竞争中占据先机。

③企业内部信息实时掌握。相较于企业内部各部门各自为政、数据互不流通的传统模式，以网络技术为基础的大数据时代，企业通过构建协同工作系统，借助当前的云计算、云存储技术，一方面激励企业员工充当人工信息采集器，对企业内部的各类数据进行补充和更新，促进企业内部数据的时效性、准确性和完整性；另一方面，鼓励部门之间、员工之间对数据信息进行实时共享，节省以往不同部门往来业务需要的繁琐流程和耗费的大量时间，从而提高企业运转效率。企业内部各种数据的补充完善和实时共享，实现了数据在各部门间的流通，让以往的呆板数据变得“活”起来。例如，企业营销部门将消费者需求的调研分析数据和消费者购买数据实时共享给生产研发部门后，生产研发部门可以根据消费者的现有购买情况和未来需求，制定研发的方向和生产的重点，减少不必要的研发投入，从而起到节省成本和提高企业市场竞争力的双重作用。在大数据时代，“快人一步”往往能助企业获取更多的市场占有率，“落后一步”则可能会影响企业的生死存亡，因此，企业要想在激烈的竞争中赢得胜利，就必须“争分夺秒”，做到“快人一步”。实时掌握企业内部信息，能够帮助企业管理者在制定企业战略决策时，迅速了解企业自身情况，从而能够做出符合当前企业情况的最优决策，提升管理决策效率并赢得先机。

(3) 大数据环境下的企业反竞争情报

大数据环境下，企业能够便捷地获取到海量的竞争数据，从中发现企业的发展机遇。同时，企业也会在各种商业活动中不断留下自己的“网络脚印”，将自身的商业信息呈现在网络上，为竞争对手所用。此外，随着大数据技术的不断更新，企业自身核心数据信息的暴露风险也随之大大提升。如果不能很好地保护企业的这些核心数据信息安全，一旦发生泄露，企业就会受到沉重的打击。① 大数据时代，企业数据信息安全事件层出不穷，给企业带来了难以挽回的巨大损失。例如，2016 年美国发生的“网络大瘫痪”事件，美国网络服务供应商迪恩公司的服务器遭到了黑客攻击，导致美国公共服务、社交平台、民众网络服务器等都陷入瘫痪，互联网交通中断，多个著名网站受到影响，包括 Twitter、PayPal、

① 王晓慧，江传东，李迎迎. 大数据背景下企业反竞争情报策略研究[J]. 改革与开放，2017(17)：65-66，104.

Reddit 等。据报道，此次网络瘫痪造成了巨大的经济损失，超过 1/3 的公司在遭受攻击后每小时损失超过 2 万美元，部分公司甚至达到百万或千万美元。① 另外还有华住集团旗下酒店 5 亿条用户信息泄露、携程用户数据泄露、中信银行内部员工倒卖用户个人征信信息等信息安全案件。

大数据环境下，随着企业的触网程度加深，保障企业的数据信息安全应成为企业的工作重点之一。企业该如何做到保护好自身的核心数据信息，降低泄露风险呢？

第一，大数据时代，竞争对手对企业核心数据信息的攻击更加隐蔽、更具针对性，企业很难提前采取措施去抵御攻击。因此企业应增加投入，设置更高级的企业防火墙，并定期检查、维护和升级，建立专业可靠的反竞争情报预警系统，在企业遭遇真正攻击前提供实时预警，帮助企业迅速制定应对措施，从而有效避免关键信息的泄露。

第二，通过针对性地开展培训讲座，组织企业员工学习新的反竞争情报知识、方法和技术等，提高企业内部从管理层到普通员工的信息安全意识；专门制定相应的规章制度，保证该制度在各部门，特别是核心部门的严格执行；对核心数据做好保护和加密工作，从而避免由于人员流动造成的信息泄露。

第三，由于企业生产的数据数量庞杂，企业的精力和经济投入有限，所以有必要对企业内部数据的重要性进行评估，并针对重要性程度，制定不同的保护策略和投入程度。

第四，识别关键竞争对手，对关键竞争对手的竞争情报工作动向进行实时监测，做到提前预判、提前行动，必要时可以采取主动进攻、释放虚假消息等方式来降低企业核心情报被攻击的可能性。

7.4.2　大数据技术在企业竞争情报中的应用案例

由于企业竞争情报活动的本质与数据的搜集、处理和管理密切相关，因此，大数据技术一经兴起，便在企业竞争情报中得到了广泛的应用。

(1) 案例之一："看得见的地图，看不见的竞争"②③

如今，人们出行前习惯性地打开手机搜索一下出行路线，开车导航也越来越倾向于使用手机地图 APP，人们对手机地图 APP 的依赖程度加深，手机地图 APP 成为人们日常生活中的刚需工具。用户的极大需求造就了广阔的市场，促进了手机地图 APP 之间的激烈

---

① http：//world. people. com. cn/n1/2016/1023/c1002-28800113. html.

② http：//tech. ifeng. com/a/20170109/44528018_0. shtml.

③ https：//www. iimedia. cn/c460/64245. html.

竞争。

在手机地图 APP 的竞争中，处于第一梯队的是百度和高德两家，双寡头局面稳定。根据艾媒咨询的数据显示，二者加起来占据了超过八成的市场份额，2019 年第一季度百度和高德地图的月活用户数量超过 3 亿。

百度和高德两家的"地图之争"比较激烈。大数据时代，二者在技术革新、功能拓展、数据资源和用户需求方面的竞争如火如荼。

①产品的功能开发方面。2017 年 1 月，高德地图宣布正式建立起"活数据"生产能力，并且要以此为基础，研发未来地图——"活地图"；而百度地图则发布了 3D 地图，并宣布百度"下一代地图"将以人工智能为核心。2018 年 3 月，百度将地图事业部并入 AIG 百度技术平台体系，全面开启地图 AI 化战略，并先后推出语音助手、道路识别、AR 伴游等功能。2018 年 12 月，百度地图携 AI 技术，"入主"森林智慧旅游。2019 年 3 月，高德地图联合西湖风景区上线"西湖一键智慧游"，并表示 2019 年上线超过 100 家精品智慧景区，将西湖经验推广至全国。

②双方所依托的资源也成为竞争的关键。阿里入主高德后，对高德共享了口碑和菜鸟 APP 的数据，其中口碑 APP 拥有大量社区街道数据，而菜鸟物流的车辆会每天产生无数道路数据，这些都是可以实时挖掘的数据。百度地图则背靠着百度搜索的资源，能得到千亿级的知识库以及数亿多的用户数；同时，百度糯米 APP 也成为百度地图的重要支持。在数据处理方面，高德可以与阿里云对接，而百度则大力发展人工智能，其百度地图在技术方面底气十足。

(2) 案例之二：大数据技术在物流业务竞争情报中的应用

近些年，物流行业与大数据技术紧密结合，大数据技术给物流行业带来了深刻的技术变革，使其走上了玩转高科技的道路。企业通过对物流各个环节中产生的海量数据进行分析利用，可以实现最大程度的成本控制、企业资源的优化配置、工作效率的极大提高以及用户需求的充分满足，从而能够提升企业的利润空间，增强企业的市场占有率。

①大数据技术在京东物流业务中的应用。[①]

京东作为中国最大的 B2C 电商平台之一，拥有惊人的用户数和业务量。2018 年"6.18"年中大促销和"双十一"活动，京东的下单金额就超过 1500 亿元，如此巨大的业务量对京东的物流业务提出了严峻的考验。大数据技术的应用，能帮助企业迅速处理大规模的数据量，及时、高效地完成对信息的搜集与分析工作，根据实时数据反馈的分析结果调

---

① 许美贤，郑琰. 大数据技术在物流企业中的应用——以京东企业为例[J]. 电子商务，2019(5)：55-56.

整企业的运营策略，促进企业持续稳定地发展。

首先，京东物流利用的大数据分析方法是企业依据不同的需求来选择合适的算法，优化了仓储中心的选址工作。2017年8月，京东物流利用大数据在唐山建立了中国首个"前店后仓"体验中心。截至2018年，京东物流充分利用大数据技术合理规划布局，在全国建立了7个物流中心、335个大型仓库，自营配送覆盖了全国99%的人口。

其次，利用大数据技术，并配合GPS、GIS等抓取到配送地区的实时路况，结合智能算法规划出最优的物流线路和配送方式，最大限度地减少配送时长和车辆空驶率，提高物流配送效率。同时，京东通过大数据分析制定了特定算法，将挑选单个货品的耗时从22秒降至16秒，并利用时空大数据等技术规划仓库整体搬运路线，降低拥堵频率，提升物流效率。

最后，京东物流可以利用消费者的购物车、浏览时间、评价内容、收藏夹等与销售相关的数据，分析用户的个性化需求，实时预测区域市场销量，提前做好库存和运输安排，实现对现有仓储的合理配置。

②大数据技术在农夫山泉物流业务中的应用。①

农夫山泉作为国内饮料行业的龙头企业，2000年宣布停止生产纯净水，转为生产天然水。天然水对水源的要求很高，农夫山泉坚持在水源地建厂、水源地生产，并打出"我们不生产水，我们只是大自然的搬运工"的广告标语。由于生产基地远离城市，农夫山泉的物流成本居高不下。例如，一瓶售价2元的瓶装水，运输成本需要0.3元。如何控制物流成本，提升企业利润，成为农夫山泉的核心问题。

2011年，农夫山泉引进德国SAP公司推出的海量数据实时分析工具SAP HANA，利用大数据技术，极大提升了企业数据的流通与分析速度。企业内部销售、市场费用、物流、生产等数据的存储的计算处理速度，从原来的24小时降至37秒。2011年，基于大数据技术的数据库系统帮助农夫山泉实现了31.45%的年增长率。2012年这个数据又进一步提升到了36.27%。

大数据技术在农夫山泉的物流业务中的应用主要表现在：一方面，利用大数据平台，能够获取到更准确的数据。以往，农夫山泉的一线数据来源基本依靠经销商的反馈，不能保证数据的准确性，并且还需要等待经销商反馈销售情况后才可以做销售预测，存在延时性。而现在农夫山泉利用大数据技术，实时获取到来自一线的动态数据，并计算出了一套最优的仓储运输方案，快速提供每条线路的运输成本、物流中心的最佳选址等信息。另一方面，能够获取到实时的数据。利用大数据平台，将企业在全国建立的水源地工厂、办事

---

① 施爱芬. 大数据对企业物流成本的影响研究——基于农夫山泉的案例[J]. 中国商论，2018（25）：15-16.

处和配送中心整合进企业的数据库系统中，实现实时管理。同时，利用大数据技术实时获取公共交通情况数据、天气情况等信息，实现智能物流路线、智能物流方式；实时获取和分析销售区域的人力成本、需求变化、仓储量和销售额、竞争对手的销售情况等信息，实现产品仓储和物流的最优配置。

（3）案例之三：中石油集团利用大数据技术构建全球能源信息系统①

中石油集团根据竞争情报工作的需要，利用大数据技术，自行研发了基于大数据的全球能源信息系统。该系统整合了包括国际和国内的各种能源信息，大幅度提升了企业对系统内信息资源的利用率，进一步提升了竞争情报的工作能力。

中石油全球能源信息系统由 6 个子系统构成，包括信息搜索、信息共享、舆情监测、智能分析、大数据基础平台和数据自动采集 6 个子系统，涵盖约 38 个功能项。例如，利用舆情监测子系统，可以实现热点事件监测、实时舆情监测、专题监测、舆情预警敏感词管理等多项功能。

中石油经济技术研究院在研发系统中的主要工作包括：第一，研发大数据平台。在美国 Hortonworks 公司发布的大数据平台 HDP 发行版的基础上，自主开发了大数据平台，该平台计算功能强大，支持多计算框架，且先进性高、可扩展性强，为信息系统的数据自动采集、海量数据存储和处理提供有力支撑。第二，开发大数据自动采集系统。针对不同来源的数据信息，开发出对应的自动采集系统，最终整合成一个整体；在采集过程中，应用元搜索技术，实现数据的"全网"采集工作。建立"原料池"和"精华池"，根据用户需要，制定信息和数据的提取规则，并及时去重，全面整合不同来源、不同格式以及不同类型的信息。第三，开发专业全文搜索引擎。在现有的开源搜索引擎基础上，构建了能源行业的语料库和专业词库，开发了专业的全文搜索引擎，支持多语言、不同数据结构类型的共同检索，检索方式简单易用，检索速度快速准确。

基于大数据的全球能源信息系统在中石油集团实施后，获得了很好的成效，主要包括：第一，一键式检索系统极具方便性，提升了用户的使用频率，系统中的信息资源得到了充分利用，大大提高了信息资源的价值。第二，全球能源信息系统最大限度地整合了外部信息资源和企业拥有的信息资源，提高了信息资源的利用范围和共享程度。第三，基于大数据技术的数据采集工作实现了对非结构化数据的自动采集，并且实现了对不同结构类型的海量数据进行混合加工与存储，极大提升了情报工作效率，丰富了情报的来源和范围。第四，利用大数据技术，实现了对情报的智能分类，大大节约了信息采集人员的信息

---

① 林东龙，周大通，戴倚霞，等．利用大数据技术开发全球能源信息系统——中石油的实践[J]．竞争情报，2019，15(2)：24-29.

搜集时间；还可以根据用户的个性化情报需求，利用智能推送功能向用户及时推送情报，体现了大数据时代竞争情报服务的主动性、针对性以及时效性的特点。

◎ **思考题**

1. 大数据有哪些特征？大数据环境下企业竞争情报研究面临着哪些机遇和挑战？企业应该采取哪些举措或何种姿态来抓住机遇，以及应对这些挑战？

2. 大数据环境下企业竞争情报研究的特点呈现何种趋势？

3. 大数据环境下企业竞争情报研究存在哪些关键领域？

4. 对大数据环境下企业竞争情报研究的未来方向有何思考？

5. 大数据人才培养对企业竞争情报研究的重要性体现在哪些方面？

6. 简述大数据对企业竞争情报服务的影响。

第8章
企业竞争情报的组织管理

大数据具有数据体量大、类型多、价值稀疏、更新速度快等特征,这给企业竞争情报的组织管理带来了机遇和挑战。企业竞争情报人员需要正视大数据带来的机遇和挑战,熟练掌握各种大数据分析技术,加强企业竞争情报的组织管理。只有这样,才能真正意义上深入挖掘数据带来的隐形商业价值,在第一时间捕捉市场变化,使企业决策者能在最短的时间内获知市场行情和竞争动态,打造企业可持续的竞争优势。

8.1 企业竞争情报机构及其管理

8.1.1 企业竞争情报机构的类型

企业内部竞争情报机构的发展是一个长期演进的过程,不同企业因为自身的业务内容、管理方式、企业规模、企业文化等各不相同,因此竞争情报机构的类型也各有特点。从已有企业的成功经验来看,目前较有代表性的企业竞争情报机构类型是职能型竞争情报机构和协调型竞争情报机构。

(1)职能型的竞争情报机构

这类机构以职能机构形式存在,有助于在企业员工中普及对竞争情报的认知,提高企业各部门人员与情报人员的沟通效率。企业可以通过对职能机构的建设来推动竞争情报工作的开展。职能型机构的建立比较直观,在建立时可以充分利用企业已有的信息基础设施,在原有信息机构基础上进行适当扩展和调整。当然,职能型竞争情报机构的建立对企业来说还只是一个形式问题，企业竞争情报工作到底开展得如何，还取决于竞争情报机构自身的管理和运作情况。

郝韦斯(John H. Hovis)曾详细介绍了艾弗奈(Avnet)公司职能型竞争情报机构的运作过程。①

在艾弗奈公司内，竞争情报机构以职能型的商业信息办公室(Business Information Office, BIO)的名义存在。在办公室主任之下按照美、亚、欧区域分设主管，情报机构中的信息分析人员分工进行财务、产品和运营分析，并统一向主管经理报告。商业信息办公室通过多种途径向企业经理人员提供决策所需的信息支持，与经理人员和企业投资方建立起密切的业务关系，使其情报业务逐渐渗入企业决策的各个环节，取得了竞争情报机构应有的地位。

郝韦斯总结了保证这种职能型竞争情报机构成功的最重要的经验是：借助企业管理信息系统向企业各机构提供充分的信息保障；将传统情报业务由信息搜集、分析和报送拓展至信息搜集、分析、建议和报送。

郝韦斯尤其强调在进行情报报送时要让情报用户按顺序知道三件事情：一是简明扼要地告诉经理们他们已经知道什么，以建立经理人员对情报机构的信任；二是告诉经理们他们还不知道些什么，以引起经理人员足够的重视；三是结合企业特点分析报告，提出建议措施。

可见，职能型竞争情报机构的设置对于企业领导来说目的明确、操作简单，但是对于信息总监而言，要求一定要发挥情报人员的主观能动性，开展积极主动的竞争情报业务。

(2)协调型的竞争情报机构

这类机构的存在形式比职能型机构更为灵活，其专职人员数量较少，专职人员承担的任务较为单一，主要职责是在企业的竞争情报研究课题项目小组中起协调和组织作用。企业竞争情报工作任务由分布于企业各个部门的相关人员相互合作完成，情报工作采取的是一种"小核心，大协作"的模式(如图8-1所示)②。采用这种竞争情报模式的企业有IBM、柯达、施乐等。比如柯达公司，它下属有七个属于不同行业的子公司，这些公司都有自己的情报系统，都有专人搜集竞争对手的情报。

① Hovis J H. CI at Avnet: A bottom-line impact [J]. Competitive Intelligence Review, 2000, 11(3): 5-15.
② 胡晖, 刑峰. 竞争情报(第二版)[M]. 北京: 海洋出版社, 2006.

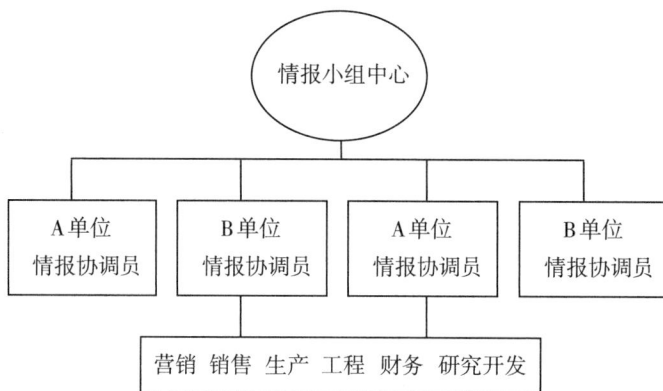

图 8-1　"小核心，大协作"的模式

协调型机构的存在，有助于营造企业的竞争情报文化，充分调动企业的竞争情报潜力，减少信息传递所遇到的障碍，有利于提高情报分析人员和情报使用人员之间的相互理解能力。在工作中，协调型竞争情报机构可以自然形成与企业各部门沟通联系的人际网络，能够更好地运用情报工作规律。事实上，在竞争情报工作的发展历程中，协调型机构的设置方式是最早出现的，后来随着人们对竞争情报工作有了进一步的认识，也为了更方便地开展工作，才逐渐出现了职能型机构的设置方式。因此可以说，任何企业在其竞争情报机构的设置形式上都不是一成不变的，都要根据企业自身条件、业务发展状况以及外部环境的变化进行调整。

8.1.2　企业竞争情报机构的设置

(1) 企业竞争情报机构的设置依据

在企业的竞争情报管理实践中，无论竞争情报机构如何设置，竞争情报工作人员和情报用户在有关竞争情报的发现和使用方面总会存在一定的矛盾，这些矛盾按照观察视角不同可以分为两类：一类是情报工作人员经常遇到的工作条件问题；另一类则是竞争情报用户经常遇到的信息产品问题。[①] 对竞争情报机构的管理，就是要通过竞争情报机构的设置和运行控制来避免和解决竞争情报工作人员和情报用户所面临的这些问题。

企业竞争情报机构的设置，一般需要结合企业自身的实际情况来确定。企业竞争情报机构的位置及结构应该取决于以下几个因素。

---

① Breeding B. CI and HM convergence：A case study at shell services international [J]. Competitive Intelligence Review，2000，11(4)：12-24.

①企业的赢利点。

即应该分析研究企业主要的盈利来源。对于绝大多数企业而言，盈利是其得以生存与发展的基本前提，因此，将竞争情报系统管理机构设立在可以为企业带来最大利润的关键机构无疑是一种非常明智的举措。如美国最大销售连锁店 Walmart 的主要赢利来自零售业，零售是企业利润的来源。企业盈利的关键领域就是企业竞争情报机构应该设置的地方。

②企业的创新点。

企业的新技术、新产品、新管理等的创新点在什么地方，竞争情报机构相应地就应设在什么地方。如制药业，新产品主要来自企业的研究开发机构和科技人员；很多软件公司的新产品来自销售人员和客户打交道时的新思想。因此，竞争情报机构就应设在研究开发机构或销售机构。

③企业的威胁点。

企业面临的最大威胁来自何处，竞争情报机构就设在何处。如 Dow 公司生产的关键是保证企业以低成本生产产品，如何降低生产成本是竞争情报的关键课题。因此，情报机构就设置在制造机构。对从不规范的行业进入规范行业（如银行、金融和家用产品）的企业来说，面临的最大威胁是企业行政主管（Chief Executive Officer，CEO）做出错误的决策，一旦决策失误，对整个行业是毁灭性的。因此，竞争情报机构应设在企业行政主管机构。

④子公司间关系。

对于一个从事多种经营、有很多子公司的企业集团，其竞争情报机构的设置可以有两种选择：一种在总公司建立强大的竞争情报队伍；另一种是在各个子公司设立各自的竞争情报机构。如何选择取决于两个因素：一是企业内资源（包括原材料、制造设备、客户、市场等）的共享程度；二是不同的子公司是否有共同的市场和共同的竞争对手。根据这两个因素，企业的竞争情报机构的设置可分为如下四种情况：

第一，各子公司面对不同市场、不同资源和不同对手：竞争情报机构可分设在各子公司，只在培训层面上进行合作（如 Fidelity）。

第二，各子公司面对共同市场和不同资源：竞争情报机构可分设，但共享市场情报（如 HP、Intel、GE）。

第三，各子公司面对共同资源、不同市场和不同竞争对手：在子公司以混合方式设立竞争情报机构，共享制造设备方面的情报（如 Xerox、Dow、P&G、AT&T）。

第四，各子公司面对共同资源和共同市场：在企业集团一级设立竞争情报机构，对子公司实施高度协调的竞争情报活动（如 Pacific Enterprise、保险、共同基金等）。

⑤企业的关键决策机构设置的位置。

竞争情报职能设在不同的机构，其竞争情报工作的侧重点就会有所不同。比如，若将该职能机构设在营销机构，则侧重于提供战术性情报，向中层管理人员提供行业发展趋势和竞争对手情况等；若设在计划机构，则侧重于提供战略性情报，向决策和高层人员提供行业和竞争对手的情况和趋势等；若设在技术开发机构，则侧重于提供战术性情报，向决策和高层人员提供行业和竞争对手的技术水平及发展趋势等；如果独立设置，那么提供的情报既包括战略性情报又包括战术性情报，且既面向中层管理人员也面向高层决策人员。

(2) 企业竞争情报机构的设置方式

竞争情报机构在企业中处于什么地位与设在什么部门有很密切的关系。根据美国战略与竞争情报专业人员协会(SCIP)前主席 John Prescott 的介绍，国外企业竞争情报机构主要有九种设置方式(见表 8-1)。①

表 8-1　　　　　　　　　　　　企业的竞争情报机构设置

设置方式	简　　介
为最高决策者服务	情报人员与决策者的关系十分密切。直接向企业总经理报告，参与决策层的工作。如 Pacific Enterprises 采用的就是这种方式。它只为企业行政主管而不为其他机构服务，服务对象群比较窄
设在职能机构	在销售、生产、研究与开发等机构中选择企业的关键机构，在此机构中设置情报机构。这种方式最为常见。采用这种方式的公司有 Merck、Ford 等
信息服务机构	这是最低层次的，通常在其他机构中还设有竞争情报机构。如美国西南航空公司(Southwest Airlines)
与职能机构并列	与法律、财务机构并列。美国通用汽车公司的情报机构设在该层次，对企业战略决策提供服务
计划机构	北欧 Skandia 公司专门从事娱乐和共同基金业务，其情报机构设在计划机构，负责向决策者提供情报，就决策者需要考虑的问题提出建议。辉瑞制药公司(Pfizer)的情报机构也设在计划机构
独立机构	情报人员从不同的机构获得项目来维持机构的生存。Dow 公司把企业竞争情报机构称为技术中心，对本行业其他企业的最佳实践模式进行调查研究，并将这些经验传达到本企业的相关机构，Chevron 也采用这种设置方式
协调/分布式	企业总公司有协调单位，在企业子公司有相应的情报人员。柯达公司采用这种模式，它下设 7 个行业，各个行业的情报人员分别搜集竞争对手的竞争情报

---

① http：//www. amteam. org/k/KM/2001-12/438822. html.

设置方式	简　介
混合型	Fidelity 公司是美国最大的共同投资基金，下设 18 个不同的行业。由于 18 个行业性质和客户对象不同，因此总公司不对情报活动进行统一的协调，企业一级主要负责培训，各个行业有各自的情报活动组织形式。宝洁有 20 个不同的子公司，在总公司一级成立竞争情报委员会，由 20 个子公司的情报人员参与并共同组成。它根据一些项目将子公司的情报人员召集在一起活动，情报人员也经常聚会交流各自的经验
虚拟团队、知识管理	Shell 采用这种方式

对美国和加拿大的大型企业调查的结果显示：40%的竞争情报机构设在营销机构，30%设在计划机构，9%～10%是独立设置，8%设在研究与开发机构。设在营销机构时提供战术情报，向中层管理人员提供行业发展趋势和竞争对手情况；设在计划机构着重于战略情报，向决策层和高层人员提供行业和竞争对手的情况和趋势；如果独立设置，提供的情报包括战略性和战术性，主要面向中层管理人员；设在研究与开发机构的主要提供战术情报。

无论竞争情报机构的设置方式和设置位置如何，有关竞争情报机构设置的三个基本内容是不变的，这三个基本内容是：要建立有效的信息交流平台；要形成竞争情报人际网络；要与企业领导保持密切联系。

(3) 信息总监及其职责

①信息总监的产生。

信息总监是随着信息资源管理热潮的兴起而诞生的。从 20 世纪 80 年代起，为确保信息资源的充分开发和有效利用，人们对信息资源管理问题给予了高度的重视。1980 年，美国政府为克服联邦行政部门的文牍主义和官僚主义，节约办公开支，提高工作效率，制定了《文书工作消减法》，明确提出了"信息资源管理"的概念，并授予每个政府部门委派一名部长助理官员担任信息总监（Chief Information Officer，CIO），从较高层次上全面负责本部门信息资源管理。[①] 开展竞争情报是信息总监的主要工作职能。

信息总监的出现有效地改善了美国政府部门宏观层次的信息资源管理，其成功经验促使一些大公司将这一职位连同其名称和职能一起引入企业管理中。1981 年，辛诺（W. H. Synnott）和戈拉伯（W. H. Grube）在《信息资源管理：80 年代的机会和挑战》一书中

---

① 张凯．信息资源管理(第二版)[M].北京：清华大学出版社，2007.

强调了在企业中设立信息总监的必要性，并首次给信息总监以明确的定义："信息总监是负责制定公司信息政策、标准，并对全公司的信息资源进行管理控制的高级行政官员。"①信息总监的产生，标志着现代企业管理从传统的人、财、物三要素管理走向了人、财、物、信息四要素管理的新阶段，从战略高度充分开发信息资源，科学管理信息资源，有效利用信息资源，是现代企业能够在日益激烈的市场竞争中克敌制胜的公开秘密。

②信息总监的地位。

在一个企业中，信息总监是全面负责情报工作的主管，但又不同于以往只是负责信息系统开发与运行的单纯技术型的情报部门经理。作为高级管理决策阶层的一员，信息总监直接向最高管理决策者负责，并与总裁或首席执行官、财务主管一起构成组织的核心领导层。总而言之，信息总监是既懂信息技术，又懂业务和管理，且为了保证所设立的竞争情报机构能够与企业决策管理层保持密切联系，便于搜集企业内部各个部门所拥有的信息，信息总监应当是企业内地位较高的管理人员，其工作应向企业主管领导（CEO）直接报告。

③信息总监的素质。

信息总监在整个竞争情报系统中有着举足轻重的地位，信息总监的素质是企业竞争情报系统的决定性因素。一名高素质、高水平信息总监作用的发挥，是企业竞争情报系统高效运行和绩效增长的重要保证。在一个企业中，信息总监是全面负责信息工作的主管。作为企业高级管理决策阶层的一员，信息总监一方面直接对最高管理决策者负责，另一方面还要全面统筹调控情报系统各分支机构和部门。其主要任务是保证企业日常竞争情报系统的有效运转，同时按照企业的需求组织实施竞争情报项目，以生成确实能对企业的竞争战略、战术起到很好辅助作用的竞争情报。

在竞争情报从业人员中，信息总监是一个特殊群体。他不同于一般的竞争情报人员，而是属于竞争情报系统的高层管理人员，必须具备更高、更全面的素质。

信息总监应具备的基本素质要求是：

第一，情报素养。信息总监应具有强烈的情报意识和较高的情报分析能力，能够为企业高层的战略决策发挥情报支持作用。特别是来自外界环境的大量模糊、零碎和杂乱的信息，应有高度的判别能力和挖掘信息价值的艺术，才能使自己的决策能力达到战略决策的水平。

第二，技术水平。通晓信息技术是信息总监安身立命的根本。信息总监应具备为企业经营管理与竞争战略发展推荐与开发新技术的能力，对信息技术的发展动向及其对企业的影响有敏锐的洞察力，富有远见和技术创新精神。特别是在大数据时代，信息总监应掌握

---

① 胡星光，包昌火，等. 竞争情报解决方案——企业竞争情报系统和竞争情报技能［M］. 北京：兵器工业出版社，2002.

大数据相关技术、具备大数据分析能力，并从中提炼出有价值的竞争情报。

第三，管理经验。作为一个高层管理者，信息总监必须对本行业的发展背景有全面的了解，对企业管理的目标有明确的认识，对经营决策和竞争环境的基本情况有充分的掌握，并且有丰富的管理实践经验。实践证明，一个成功的信息总监，至少需要5至8年的管理经验积累。

第四，领导才能。对信息总监的素质要求，首先是应该具有高超的领导艺术，是一名卓越的管理专家，有能力对整个情报系统进行全面有效的控制、开发和利用，最大限度地实现情报的生产与增殖，满足企业战略决策对情报的需求。

第五，战略远见。信息总监必须具有战略远见，有能力领导员工及时获得和处理与竞争活动有关的最新情报，帮助企业正确制定竞争对策，以确保企业在竞争中立于不败之地。

第六，协调能力与人际沟通能力。信息总监要善于协调企业内部各层次、各部门、各环节的关系以及企业与其协作伙伴的关系。要有良好的人际关系和广泛的亲和力，善于对话和沟通，能够适应企业的文化和传统，使信息技术与管理体制相得益彰。

第七，应变能力。面对日新月异的信息技术和急剧变化的竞争环境，信息总监要有较强的应变能力，要善于分析市场变化，能够抓住稍纵即逝的机遇，对各种变化作出迅捷及时的反应。信息总监还应有良好的心理素质，能承担得起来自技术和环境变化的压力，具有敢于迎接各种困难和挑战的勇气。

第八，经营头脑。信息总监的工作必须以提高企业的效益和竞争力为目标。因此，信息总监要有精明的商业经营头脑，应了解信息技术何时、何地以及何种情况下在哪些方面能为达成这一目标起到关键作用，并能把信息技术投资及时转变成对企业的回报，从而为自己在企业中树立起公认的有重大贡献的角色形象。

④信息总监的职责。

第一，作为高层管理人员，运用其掌握的信息优势有效地参与企业的战略规划与目标决策。通过充分有效地开发利用企业内外信息资源，寻求企业的竞争优势或强化企业的竞争实力。信息总监不只是负责信息资源管理范围内的决策活动，还必须参与讨论企业发展的全局问题。为此，信息总监必须对影响整个企业生存与发展的各方面问题都有相当全面和清楚的了解。

第二，作为统筹管理企业信息资源和信息资产的最高负责人，有效地开发、管理和利用竞争情报系统，最大限度地实现企业各业务部门的信息资源共享。一方面，信息总监是企业高层管理决策者与情报部门的联系人，负责把行政管理的策略、意图和实施方案等传递给情报部门，同时又把情报部门的成功、生产能力和发展方向报告给行政管理班子；另一方面，信息总监还要承担整个企业各部门、各环节之间以及内外环境的信息沟通与协调工作，实现企业的协同作业和信息资源共享。

第三，作为分管信息技术部门和信息服务部门的最高负责人，正确地规划企业的信息基础设施建设和企业的情报活动，以适应未来竞争发展的需要。信息总监应该根据企业发展战略的需要，及时制定或修订企业的信息政策和情报活动规划，以实现行政管理的战略意图。当企业竞争战略发生变化时，信息总监要及时投入信息技术力量和必要的资源条件以应对这种变化，使企业的信息资源开发利用策略与竞争战略更加协调一致。

综上所述，信息总监作为一名跨技术、跨部门的高层决策者，应充分利用企业内外可加控制的信息资源来不断完善企业的信息基础结构，并注意协调好企业管理与信息技术的关系。同时，从企业管理的角度有意识地选择和运用信息技术，通过对信息资源的充分开发和有效利用来促进管理机制的变革和业务结构的调整甚至重组，从而提高企业的管理决策水平，增强企业在日趋激烈的竞争环境中的快速反应能力。

(4) 企业竞争情报机构的组织形式

为了方便信息的有效交流和传递，企业竞争情报机构的名称一般不以"情报"直接命名，而是采用诸如战略分析研究所、信息中心、市场调研部等名称。由于不同企业的规模、组织结构、财力状况、企业员工对竞争情报的认知度及企业决策者的重视程度等均存在较大差异，故不同企业的竞争情报机构也各不相同，其组织形式也是多种多样的。

①分散式。

分散式是指竞争情报工作由各部门独自进行，企业内部每一部门的专家或部门经理自行负责本部门的竞争情报工作，包括搜集与之相关的企业内外信息、分析信息、形成竞争情报产品、提交给决策层。企业竞争情报机构不对各部门的情报信息进行集中处理，而只负责竞争情报培训、开展竞争情报工作经验交流会、协调各部门的竞争情报活动等。

分散式的优点在于：部门专家熟悉该领域的情况，竞争情报产品的针对性较强。缺点是：由于各部门专家的情报产品是分别提供给决策者的，这些分散的未经整合的情报产品在一定程度上需要决策者做进一步处理。

②集中式。

集中式是指企业的内外部信息的搜集、分析、处理、传递等工作都集中在情报中心，由情报中心来统一进行。各个职能部门以规定的形式向情报中心提供信息，由情报中心统一加工处理，然后提供给情报用户使用。集中式的优点是便于信息的统一管理、信息质量高，但信息处理慢，需要有一支庞大的高素质专业情报处理队伍。

③集中分散式。

集中分散式是指将竞争情报部门看作一个独立的职能部门，与市场部、财务部、研发部等并列。竞争情报部门的任务是满足企业内部的各级竞争情报需求,为有关部门和企业决策者提供危机预警以及决策支持。在各职能部门设有一名情报信息员,负责搜集、存储和处理与本部门有关的信息,定期将其所搜集的信息向情报部门传递(按照经验一般由部门经理或副经理兼任信息传递工作),然后企业竞争情报部门将这些信息与从企业外部搜集来的信息相结合,进行综合分析,向企业管理层传递决策情报。

集中分散式的优点在于:第一,各部门情报信息员借助其在一线工作与各方密切接触的优势及特定的人际网络,能够迅速、及时地获取外部环境和竞争对手信息。第二,情报人员分布比较集中,便于协调管理。由于竞争情报部门独立于其他职能部门,容易从整体上把握竞争情报工作的目标,可以较好地对来自各个职能部门和企业外部的信息进行综合分析处理,形成决策情报传递给决策层。此外,竞争情报部门还将有关行业及企业的资料信息进行汇总、加工整理后分发给其他职能部门,使每个部门都能全面地了解公司的总体情况,促进企业部门间信息的共享。

集中分散式的缺点是:单独设立情报部门,对情报人员的情报素养、知识结构等要求较高;人员职责与其他部门有重叠,增加了企业的运营成本;信息传递效率低,对动态信息的获取和处理速度较慢,从各部门获取的信息质量缺乏保证。

④重点分布式。

重点分布式是指根据各职能部门在企业全局中的地位和作用,把竞争情报部门有选择地设置在某一关键性职能部门之下,隶属于该部门管理,以便将情报搜集功能与本职工作结合在一起,通过职能部门的运作带动情报工作。通常是将其设置在那些接触竞争情报最频繁、对企业而言最关键的重点职能部门内,如设置在市场营销部门、研发部门或计划部门之下。

重点分布式的优点在于:能够参与该部门的业务活动,在与各方打交道的同时获得详实的第一手信息,对相关信息的搜集和处理非常有利。其缺点在于:跨部门信息交流存在一定障碍,容易忽略企业领导的战略情报需求以及其他部门的情报需求,难以把握企业全局竞争情报工作的整体目标。

⑤外包式。

外包式是中小微企业经常采用的方式。由于一些中小微企业财力有限,未能在企业内部设立竞争情报机构或竞争情报力量较弱,通常需要寻求外部竞争情报机构的帮助。这种方式的优点是:企业不必时刻支付企业运营中的这部分成本;外包的第三方竞争情报咨询服务机构一般比较客观、公正,减少了因内部情报人员主观因素带来的偏差,避免了企业内部人员搜集竞争对手信息不方便的情况,不易引起竞争对手的注意。缺点是:由于第三方的竞争情报工作是临时性、阶段性的,因而难以对企业竞争环境进行长期监控,难以及时发出预警信息。

⑥总控协调分布式。

总控协调分布式是指在减少其他中层部门的同时仍然设立竞争情报协调总控部门，统筹控制整个企业的竞争情报工作。同时，部分竞争情报人员进驻决策层，参与决策层的活动。在企业的每个部门内设有一名情报人员，但这个情报人员并不是协调总控部门的员工，而是相应工作团队里经过竞争情报培训的人员，负责本部门前线信息、外部信息等的搜集，并负责定期传递给总控部门，并与之定期交流、讨论。这样，竞争情报总控协调部门的员工与分布在其他部门和团队的员工结为竞争情报工作联盟，共同执行企业的竞争情报任务。

总控协调分布式的优点在于：有经过培训掌握一定信息搜集技能的部门人员参与，借助其在一线工作与各方密切接触的优势及特定的人际网络，能够迅速、及时地获取竞争对手信息，并及时向企业提供预警性信息，也有利于信息、竞争情报产品及其所形成的知识的共享和利用。竞争情报人员参与决策层的活动，有利于把竞争情报工作与企业的长期战略结合起来，也有利于决策层采用竞争情报产品，优化决策。

⑦面向项目的虚拟团队。

虚拟团队是指企业根据项目实施的需要建立的一种虚拟的人际网络，由具有各种职能的人员组成，依靠他们共同的知识、技能，完成特定项目所需的竞争情报任务。虚拟团队一般由决策人员、销售人员、信息管理人员、项目管理人员、供应商、顾客或价值链中下游企业的员工等构成。虚拟团队实际上并不总是存在，往往只有一个领导人存在，负责与各个职能部门的关键人员建立紧密联系，一旦有项目或决策需要，就召集他们，形成跨部门复合团队，利用其所掌握的信息和技能以及人际网络，实施竞争情报工作。项目或决策完成之后，虚拟团队也就解散。与总控协调分布式相比，面向项目的虚拟团队模式的生命周期与项目密切相关，因而不会增加新的企业部门和机构，也不必支付维持固定竞争情报部门所需的巨额费用，减少了企业的整体运营成本。虚拟团队成员来自不同的业务部门，具有处理复杂任务所需的合理结构，调配灵活；对信息的搜集、分析、处理以项目为基础，信息搜集的效率高，形成的情报产品针对性强。著名的 IBM 公司采用的就是这种模式。

总结各类企业成功的经验，竞争情报工作的成功开展和有效组织至少需要得到四种力量的共同支持：一是高层领导，包括信息总监、分部或部门经理；二是竞争情报项目负责人；三是利益相关者；四是最终情报用户。因此，不管采用何种组织形式，竞争情报工作都要从企业整体经营目标出发，实现对外部信息的快速搜集、处理和提供，从而实现对来自各个部门或分支机构的信息的集中管理，为决策者提供支持。经过长期不懈的努力，在企业内营造一种良好的竞争情报文化氛围。

8.1.3 企业竞争情报机构的运行和控制

(1) 企业竞争情报机构的运行

竞争情报工作是一项专业性很强的工作，同时又是一项跨部门、跨领域的工作。它与当前各行各业开展的科技情报工作、市场情报工作、军事情报工作和文献信息管理工作等都有交叉之处，是围绕不同竞争情报需求、不同的切入点对企业各类情报业务工作的整合，竞争情报工作的系统开展涉及情报观念的转变、情报管理体制的调整、情报业务的重组等多方面的问题。

在企业竞争情报机构的运行管理方面，企业需要在整合传统情报工作的基础上建立一种内部自调节机制，使竞争情报工作朝着规模化、制度化、日常化和职业化方向发展，把竞争情报服务与企业的决策需求紧密结合起来，努力营造一种良好的竞争情报文化氛围，并根据竞争情报工作的发展要求建立和完善竞争情报系统，促进竞争情报工作现代化的发展。竞争情报机构的运行管理，应特别注意做好以下几方面的工作。[①]

①始终以竞争需要为中心来确定竞争情报工作的方向和目标。

竞争情报工作应以竞争决策需求为牵引，而不能只立足于现实信息材料，要找准竞争情报工作的突破口，紧紧围绕企业的决策需要来组织情报工作。

②重视信息源的建设与管理。

重视对情报信息源，尤其是对数据库类信息源的建设与管理，避免遗漏对重要数据的调查、搜集和利用。

③把信息分析作为竞争情报工作的中心环节来对待。

信息分析是竞争情报工作的关键性环节。只有经过细致缜密的分析，隐含在各种表象信息中的潜在信息内容才可能被挖掘出来，形成新的信息群和知识单元，从而实现信息增值。

④重视企业竞争情报系统的建设。

重视企业竞争情报系统建设，实现竞争情报生产、流通、发布与传播的自动化管理，促进竞争情报工作现代化。

⑤重视企业竞争情报产品。

重视竞争情报分析报告的撰写。竞争情报分析报告是情报内容的高度浓缩和结晶，是一种内容与形式兼备、结论与理据共存的专门报告。它既不同于一般的工作总结，也不同

[①] 贾晓斌. 竞争情报理论与实践研究[M]. 西安：西安交通大学出版社，2006.

于常见的调研报告；既不是一般的信息汇编，也不是抽象的理论文章。而且，由于竞争情报分析报告需要提供给情报用户，为其提供决策支持，所以该报告必须是一种有事实、有数据、有分析、有结论、有对策建议的竞争决策咨询方案。

（2）企业竞争情报机构的监督和控制

为了使竞争情报机构更好地服务于企业管理，就必须对企业竞争情报机构进行监督和控制。在对竞争情报机构实施监督和控制时，首先要注意区分和管理好企业内部的竞争情报用户；其次要针对情报用户的不同需求层次把握好开展情报服务工作的重点和力度；最后，在具体实施中还要注意做好适合信息分析研究阶段要求的人事组织安排工作。

①归类管理企业内部竞争情报用户。

由于对用户按照工作性质而非按照部门隶属的方法进行归类管理，可以不受企业部门设置变化的影响，有助于保持对企业竞争情报机构运行控制的稳定性。因此，尽管现代企业组织结构多样、复杂，对企业内部竞争情报用户的区分仍可按照工作性质对其进行归类。

在现代企业竞争情报实践中，竞争情报主要用于企业的以下五类工作内容：市场营销交流、企业发展战略管理（包括制定、执行等）、新产品开发、人力资源管理、销售策略管理（包括制定、实施等）。换言之，企业竞争情报机构的工作流程是与上述五种企业管理工作流程发生相互作用的，其相互关系如图 8-2 所示。①

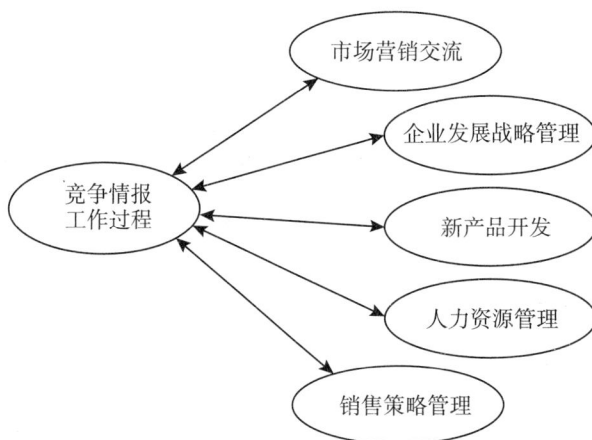

图 8-2　竞争情报与企业管理工作关系示意图

---

①　Breeding B. CI and HM convergence：A case study at shell services international［J］. Competitive Intelligence Review，2000，11（4）：12-24.

企业内部的竞争情报用户，无论其所属的部门是什么，无论其具体的工作名称如何，其工作内容一定都会落在图 8-2 所示的五类工作区中。因此，企业竞争情报机构只要将内部情报用户按照上述五类工作性质进行区分，就可以提供有针对性的情报服务。从竞争情报机构管理的角度看，对竞争情报用户进行工作性质归类有三大好处。①

第一，有助于竞争情报机构更好地了解掌握用户的情报需求。

对用户进行工作性质归类的过程，实际上也是一个判断用户潜在情报需求的过程，通过这种用户归类管理的方式，还可以依照类别特征向用户提出其尚未意识到的某些情报需求建议。

第二，有助于竞争情报机构更好地协调内部资源，提交优质高效的竞争情报产品。

由于竞争情报机构明确了用户的工作范围和需求范围，便能做到有计划、有分工、持续一致地开展相应的情报搜集、加工整理和分析工作，使得竞争情报人员在特定领域从事情报工作以积累相应经验成为可能，而这正是情报工作质量的保障条件之一。

第三，有助于竞争情报机构更好地进行情报产品报送工作。

情报产品报送是竞争情报机构的一项重要任务，能否快速、准确和全面地进行情报产品的报送是对竞争情报机构管理水平的考验。按用户类别进行竞争情报产品的报送，既能保证报送的针对性，又能保证报送范围的相对完整，因而是一种快捷有效的方法。

②针对企业内部不同情报用户需求的竞争情报工作层次管理。

在竞争情报工作中，尽管竞争情报需求和内容各有不同，但是情报工作共性的存在使得对竞争情报机构的管理仍能有规律可循。根据企业内部竞争情报不同用户的需求来进行竞争情报工作的层次管理，即是遵循规律的体现。企业内部竞争情报用户的需求，按照信息增值情况和情报作用影响程度可以分为四个层次，从低到高依次为：竞争情报常规需求层、市场监测预警层、竞争情报知识管理系统层以及模拟或参与决策层，相应的竞争情报工作也有四个层次，如图 8-3 所示。② 高层次的竞争情报工作必须建立在低层次工作的基础之上，但是高层次竞争情报产品的价值及其在企业管理中的重要程度要高于低层次的竞争情报产品，相应工作对情报人员的素质要求则越高。

竞争情报常规需求包括诸多数据性信息，如人口统计数据、企业财务数据、公共媒介信息、市场变化监测信息、各种分析研究报告、各类市场研究成果、企业重要人员履历信息、重要经济指标数据等。这些需求信息一般比较简单，通过检索等途径可以解决，情报用户即使不通过情报机构也能通过常规手段获得或者部分获得。

---

① 王延飞. 竞争情报方法［M］. 北京：北京大学出版社，2007.

② Breeding B. CI and HM convergence：A case study at shell services international［J］. Competitive Intelligence Review，2000，11（4）：12-24.

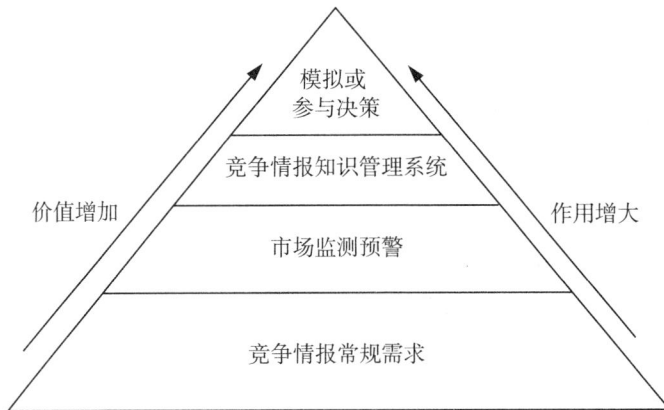

图 8-3　竞争情报工作层次示意图

市场监测预警相对于竞争情报常规需求来说，属于较高一级的情报。一般提供范围有所缩小，仅为企业内部有限的关键性用户服务。这种监测预警情报是由企业情报机构在日常浏览和搜集的信息中，按照竞争情报工作自身规律进行分析和评述而形成的，可以有效节省用户时间，成为用户分析和决策的常规参考资料，并可以凸显情报机构自身的独特作用。

竞争情报知识管理系统则属于更高级别的服务，具有交流、分享及人性化的特点。它是由情报机构提供的、具有用户自服务功能的一种竞争情报服务平台。用户通过此平台可以与专家进行交流，探讨更高层次的情报话题，分享对方对情报的理解和判断，从而帮助自己提高分析和决策的科学性。这一平台提供了用户部分自主解决问题的可能性，并使情报产品能够在可能的范围内得到充分交流和科学应用。

模拟或参与决策是竞争情报机构在企业中提供的最高级别的服务。这一服务已经不仅仅是提供情报和分析情报，而且还能根据情报进行综合分析，做出明确的、科学的、具有前瞻性的判断，并以此为依据，直接参与企业的管理决策，向管理者提供可行的预案、应对方式或发展规划。这一服务是真正体现竞争情报机构价值的环节，但要做到这一点，情报机构必须具备全局眼光和精密的计划性，并确保信息来源准确可靠，分析判断科学周详。

③企业内部竞争情报过程管理中的人事组织工作。

竞争情报研究是涉及人员十分广泛的复杂工作，结合竞争情报工作过程的特点，在企业内部进行必要的人事组织安排，是竞争情报管理工作顺利开展的重要保障。企业人事组织工作主要通过组建各种协调有序的项目工作小组来进行，这些项目工作小组一方面能配合情报分析研究工作的需要；另一方面也有助于将企业不同部门的各类相关人员组织到一起，共同完成竞争情报分析研究任务。

8.2　企业竞争情报的制度建设和管理

8.2.1　企业竞争情报制度的概念

企业竞争情报制度是承载企业的竞争情报职责、任务及目标，并通过工作规则、作业流程及方法等将其贯穿到企业活动和员工工作中的重要管理工具。制度化管理的实质就是通过建立专门的机构和制度或者将某种行为制度化来保障某种机制或者工作模式的有效实施，具有科学性、客观性、规范性以及稳定性等特征和优越性。[1] 企业竞争情报制度将竞争情报价值观、竞争情报精神和原则、流程及员工的职责等以制度的形式固定下来，以实现对日后的竞争情报活动、人员进行管理，[2] 操作上规范和指导员工的日常工作。[3] 企业竞争情报的制度建设和管理是企业竞争情报的组织管理中必不可少的一环。

企业竞争情报制度从制度层面强化了员工的竞争情报意识，能够增加员工参与到竞争情报活动中的积极性，影响企业竞争情报工作的效率与效果。企业竞争情报制度还能在一定程度上影响企业全体员工对竞争情报保密意识的强烈程度和企业竞争情报流通途径的通畅度。因此，成功地开展企业竞争情报活动离不开竞争情报管理制度的保障。企业竞争情报制度对企业竞争情报工作的保障作用体现在以下几点。

（1）规范性作用

建立竞争情报制度是对竞争情报活动所涉及的各个环节进行整章建制，例如具体哪些部门或哪些岗位的员工应该具体负责哪些任务；日常工作中如何搜集情报、保存情报、传递情报，怎样做到情报的共享、传播、利用和反馈；竞争情报中不同类型的问题应该反馈给哪个岗位，由谁来解决，怎样进行改进优化；如何制定全体员工的反竞争情报守则，如何防止商业秘密、技术情报、经营情报的泄露等。企业竞争情报制度使得日常企业中的竞争情报活动有章可循。

---

① 徐芳. 基于危机生命周期的企业竞争情报机制理论模型构建[J]. 情报资料工作, 2016(4): 45-50.

② 包昌火, 李艳, 王秀玲, 等. 竞争情报导论[M]. 北京: 清华大学出版社, 2011.

③ 刘丽华, 盛小平. 竞争情报与企业文化的整合战略研究[J]. 情报理论与实践, 2013, 36(1): 11-15.

（2）权威性作用

企业竞争情报制度一旦制定，就具有权威性，成为企业所有员工必须遵守的规程。无论是企业高层领导、中层管理人员还是资深员工，都必须依照制度规定的章程行事。如在企业日常经营活动中，各部门是既合作又竞争的关系，但是总体来说，应团结在提高企业经营业绩的目标下。其中一些部门由于业务等的特殊性，具有良好的信息获取渠道，拥有大量的关于外部竞争环境和竞争对手的信息。在尚未确定情报共享制度前，这些情报优势就被该部门占有使用，形成企业内的竞争优势。而一旦制定了相关的信息共享制度，那么该部门应该依据制度规定，提供相应的信息，而不能以"保密"等各种理由拒绝情报专员的搜集要求。

（3）公平性作用

企业竞争情报制度是企业管理制度体系的一个组成部分。根据公司法规定，企业在不违背国家法律、法规的前提下，有权制定、修改和废除有关的管理规章制度，以约束企业职工的行为。制度一旦制定就具有公平性，从企业领导到普通员工，都必须依照规章制度参与企业的竞争情报活动，参与到情报搜集、情报分享、情报利用与情报反馈等流程中来。

8.2.2　企业竞争情报人员管理制度

"致天下之治者在人才"，企业竞争情报工作的有效开展离不开人的参与，也少不了发挥人的主观能动性，施展专业技能、判断力和创新能力等。竞争情报专家简·赫林认为："没有专职部门、专职人员的情报工作必将导致失败。"因此，为适应竞争情报工作需要，提高情报工作效率与质量，企业必须重视竞争情报人员管理。建立健全情报人员管理制度的目的在于选拔出、培养好优秀的企业竞争情报人才，并运用规范化的制度对能力突出、表现优秀的人才予以嘉奖和提拔。

（1）情报人员聘任制度

由专业的团队负责是开展企业竞争情报工作的基本条件，在组建专业的企业竞争情报团队前，需对竞争情报团队的岗位构成和数量以及企业竞争情报人员的能力素质要求予以规划，形成较为全面的情报人员人事聘任制度。

①岗位规划。

竞争情报部门的人员构成分为两个方面：岗位构成和数量构成。竞争情报部门应根据企业规模和企业竞争情报的工作任务、目标以及承担的工作量而预估竞争情报人员的需求数量。聘任竞争情报人员的基础是岗位分析，要对需要配备或增加的人员的岗位进行岗位分析，根据岗位要求，制定工作说明书，明确所需人员的岗位职责和工作任务，并结合竞争情报人员素质要求，提出对所聘岗位的具体能力要求。

竞争情报人员的岗位构成，一般来说应设置六类，分别是情报总监、信息采集专员、信息分析师、信息专家、竞争情报 IT 专家和情报服务岗。① 这六类岗位具体的岗位描述与工作职责如下所述。

第一，情报总监。

岗位描述：根据外部环境、企业需求，建立系统化竞争情报过程，生产出辅助企业决策的竞争情报。

工作职责：进行竞争情报工作规划，与企业决策者密切沟通，并将竞争情报产品传递给决策者；管理竞争情报团队；负责竞争情报系统运转；安排竞争情报课题与项目。

第二，信息采集专员。

岗位描述：根据竞争情报需求或课题进行信息的搜集分类，通过访谈对一手信息源进行结构化的调查等。

工作职责：进行常规的竞争情报研究所需的信息采集，以及根据新的竞争情报课题搜集相关信息，对人际情报源的可靠性进行技术评价，对访谈得来的信息进行记录、评价和汇报；建立好信息搜集渠道，维护信息搜集人际网络等。

第三，信息分析师。

岗位描述：负责对搜集的信息进行清洗、整理与分析，并根据企业自身情况对这些信息分析结果进行合理的解释，形成竞争情报产品。

工作职责：信息处理和综合；专业的信息评价，与专家进行多轮的协同；向信息专家和决策者汇报简报；进行态势分析或作为情报报告建议的一部分；竞争情报内网的资料准备和相关网页的维护。

第四，信息专家。

岗位描述：对二手和一手信息进行结构化的调查。

工作职责：识别和记录信息源或网络；信息检索，开展或者指导市场战役；对信息源的可靠性进行技术评价；对研究过的信息进行归档和评价；准备和汇报研究发现；对其他竞争情报团队成员的研究给予建议和支持。

第五，竞争情报 IT 专家。

岗位描述：IT 专家负责整个竞争情报团队的 IT 需求，包括建立和维护内联网，建立

① 包昌火，李艳，王秀玲，等. 竞争情报导论[M]. 北京：清华大学出版社，2011.

竞争情报数据库，把竞争软件纳入现有的 IT 架构中（数据库存取，对相关的竞争情报进行查询和归档）。

工作职责：构建、实施和支持竞争对手数据库软件；互联网检索、存档和特殊解决方案（跟踪、分类、文本挖掘、数据挖掘）；维护内网网页；为竞争情报团队提出的有关 IT 问题提供建议和支持。

第六，情报服务岗。

岗位描述：主要负责竞争情报产品的传播与利用。

工作职责：负责定期和不定期的竞争情报产品的推送，并搜集用户的反馈；指导用户使用相应的竞争情报产品；针对不同的用户开展竞争情报相关知识与技能的培训，协助他们应用好竞争情报产品；搜集企业各部门的竞争情报需求；协助有关部门对公开发布的信息进行信息审查，避免企业关键信息和商业机密等的泄露。

②能力素质要求。

企业竞争情报工作是通过合理、合法的手段，从关于竞争对手、竞争环境的海量信息中获取竞争情报的活动，其目的在于更好地参与竞争。竞争情报不同于商业间谍，为保障竞争情报工作的合法性和合理性，除了完善的法律法规之外，对于竞争情报人员的道德伦理也需做相应的要求。

美国战略与竞争情报专业人员协会（SCIP）对从业人员的职业道德提出要求，道德素质主要体现在以下四个方面：一是正确的世界观、价值观与人生观，正直的品质，以及吃苦耐劳的精神；二是对所效力企业的绝对忠诚，热情勤奋地为公司竞争情报事业工作，有强烈的事业心和高度的责任感，以及持久广泛的兴趣爱好；三是在搜集竞争情报时遵守情报伦理，做到合理与合法地检索和利用情报；四是做好保密工作，采取严格措施做好反竞争情报工作，防止泄密。[①] 因此，在选聘竞争情报人员的时候除考虑其能力结构之外，还应对其道德素质予以考察。

对选聘的企业竞争情报人员的能力素质要求最核心的是其合理的能力结构，不同岗位的能力侧重点有所不同，具体可归纳为以下几个方面：情报识别能力、情报深加工能力、沟通与团队协作能力、媒体访谈能力、计算机运用能力、领导与组织能力、战略分析能力、创新能力、培训与辅导能力、反竞争情报能力等。[②]

（2）情报人员培训制度

竞争情报人才实际上属于一种复合型人才，不仅要掌握多种信息搜集和情报分析等技

① 杨鹏鹏，万迪昉，梁晓莉．企业竞争情报人员胜任力评价指标体系的构建[J]．图书与情报，2005（2）：53-55．

② 刘冰．企业竞争情报基础[M]．北京：首都经济贸易大学出版社，2010．

术手段、操作方法，还需熟练掌握行业知识和专门的业务技术知识。在竞争情报工作中需要综合事实数据，使用专门的技术工具予以分析，辅之以专家智慧，为企业的决策和发展贡献竞争情报产品。

竞争情报培训是企业竞争情报人才培养的一项重要课题，也是竞争情报工作能够持续、顺利地开展下去的必备条件。建立竞争情报培训制度是全面提升竞争情报人员整体素质，建立一支精干、高素质竞争情报队伍的必要保证。

目前的竞争情报人才教育的主要形式是正式学历教育，而行业协会、专门培训机构、企业提供的继续教育作为辅助和补充形式存在。[1] 两种教育模式都各有所长，也存在一定的局限性。学历教育虽然全面系统，但是内容较为理论化，缺乏实践性。而继续教育的内容贴近实际应用，注重实践技巧和解决问题的能力，但缺乏系统的理论学习，难以对竞争情报的全貌产生深刻认知。因此，为了实现对情报人员的培训目的，提升培训质量，增强培训效果，需要注意以下原则。

①理论联系实际的原则。

企业竞争情报人员培训的过程中，既要注意竞争情报理论内容的传授，更要注重培训内容的适用性和可操作性，采用更有效的方式将有关竞争情报搜集、整理、分析和传递的基本方法与基本手段等内容充实到培训过程中，提高培训的效果与质量。在培训中需要从竞争情报实际工作的要求出发，结合培训对象的层次结构与职位特点，在考虑培训对象的竞争情报培训需求的基础上，有针对性地设置培训内容，并采用有针对性的培训手段与培训方法。[2]

②合理设计竞争情报培训内容体系的原则。

竞争情报培训的主要目的是培训情报人员的信息搜集、整理、分析、研究的技能，其主要内容应包括：竞争情报概论、竞争情报观念、竞争情报研究、竞争情报系统、竞争情报应用、竞争情报案例研究等。通过培训使员工掌握运用竞争情报的知识与技能，提高其在竞争情报工作中的应变能力、竞争能力和决策能力。[3] 但需注意，竞争情报培训根据培训对象的不同，其相应的竞争情报培训内容也各不相同。对于企业管理者进行竞争情报培训的目的在于提高其对竞争情报工作的认识和重视程度，他们的竞争情报意识直接影响到竞争情报在企业决策中的地位。对于企业普通员工的培训则主要在于提高员工的竞争情报意识、情报获取技能和反竞争情报意识等。对企业竞争情报工作人员进行竞争情报培训的目的在于使其尽快掌握竞争情报的核心技能，以提高其情报工作水平。另外，培训过程中

① 刘昆雄，甘雨. 面向企业需求的竞争情报人才协同培养模式探究[J]. 图书馆学研究，2015(17)：14-21.

② 刘冰. 企业竞争情报基础[M]. 北京：首都经济贸易大学出版社，2010.

③ 黄晓斌. 论我国竞争情报教育的现状与发展方向[J]. 情报科学，2006(3)：455-460.

不仅要聚焦于竞争情报知识与技能的传授，更要注意企业文化、企业基本价值观、情报价值理念等方面的培养。

③全面提高与重点培养相结合的原则。

竞争情报工作是一项全员工作，并不是仅依靠竞争情报部门的工作人员就能完成，企业全体员工都会与竞争情报工作发生关系。因此企业竞争情报培训不仅仅是针对专职的企业竞争情报人员，也需要有计划、有步骤地对各级各类人员进行竞争情报意识、竞争情报技能培训，提升全员的信息素质。但是从事情报搜集、分析和服务岗位的情报专职人员仍然是培养重点，需要持续不断的重点培训。对他们可采取集中脱产学习和在职工作培训相结合的方式，使其不断获取最新的竞争情报理念与技能。培训内容应涵盖大数据技术应用等方面。

(3) 情报人员激励制度

情报人员激励制度是企业员工管理激励制度的一部分。管理激励机制是保障组织内部成员以正确的方式实现高绩效的重要制度，包括对行业规范的执行和基于工作成果、绩效制定的奖励措施。[①] 对竞争情报人员的激励可同时体现在物质和精神两个方面，可按照学历、工作经验、专业技能水平以及绩效考核水平设置相应合理的权重设计薪酬结构，以及根据企业的总体管理制度针对竞争情报人员设置相应的奖金和股权等显性激励制度。而精神方面则要体现出对其工作价值的认同，表现出对情报工作的关心和重视，满足其尊重需求和社会地位需求，从精神层面上激励竞争情报人员。对企业竞争情报人员的有效激励，能够帮助员工维持较高的工作绩效。情报人员激励制度应包含对情报人员的业绩考核制度和职业晋升体系的制度。

①业绩考核制度。

加强竞争情报人员的素质评价与业绩考核，首要任务是针对各类竞争情报人员、不同的角色设定具体的、可以被客观衡量的工作目标和评价指标。在一个工作时间周期或者项目周期结束后，对其工作的达标情况等方面进行反馈，通过对其业绩的考评，对于考核优秀的员工予以嘉奖，提高他们的工作热情，从而实现竞争情报人员工作积极性的良性循环，提高竞争情报工作的整体绩效。其次，企业不仅要通过一系列的绩效评估方式对竞争情报人员承担的角色和技能进行考核，更要对整个竞争情报团队的工作绩效进行评价。通过对企业竞争情报人员的业绩考核与素质评价，可以了解情报人员的能力水平与承担的角色之间的差距，以及反馈培训效果，对于其存在的不足采取针对性的办法来弥补与提高，缩小差距，最终达到提升企业竞争情报能力的目的。

---

① 王晓，李纲．竞争情报人员绩效影响因素分析[J]．情报科学，2016，34(9)：55-60．

②职业晋升体系。

竞争情报人员职业晋升体系是企业吸引人才、留住人才、用好人才的重要制度。职业生涯管理是一种系统的人力资源配置与开发手段，更是一种高层次的激励手段。竞争情报工作不仅具有很强的专业知识性，更充满了挑战性和创新性。企业对竞争情报人员的激励不能只体现在物质方面，更要从精神方面给予充分的理解与信任。① 为竞争情报人员制定相应的个人职业发展计划，并在每个阶段进行必要的职业培训与提升，从而发挥竞争情报人员的价值。

8.2.3 企业竞争情报保密制度

企业竞争情报保密工作的正常开展依赖于制度保障，竞争情报保密制度是企业保护商业秘密文件的有效措施。合理完善的保密制度可以明确责任，规范员工的行为准则，使企业对商业秘密的保护合理合法、有章可循，切实可行。

制定科学的竞争情报保密制度需遵循科学的保密方法，OPSEC（Operations Security，即行动安全）是一种西方国家目前比较流行的保密方法。与传统的保密手段不同，OPSEC 承认所有公司都有脆弱的地方，但不是不顾成本地避免风险，而是以一种合理的、高效率低成本的方式来避免风险。其基本含义是，根据每一处信息的相对重要性来确定适当的保护措施。这种方法的好处在于，它能通过减少不必要的保密开支而节约支出。在发生信息泄露时，它可使企业在战略规划中将泄露造成的损失定性。②

竞争情报保密制度可以在源头上控制企业核心信息的外泄。制订合理的保密制度先需要确定企业关键信息，对不同等级的商业秘密实施不同程度的保护措施；严格控制核心信息的知悉范围；制定物理安全制度，组织不相关人员接触企业关键信息的实物载体；制定具体的保密守则，对重要文件添加秘密标记，限制具有战略性的关键内部出版物的发放，加强员工安全意识项目的建设，尽量避免秘密信息的无意泄露，与员工签订保密协议，以确保企业的所有员工不泄露任何敏感信息。③ 企业竞争情报保密制度建设主要包括以下几个方面。

---

① 吴晓伟，徐福缘. 企业竞争情报人员体系结构研究[J]. 情报理论与实践，2007(2)：189-193.

② 秦铁辉，李艳，黄蕾. 企业 Web 信息发布与关键信息保护[J]. 图书情报知识，2003(4)：87-89.

③ 张翠英，杨之霞. 基于知识流动视角的企业反竞争情报体系建设[J]. 中国图书馆学报，2008(3)：52-56.

(1) 确定关键信息

企业的关键信息既包括企业的商业秘密，也包括其载体、场所和时限。[①] 企业的关键信息一旦泄露出去，将会给企业造成很大损失，然而在实际生产和生活中不乏无意泄露企业商业秘密的例子，使企业遭受损失且处于被动的地位。

但是从信息价值实现的角度考虑，企业不应该把所有的信息都保护起来。过度的保密措施在某种程度上会妨碍企业的正常经营，比如会影响消费者和客户对企业的产品以及企业形象、经营理念的了解，影响潜在消费者的订购意愿和合作单位与企业联盟的合作意向。因此，应当对企业关键信息进行分级，对不同等级的商业秘密实施不同程度的保护，可参考《中华人民共和国保守国家秘密法》中的秘密等级分类法，将企业关键信息分为：绝密级、机密级、一般秘密级等。绝密级的商业秘密的获取权限、密码等应严格控制在高级主管范围，机密级的商业秘密只限于注册登记在编的中层主管使用，一般秘密级的信息如企业的原材料供应商、合作银行、企业所加入的战略联盟等信息可向消费者公开，但应当设置保护程序以防止恶意第三方做其他用途的使用。

确定关键信息还应从企业自身和竞争对手两个角度来进行识别。从企业自身识别关键信息主要以信息的价值大小、异质性、延展性、整合性为依据。具有价值的信息是指能够持续不断地创造价值，为企业带来核心竞争力的关键信息，包括秘密配方、特定工艺流程、研发专利等。异质性主要是指具有核心竞争力的企业竞争情报集聚后产生的差异。企业在产品研发时，利用研发产品与众不同的特性形成特定的技术优势，使得企业能突破市场格局，相比竞争对手赢得市场优势。关键信息只有具备延展性，才能使企业获得的一系列能力和竞争力能为企业多种产品打开市场提供支持。[②]

而从竞争对手视角识别本企业关键信息，通过换位思考的方式有利于保障识别关键信息的有效性和准确性。这是因为竞争双方同处于一个特定的竞争市场环境中，这使得竞争关系中的企业的目标市场一致，竞争策略趋同，从而在情报需求上也具有高度的相似性，企业可以利用自身的情报需求来推测竞争对手的情报需求，这也有助于企业识别自身的关键信息。从竞争对手立场来考虑，还可以运用竞争情报监测系统，分析竞争对手可能已经获得本企业哪些竞争情报，推测其可能还需要的情报，从而确定企业应保护的关键信息。

此外，不仅要识别确定企业的关键信息，还应对关键信息的载体进行界定，规定重要的场所，限制员工对关键载体和重要场所的活动权限。

---

① 包昌火，李艳，王秀玲，等. 竞争情报导论[M]. 北京：清华大学出版社，2011.
② 陈旭华，张文德. 基于知识产权保护的反竞争情报研究[J]. 图书情报工作，2009，53(4)：79-82.

（2）制定具体的保密守则

在企业内部，制定严格的竞争情报保密工作制度，对产生和形成信息的工作流程进行管理。缩小知悉关键信息的人员范围，可以降低情报流通环节中泄密的危险。制定具体的竞争情报流通规则和公布规则，情报知悉者须通过一定的程序审核才可公布相应的竞争情报，不可自作主张地向外界泄露企业关键信息。员工需妥善保管内部资料，信息废品需经检验后集中处理。通过权限控制，约束员工对一些关键信息的访问，妥善保管内部资料，信息"废品"需经检验后集中处理。

此外，企业应制定相应的具体的保密守则，下面是一个外国企业为每位员工分发的一页保密守则。[①]

①不要在公共场合如大楼电梯、餐厅中谈论公司业务。

②留心自己所说的东西及听众。

③不要在电话中谈论机密事宜及尚未公开的信息。

④不要和任何不相关的人，包括亲戚和朋友，讨论公司的机密信息。

⑤抽屉和文件柜应上锁。

⑥当来访者在公司内部走动时，应时刻有人陪同，即使来访者到休息室去也应如此。

⑦如果在你的工作岗位上碰到陌生人，应问他们是干什么的。

（3）签订保密合同

和企业员工签订保密合同，以法律的形式约束员工的行为，是预防企业情报泄密、确保企业情报安全的重要途径。签订保密合同的重点对象是企业中高层领导以及关键信息的生产者两大类。企业中高层领导签订保密协定对于内部秘密信息安全至关重要。在合同中，要拟定具体可执行的条款严格规定各管理岗位的秘密信息的传播和扩散的规则和限制，明确各自的保密职责，并追究其泄密责任。而技术人员、产品研发专家及其他涉密人员也掌握了大量重要的企业关键信息。因此，企业平时要加强对这些人员的培训与管理，不断提高他们的情报保密意识，并签订相应的保密合同来约束他们的行为。

此外，对于门卫、保洁工人等后勤人员而言，尽管他们和企业的经营管理、生产研发、市场销售等主要生产相关活动没有直接的关系，但是他们的不当行为也会直接导致企业情报的泄密，所以这类人员也是保密合同签订的对象。

而对于企业的离职人员，则要视具体的对象及其所在的岗位和企业的具体现状而定。对于之前掌握企业关键信息的研发人员、销售人员等，则要与之签订竞业禁止或竞业限制

---

① 缪其浩. 市场竞争和竞争情报[M]. 北京：军事医学科学出版社，1996.

协议，以免企业商业秘密的外泄。竞业禁止，又称为竞业回避、竞业避让，是用人单位对员工采取的以保护其商业秘密为目的的一种法律措施，是根据法律规定或双方约定，在劳动关系存续期间或劳动关系结束后的一定时期内，不得在生产同类产品或经营同类业务且有竞争关系或其他利害关系的其他业务单位任职，不得到生产同类产品或经营同类业务且具有竞争关系的其他用人单位兼职或任职，不得自己生产与原单位有竞争关系的同类产品或经营同类业务。竞业限制，是用人单位对负有保守用人单位商业秘密的劳动者，在劳动合同、知识产权权利归属协议或技术保密协议中约定的竞业限制条款，即劳动者在终止或解除劳动合同后的一定期限内不得再生产同类产品、经营同类业务或在有其他竞争关系的用人单位任职，也不得自己生产与原单位有竞争关系的同类产品或经营同类业务。限制时间由当事人事先约定，但不得超过两年。竞业限制条款在劳动合同中为延迟生效条款，也就是劳动合同的其他条款法律约束力终结后，该条款开始生效。

8.2.4　企业竞争情报流通制度

竞争情报流通制度主要是关于企业竞争情报生产流程及其流通方向的制度。企业竞争情报因流通使用而产生价值，并需要兼顾流通与保密的需求，在信息流通共享与情报保密之间取得平衡点。企业竞争情报流通制度主要是对产生和形成情报的工作流程进行管理，包括企业内情报共享机制、情报权限控制、情报汇报与发布程序、情报反馈机制等。企业竞争情报流通制度主要包括以下几个方面。

(1) 情报共享机制

传统环境下，员工强调情报私有性，组织内很少进行信息沟通与共享，部门内员工缺乏情报协作，跨部门之间鲜有进行信息、情报的整合与协作分析工作，而且企业所需的情报基本都是由竞争情报专员提供。实际上，一线员工尤其是接触市场和顾客的员工，不但能从外部商业环境直接获取大量信息，还能从企业利用的角度结合自己的经验和知识对信息进行过滤分析，做出科学合理的解释，生成竞争情报。这些情报能够帮助企业更好地掌握竞争环境，做出最佳战略决策。[①] 因此，为了提高全体员工的情报共享意识，促进员工自发自觉地参与企业竞争情报工作，共享贡献其竞争知识，企业应制定相应的情报共享激励机制以及建设共建共享的情报文化。例如，海尔集团依托百度 eCIS 竞争情报系统软件，组建虚拟团队，借助虚拟社区加强内外部多主体之间的情报共享与协作，在海尔内部形成

---

① 焦微玲，裴雷. 社会化媒体应用背景下的竞争情报研究——基于员工竞争知识共享视角[J]. 情报杂志，2014, 33(8): 37-41.

良好的全员情报和全员创新文化。此外，企业竞争情报部门产生的竞争情报需要在实际的生产经营中被采纳与实践，以此体现出竞争情报的价值。因此，企业竞争情报应该打造通畅的情报推送共享渠道，使所有的企业内竞争情报需求者以及潜在需求者，能够及时获得合适的竞争情报。

(2) 权限控制

通过权限控制约束企业员工对关键信息的访问。企业竞争情报的传播利用既需要健全情报共享机制，也需要防止关键情报的泄密。依据竞争情报的适用范围分层设置权限是有效手段，例如企业的机密配方、特殊工艺流程、企业发展规划等信息并不需要向所有的员工公布。通过缩小知悉关键信息的人员范围，从而减少情报泄密的危险，这符合国外保密工作制度中"需要知道"的原则。显然，掌握关键信息的人越少，越有利于竞争情报的保护。但是，在企业的日常经营运转中，需要让一部分员工了解企业的关键信息。例如，在引入外部管理咨询的时候，需将一部分关键信息告知管理咨询服务方，以这些信息为基础来获得最佳的发展建议。因此，如何平衡好权限管理与必要知情的关系，把握好这个度非常重要。

在此指导思想下，可以设置授权访问制度，即需要访问相关信息的员工提出申请，由具有审批权限的上级通过后才能访问获取该信息。同时也可以综合运用设置访问时效限制等多种灵活可行的权限控制机制。

(3) 知悉者相互制衡

对于掌握企业关键信息的人员，对其使用和发布各种信息的互动进行相互限制。如可以将企业的关键信息由几个人分散掌握，使得任何一个人的泄密行为都不至于造成企业关键信息的全部泄露。也可以是知悉者相互钳制，知悉者之一在未获得知悉者之二(甚至更多)确认的前提下，无法自作主张地向外界泄露企业关键信息。

(4) 统一企业对外信息发布的口径和程序

在日常经营活动中，为了对外塑造良好的企业形象，赢得股东和消费者的信任，企业必须按照法律法规的规定向外界发布一些经营状况信息以及新技术、新产品的进展情况等，但必须要把握好信息公开和商业机密保护之间的度，控制好这些待公开的信息。防止竞争对手或恶意第三方利用企业信息发布这样的公开渠道，运用反求工程、逻辑推理等方法合理合法地分析出一些企业自身不希望透露的关键信息。

因此，企业在新闻发布会、商务谈判、技术人员发表论文、布置展览、接待人员来访和赠送样品等过程涉及的信息公开与发布中，应当执行统一的流程和信息审查手续。哪些信息属于关键信息不应该公开、哪些信息应当发布、哪些信息应当设置专门的审查小组或相关部门进行审核都要有明确的规定，对其中可能引起商业秘密泄露的关键信息予以标记并讨论，对确实不应发布的信息予以删除。

（5）情报反馈机制

情报反馈是情报流通过程中的关键环节。[①] 情报用户及情报活动各个环节不断产生各种反馈信息，这种信息的反馈能反映出企业竞争情报活动的效果，为情报活动的调整与评估提供依据；同时还可以形成新的情报需求，从而启动下一轮情报流程。

因此，在企业竞争情报流通过程中嵌入情报反馈机制，及时针对上一个环节进行评估反馈，从而形成一个微循环，这样才能保证情报活动运行的效率与质量。[②] 例如，可以制定定期反馈和不定期反馈相结合的情报反馈机制，建立"问题（提出情报需求）→响应（提供情报产品）→反馈（不断回馈信息）"的模式，从而驱动情报流程不断循环，达到调整、优化的目的。定期反馈机制是指按照自然日期，按周、旬、月、季度等周期，各情报使用部门和用户通过指定的渠道向企业竞争情报部门进行情报反馈。不定期反馈机制则是情报需求部门根据业务需要提出的情报需求以及情报课题，在项目开展过程中，与情报部门不定期地进行信息的交互与反馈。

8.3　企业竞争情报的文化建设和管理

8.3.1　企业竞争情报文化概念

"文化"这一术语来源于社会人类学。在辞海中，文化一词，广义上是指人类在社会实践过程中所获得的物质、精神的生产能力和创造的物质、精神财富的总和；狭义上是指精神生产能力和精神产品，包括一切社会意识形式。作为社会意识形态的文化，是一定社会的政治和经济的反映，同时又给予一定社会的政治和经济以巨大的影响。而企业文化则是指企业在生产经营实践中形成的具有本企业特征的一种基本精神和凝聚力，以及为全体员工所认同并遵守的价值观念和行为准则，它由三个层面构成：

①表面层的物质文化，包括厂容、厂貌、产品造型、产品质量等。

---

① 彭知辉. 情报流程研究：述评与反思[J]. 情报学报，2016，35(10)：1110-1120.

② 马德辉. 警务情报价值链探析[J]. 中国人民公安大学学报(社会科学版)，2007(4)：52-56.

②中间层次的制度文化，包括管理体制、人际关系以及各项规章制度和纪律等。

③核心层次的精神文化，包括经营理念、行为规范、价值观念、社会责任等，是企业文化的核心，被称为"企业精神"。

沈固朝认为，在企业竞争情报实施中，文化第一、技术第二。只有有了一个共享信息文化或在一个奉行知识为中心的企业文化环境中，才能让情报活动融入每个人的日常任务中。① Jerry Miller 指出，要实现情报有效共享，企业必须展示尊重与信任文化。② 包昌火等认为，情报文化是竞争情报发展的方向，组织情报文化的形成，关键在于共享文化的培育。③ 关于竞争情报文化的内涵，学界有不同的阐述，迄今为止，已有不少专家对竞争情报文化的概念进行了探讨，比较典型的观点有以下几种。

包昌火认为，所谓情报文化，实质上就是在组织中形成领导带头、全员参与的重视情报、使用情报和共享情报的理想信念、价值观念和行为规范，是一种以情报价值为核心的意识形态，是组织文化的重要构成。④

刘冰和高洁认为，竞争情报文化是企业在长期竞争情报实践中所形成的以企业核心价值观为基础并为全体员工所认同与遵循的竞争情报价值观、意识观、道德观和协同观的综合集成。竞争情报文化是企业文化的重要组成部分，是企业文化复合体的亚文化子系统，以企业文化的核心价值观为基点，是竞争情报工作中企业文化的具体化与微观化。⑤

江洁认为，企业竞争情报文化是企业文化在竞争环境下的新发展，是竞争情报思想深刻作用于企业精神、企业制度和企业形象三个方面的产物。具体来说，企业竞争情报文化包括三个层面：一是在企业中形成以市场竞争为价值取向的竞争情报价值观，包括"情报是企业生存的基本要素""一旦被分享，情报就是力量""每个人既是情报的用户，也是情报的提供者""在情报支持下科学决策"等主要内容。二是在企业经营管理中树立科学、规范的情报工作制度、流程、管理办法以及支持情报工作的开展，包括情报工作的组织架构设计、情报搜集规范、情报分析流程、情报提供规范、密级与权限的设置、情报人员培训与考核制度以及激励制度等。三是在竞争情报具体工作中展示与塑造企业形象，包括企业通过合法的情报搜集工作、高效的情报分析工作与高质量的情报成果来展示"公平竞争""锐意进取"的形象，通过重视客户反馈与第三方关系塑造良好的社会形象，以及通过竞争

① 刘冰，高洁. 企业竞争情报文化论略[J]. 图书情报工作，2009，53(18)：96-99.

② Miller J P. Millennium intelligence：Understanding and conducting competitive intelligence in the digital age[J]. Online Information Review，2001，25(1)：131-141.

③ 包昌火，赵刚，黄英，等. 略论竞争情报的发展走向[J]. 情报学报，2004，23(3)：352-366.

④ 包昌火，赵刚，黄英，等. 略论竞争情报的发展走向[J]. 情报学报，2004，23(3)：352-366.

⑤ 刘冰，高洁. 企业竞争情报文化论略[J]. 图书情报工作，2009，53(18)：96-99.

情报工作提高产品、服务质量以带来企业形象的整体提升。[①]

从这些定义中可以看出，竞争情报文化是一个多面的概念。这些定义对于我们从不同的角度多方位地理解和认识竞争情报文化的内涵有一定的帮助。尽管各种观点说法不一，但综合来看，企业竞争情报文化可以被理解为是竞争情报思想作用于企业文化的产物，是企业在长期的竞争情报实践中形成的竞争情报精神，是为全体员工所认同并遵守的情报价值观和情报行为准则。

8.3.2　企业竞争情报文化的构成与作用

(1) 企业竞争情报文化的构成

企业竞争情报文化由三层要素构成，分别是核心层、理念层和实践层。[②]

核心层是最深层的企业竞争情报文化，是竞争情报价值观的体现，是竞争情报文化的核心与灵魂，也是企业竞争情报文化体系结构的精神支点。情报价值观集中体现了竞争情报群体的价值观念、世界观和方法论，是企业组织、群体和个体内化的情报价值与情报理念的凝练，也是现代企业竞争情报根本目标、工作宗旨和精神归宿的集中体现。价值观主导和支配着竞争情报文化的其他构成要素。

理念层是中层的企业竞争情报文化，是在竞争情报价值观念的主导下对情报文化价值观外在层面的具体反映和详细解读。主要包括竞争情报意识观、情报道德观和情报协同观。

实践层是表层的企业竞争情报文化，是竞争情报文化价值观及道德观、意识观、协同观在企业竞争情报实践中的外在体现与具体反映，是企业竞争情报文化建设的着力点，也是情报文化"内化于心"的关键层面，由情报意识(包括员工、领导者情报意识)、职业道德、行为规范、学习氛围、团队合作、管理制度、激励机制等若干要素构成。企业竞争情报核心价值观与情报文化理念诸层要素只有通过实践层的各个构成要素，才能最终成为全体员工的共识和行为指南，也才能真正将竞争情报文化展示给企业管理者、员工及用户。

(2) 企业竞争情报文化的作用

竞争情报文化代表着企业竞争情报工作的整体形象，体现着对企业员工的凝聚力、亲和力与感染力，对企业各部门的形象力与辐射力，对情报用户的说服力与营销力。企业竞

---

① 江洁. 略论我国企业的竞争情报文化建设——由力拓案引发的思考[J]. 情报理论与实践, 2010, 33(6): 60-64.

② 刘冰. 企业竞争情报基础[M]. 北京: 首都经济贸易大学出版社, 2010.

争情报文化营造了鼓励情报搜集与积累、共享与保护、学习与应用的企业文化氛围。企业顺利开展竞争情报活动需要一种情报价值导向的企业文化，竞争情报文化对企业整体的竞争情报能力作用体现在凝聚、导向和激励这三个方面。①

①凝聚作用。

企业竞争情报文化是企业员工共同创造的情报价值观，是一种黏合剂。当竞争情报文化受到全体员工的认同与遵循时，就会把全体员工凝聚在竞争情报活动目标之下，使具有不同价值取向的部门和员工在情报观上达成共识，在企业竞争情报共享、保护、交流应用中产生巨大的向心力和凝聚力，形成共同参与、相互协调、有机整合的机制与氛围，从而有效发挥全员及各部门各方面因素的综合效能，提高企业的竞争力。

②导向作用。

一旦企业形成了一个重视情报、共享情报、使用情报的竞争情报文化，竞争情报精神就会渗透到企业日常经营活动和竞争情报活动的各个环节。在企业竞争情报文化的无形约束和潜移默化的双重作用下，员工不断以企业情报价值观和理念准则来调整自己的行为，形成自觉的情报意识。员工积极发挥情报协作精神，有意识地共享情报，保护企业关键信息，认同企业竞争情报工作，并主动参与到竞争情报活动中去。

③激励作用。

企业竞争情报文化作为企业文化的重要组成部分，对竞争情报工作的影响比制度、方法、技术等因素的影响更全面、更深入、更持久。通过在全体员工心目中树立重视情报的思想观念和行为准则，使每个员工自觉产生为企业竞争情报活动而努力的意识，发挥主观能动性，在工作中自发地进行竞争情报的采集、共享、使用与保护工作，形成对企业竞争情报活动强烈的责任感和持久的驱动力。

8.3.3 企业竞争情报文化建设步骤

影响企业竞争情报文化形成的关键要素包括整体竞争环境、领导者理念、全体员工的共识、规范的情报制度、科学的情报工作机制、激励制度、先进的技术条件和完善的硬件设施。在这些因素当中，尤以决策者和全体员工对于竞争情报价值的共识最为重要，是形成竞争情报价值观的基础。②

因此，在企业进行情报文化建设之前，需要企业领导者对竞争情报有正确的认知。企

---

① 郑荣. 企业竞争情报能力增长机理及其评价研究[D]. 长春：吉林大学，2008.
② 江洁. 略论我国企业的竞争情报文化建设——由力拓案引发的思考[J]. 情报理论与实践，2010，33(6)：60-64.

业领导者在企业文化的建设中起到至关重要的作用。企业领导者是竞争情报最重要的使用者，他们的情报价值观以及对竞争情报的信任与利用程度，直接影响到企业中层管理者和其他员工对情报价值的认可程度，从而影响到全体员工的情报行为。企业领导者是企业的精神领袖和文化象征，对员工起着榜样和示范的作用。从领导层开始重视竞争情报的价值、倡导竞争情报工作的开展、加大对竞争情报工作的投入，能积极推动企业竞争情报文化的形成。

　　企业竞争情报文化的建设不是一蹴而就的，而是一个长期、系统、动态的发展过程。因此，竞争情报文化应按照相应的步骤，有计划地依次进行建设、实施、宣传及推广。本书将介绍一种较为普遍的企业竞争情报文化建设步骤。

(1) 竞争情报文化现状诊断

　　企业文化诊断是对企业文化现有状态进行的诊视和评估，文化诊断是企业文化建设的基础。① 比较有代表性的企业文化测量工具包括 Chatman 构建的组织文化剖面图、Denison 构建的组织文化量表、Hofstede 构建的多维度组织文化模型以及 Quinn 和 Cameron 构建的组织文化评价量表。

　　企业竞争情报文化现状诊断可以以 Denison 企业文化量表为诊断工具。Denison 组织文化量表（Organization Culture Questionnaire，OCQ）在西方学界有较大的影响力，它是 Denison 等人通过个案研究，构建的一个描述有效组织的文化特质模型。该模型认为，有四种文化特质和组织的有效性有关，即员工参与、一致性、适应性和使命。后来经过一些衍化发展，目前的 OCQ 量表包括 12 个子维度。OCQ 量表的维度、内涵以及子维度见表8-2。

　　在 Denison 构建的文化特质模型中，适应性和员工参与反映组织的灵活性，使命和一致性反映组织的稳定性；从另一个角度看，适应性和使命反映组织对外部的关注，而员工参与和一致性反映组织的内部管理。

表 8-2　　　　　　　　　　　　　　情报文化特质 OCQ 模型

维度	内涵	子维度
员工参与	提升个人能力，增强认同感及责任感	授权
		团队合作
		个人能力的提升

---

　　① 田家华，张光进，姜炜. Denison 企业文化量表的有效性分析及其应用研究[J].科学学与科学技术管理，2008(2)：151-155.

续表

维度	内涵	子维度
一致性	对有生命力的情报文化的基础 ——核心价值观的认同	核心价值观
		一致性
		合作与配合
适应性	将组织外部环境的需求转变为行动的能力	创新
		关注客户需求
		学习的组织
使命	组织发展的长远而有意义的方向	愿景
		战略发展目标和方向
		具体目标

(2)设计竞争情报文化建设内容

设计与组织竞争情报文化建设内容是企业竞争情报文化建设的重要环节和关键步骤。科学地组织竞争情报文化建设内容是成功的企业竞争情报文化的基础。通过前一步骤的企业文化诊断，可以确定现有企业文化的类型，然后可以采用诸如德尔菲法、头脑风暴法等专家方法对企业竞争情报文化的内容进行梳理和论证。具体可以体现在以下方面：

①结合现有企业文化的情况，提炼竞争情报文化精神、口号等，例如"情报制胜""情报先行""得情报者得天下"等，以此来宣扬情报共享、情报使用、情报意识等企业竞争情报文化理念。

②将企业竞争情报文化的内容形成文本，刊印分发企业竞争情报文化手册，并将之汇编入员工行为手册、领导行为手册中，使企业竞争情报文化不仅成为全体员工学习宣传的内容，还具体化到员工的日常行为准则里，使情报共享、情报学习、情报使用、情报保护成为员工的日常行为。

(3)竞争情报文化实施与推广

企业情报文化建设方案和内容确定后，需要对情报文化建设进行具体实施和推进。

①在实施过程中，要注意评估与缓解企业旧有文化和竞争情报操作习惯的排斥力度，并常规性地复盘实施的效果，例如对人力资源开发力度、劳动生产率、企业经营业绩、销售收入、市场占有率、企业竞争力等指标进行比较，肯定成果并找出不足之处，在下一阶段进行整改和补充。

②开展各种竞争情报知识讲座、竞争情报知识有奖问答等互动活动，宣扬企业竞争情报文化的内涵。组织企业领导及各部门成员进行情报文化理论培训和学习，并对情报文化理论进行宣传、实践及推广。在企业全体成员中广泛深入地学习、宣传、实践竞争情报文化体系，使之落实到每个岗位、每个成员的行为中，渗透到企业生产经营管理中，融入公司各项规章制度中，全面塑造企业精神、理念和价值观，达到人人认同并践行情报文化的效果。①

(4) 竞争情报文化建设效果评价与反馈

企业竞争情报文化的建设是一个循序渐进、不断完善的过程。企业情报文化体系的总体设计与策划工作完成后，应请内外专家和学者进行诊断、分析和实证。目的是对情报文化建设体系的整体实施状况做出阶段性评价和总结，对存在的问题和不足结合企业发展需要和实际状况进一步完善和提高。在这个不断迭代的过程中，进一步凝练适合本企业的竞争情报文化和竞争情报精神，使企业竞争情报文化不断渗透到企业的日常经营过程中，真正起到精神引领员工、内在激励员工和发挥凝聚力的作用。

8.3.4　企业竞争情报文化的管理

企业竞争情报文化是坚持宣传、不断实践和规范管理的结果。② 因此为了实现企业竞争情报文化的目标和发挥其实际作用，以及避免企业竞争情报文化成为一种摆设和象征，我们在重视企业竞争情报文化建设的同时，还应该重视对企业竞争情报文化的管理。企业竞争情报文化的管理体现在以下几个方面。

(1) 高层重视，发挥领导带头示范作用

著名竞争情报系统领域专家本·吉莱德教授曾说过，任何未被最高领导层提议建立，或未被最高领导层大力支持及使用的情报部门，都注定前景黯淡或者无法对决策产生真正的影响。企业竞争情报文化建设亦是如此，高层领导的支持是成功建设与管理企业文化的必要条件。竞争情报文化的建设是一项长期的系统工程，涉及从领导到员工的每一个人，而且是一个长期的过程，其贯彻和实施需要很长时间，所以竞争情报文化需要公司领导从政策、人力、物力和财力方面给予大力支持。企业高层领导的支持还能发挥领导带头示范作用，起到上行下效、使竞争情报文化在企业中呈辐射状扩散影响的效用。

---

① 郑荣. 企业竞争情报能力增长机理及其评价研究[D]. 长春：吉林大学，2008.
② 黎群. 试论企业文化的形成机制与建设[J]. 北方交通大学学报，2001(5)：64-68.

企业领导需带头重视情报、使用情报、交流情报、保护情报，并践行在日常工作中，才能带动中层管理者和其他企业员工一起强化竞争情报意识，认同竞争情报价值观，并一起参与到竞争情报活动流程中去。只有高层重视并积极推动，才能使企业深深烙下重视情报的企业竞争情报文化基因。

企业领导高层可以派人专门分管企业竞争情报工作，带领团队参观、研究分析行业先进企业的竞争情报活动，学习优秀的实践经验。企业领导者可以通过各种内外公开场合，比如年度中期和年终总结会议、中高层决策会议、生产调度会、推广营销会等场合，表彰和嘉奖对企业竞争情报活动有突出贡献的普通员工和专员等，同时鼓舞大家进行情报交流和学习。领导团队是企业的核心，对企业竞争情报文化的形成和维系有着至关重要的作用。领导的价值观念和行为方式会起到辐射状的引领效果，带动全体员工重视情报价值、情报交流利用与情报保护。

（2）通过文化意义符号管理，强化竞争情报文化的凝聚、导向与激励作用

管理企业竞争情报文化需要在组织内反复宣传与强调企业的竞争情报价值理念，可以将其中愿景、标语、口号等沉淀为一种文化意义符号，以此来实现竞争情报文化的激励与强化作用。文化是一种意义符号，只有分享这一文化才能被识别。文化意义符号系统包括文化精神意义符号系统，如企业口号、使命、宗旨等；也包括文化物质意义符号系统，如企业的标志、名称、旗帜等；还包括文化行为意义符号系统，如由典型人物的行为传达的文化指令等。[①]

因此，企业竞争情报文化管理可以通过在办公场所张贴标语、口号、竞争情报精神、象征性图标符号等视觉予以强化，以此来凝聚和加深全体员工的竞争情报意识，激发全体员工参与到竞争情报活动中的主动性。开辟竞争情报文化宣传专栏，报道企业中高层领导干部在竞争情报活动中积极参与的事迹，表彰竞争情报工作先进个人和团体，从而起到标杆引导和激励的作用。

（3）开展对员工的竞争情报培训工作，增强全员的竞争情报观念

竞争情报培训可以使全体员工集中了解企业竞争情报文化、学习竞争情报知识以及强化竞争情报观念。这里的竞争情报培训一般指针对企业管理人员和除企业竞争情报专员外的其他员工的培训，根据培训的对象不同，内容设置也有所不同。对企业管理人员培训的目的在于提高他们对竞争情报工作的认识和重视程度，提升他们的竞争情报意识，促使他们进一步支持和参与竞争情报工作，推动企业竞争情报文化的建设。对于他们的培训一般

---

① 黎永泰 . 企业文化管理初探［J］. 管理世界，2001（4）：163-172.

不涉及竞争情报的具体技能操作，重点应放在竞争情报作用、战略地位、意识等方面。

　　竞争情报工作是一项全员工作，并不是仅依靠竞争情报部门的工作人员就能完成。因此，针对数量更占优的普通员工来说，对他们进行竞争情报培训，使其具备情报获取技能、情报意识和反情报意识，从而都可以为竞争情报部门提供信息。培训的内容应主要包括：竞争情报简介、竞争情报意识、竞争情报基本搜集方法、竞争情报规章制度、反竞争情报意识与方法等，使企业竞争情报意识渗透到每个员工的价值观念里，内化于心，从而营造良好的企业竞争情报文化氛围。

◎ 思考题

　　1. 试述企业竞争情报机构的类型和作用。

　　2. 试述企业竞争情报机构设置的依据和组织形式。

　　3. 试述企业竞争情报机构监督和控制的内容。

　　4. 试述企业竞争情报制度建设和管理的内容。

　　5. 试述企业竞争情报文化建设和管理的内容。

参 考 文 献

[1]包昌火，李艳，王秀玲，等．竞争情报导论[M]．北京：清华大学出版社，2011.

[2]包昌火，谢新洲．竞争对手分析[M]．北京：华夏出版社，2003.

[3]包昌火，谢新洲．竞争情报与企业竞争力[M]．北京：华夏出版社，2001.

[4]包昌火，谢新洲．企业竞争情报系统[M]．北京：华夏出版社，2002.

[5]包昌火，赵刚，黄英，等．略论竞争情报的发展走向[J]．情报学报，2004，23（3）：352-366.

[6]包琰．包昌火情报思想剖析[J]．情报杂志，2013（6）：1-4，9.

[7]蔡玉俊，王敏杰，王建玲．基于数字化反求工程的快速模具设计[J]．电加工与模具，2003（6）：43-47.

[8]曹如中，郭华，李丹．合作竞争环境下企业竞争情报战略联盟研究[J]．情报理论与实践，2013，36（3）：7-10.

[9]曹如中，史健勇，郭华．不确定性环境下竞争情报服务战略决策的作用机理研究[J]．情报理论与实践，2018，41（1）：28-32，4.

[10]曾忠禄．OPSEC：企业公开信息保护的方法[J]．中国科技资源导刊，2003（5）：50-51.

[11]曾忠禄．企业竞争情报管理：战胜竞争对手的秘密武器[M]．广州：暨南大学出版社，2004.

[12]陈峰，梁战平．构建竞争优势：竞争情报与企业战略管理的互动与融合[J]．情报学报，2003（5）：632-635.

[13]陈丽杨．企业反竞争情报策略研究[D]．哈尔滨：黑龙江大学，2008.

[14]陈明哲．动态竞争[M]．北京：北京大学出版社，2009.

[15]陈庆得．连锁式经营关键成功因素之探讨——以美语补习业为例[D]．新北：淡江大学，2001.

[16]陈翔宇，郎诵真，甘利人．企业竞争情报研究[M]．北京：兵器工业出版社，1995.

[17]陈旭华，张文德．基于知识产权保护的反竞争情报研究[J]．图书情报工作，2009，53（4）：79-82.

[18]陈育挺．新竞争环境下企业对竞争情报搜集方法的运用[J]．现代情报，2002（6）：

122-124.

[19]陈志勋. 专利预警评价体系构建及其实证研究[D]. 太原：山西财经大学，2010.

[20]程娟. 网络环境下企业信息泄密与反竞争情报整合[J]. 情报理论与实践，2008(3)：400-402.

[21]崔小委，吴新年. 面向开放式技术创新环境的产业技术竞争情报需求分析[J]. 图书情报工作，2015，59(9)：88-96.

[22]崔也光. 财务报表分析[M]. 天津：南开大学出版社，2003.

[23]丁源，周海炜. 反情报演练中的影子分析方法：应用策略与FAROUT评估[J]. 情报学报，2013，32(8)：828-837.

[24]董素音，蔡莉静. 图书馆竞争情报服务[M]. 北京：海洋出版社，2009.

[25]杜攀旭. 大数据背景下的企业竞争情报工作：机遇、挑战与提升策略[J]. 图书情报导刊，2018，3(9)：58-62.

[26]冯晓青. 网络环境与企业商业秘密保护策略[J]. 重庆大学学报(社会科学版)，2006，12(5)：93-96.

[27]付蕊. 反竞争情报工作研究[D]. 哈尔滨：黑龙江大学，2014.

[28]顾穗珊，孙山山. 大数据时代智慧政府主导的中小企业竞争情报服务供给研究[J]. 图书情报工作，2014，58(5)：64-68.

[29]郭伟. 互联网环境下企业竞争情报系统研究[D]. 镇江：江苏科技大学，2011.

[30]何美琴. 企业战略竞争情报特点转变及发展趋势[J]. 图书馆学研究，2010(21)：56-58.

[31]侯颖锋. 企业反竞争情报研究[J]. 情报理论与实践，2000，23(6)：430-432.

[32]胡晖，刑峰. 竞争情报(第二版)[M]. 北京：海洋出版社，2006.

[33]胡星光，包昌火，等. 竞争情报解决方案——企业竞争情报系统和竞争情报技能[M]. 北京：兵器工业出版社，2002.

[34]黄晓斌，马芳. 情景分析法在竞争情报研究中的应用[J]. 情报资料工作，2009(6)：22-25.

[35]黄晓斌，钟辉新. 基于大数据的企业竞争情报系统模型构建[J]. 情报杂志，2013(3)：37-43.

[36]黄晓斌. 论我国竞争情报教育的现状与发展方向[J]. 情报科学，2006(3)：455-460.

[37]贾晓斌. 竞争情报理论与实践研究[M]. 西安：西安交通大学出版社，2006.

[38]简兆权. 动态竞争环境下的企业战略转换[M]. 北京：经济科学出版社，2005.

[39]江洁. 略论我国企业的竞争情报文化建设——由力拓案引发的思考[J]. 情报理论与实践，2010，33(6)：60-64.

[40]姜显臣. 我国企业反竞争情报的策略与方法研究[D]. 长春：吉林大学，2010.

[41]焦微玲，裴雷. 社会化媒体应用背景下的竞争情报研究——基于员工竞争知识共享视
  角[J]. 情报杂志，2014，33(8)：37-41.

[42]焦瑜净. 浅谈竞争情报在企业危机管理中的应用[J]. 图书情报工作，2007，51(8)：
  54-57.

[43]朗诵真，王曰芬，朱晓峰. 竞争情报与企业竞争力[M]. 北京：华夏出版社，2001.

[44]黎群. 试论企业文化的形成机制与建设[J]. 北方交通大学学报，2001(5)：64-68.

[45]黎永泰. 企业文化管理初探[J]. 管理世界，2001(4)：163-172.

[46]李国红，夏文正，秦鸿霞. 企业竞争情报与反竞争情报研究[J]. 情报科学，2001，19
  (10)：1112-1113.

[47]李建丽，张新民. 影子团队与竞争情报[J]. 图书情报工作，2010，54(16)：14-43.

[48]李健，史浩. 大数据背景下再制造闭环供应链竞争情报系统研究[J]. 图书情报工作，
  2014，58(2)：96-101.

[49]李鸣娟，蔡华利. 对企业反竞争情报工作模式的分析[J]. 图书情报导刊，2005，15
  (16)：72-74.

[50]李亚京. 大数据环境下竞争情报在企业危机管理中的应用[J]. 内蒙古科技与经济，
  2017(21)：16-18.

[51]李映州，张宇. 论竞争情报的特点[J]. 情报学报，1996(6)：460-466.

[52]栗莉. 90年代我国竞争情报研究综述[J]. 图书与情报，2001(3)：25-28.

[53]梁启超. 梁启超选集[M]. 上海：上海人民出版社，1984.

[54]林东龙，周大通，戴倚霞，等. 利用大数据技术开发全球能源信息系统——中石油的
  实践[J]. 竞争情报，2019，15(2)：24-29.

[55]刘冰，高洁. 企业竞争情报文化论略[J]. 图书情报工作，2009，53(18)：96-99.

[56]刘冰. 企业竞争情报基础[M]. 北京：首都经济贸易大学出版社，2010.

[57]刘高勇，汪会玲，吴金红. 大数据时代的竞争情报发展动向探析[J]. 图书情报知识，
  2013(2)：105-111.

[58]刘红光，吕义超. 专利情报分析在特定竞争对手分析中的应用[J]. 情报杂志，2010
  (7)：35-39.

[59]刘惠敏. 反求工程与反竞争情报[J]. 内蒙古科技与经济，2006(21)：67-68.

[60]刘昆雄，甘雨. 面向企业需求的竞争情报人才协同培养模式探究[J]. 图书馆学研究，
  2015(17)：14-21.

[61]刘丽华，盛小平. 竞争情报与企业文化的整合战略研究[J]. 情报理论与实践，2013，
  36(1)：11-15.

[62] 刘璐, 尚朝秋. 浅析我国白酒行业的竞争情报需求[J]. 图书情报工作, 2014(2): 193-195.

[63] 刘书孟, 郑彦宁. 企业科技规划工作对技术竞争情报需求分析[J]. 情报科学, 2017 (6): 69-72.

[64] 刘天予. 大数据时代企业反竞争情报体系构建研究[D]. 昆明: 云南大学, 2016.

[65] 刘友金, 杨继平. 集群中企业协同竞争创新行为博弈分析[J]. 系统工程, 2002, 20 (6): 22-26.

[66] 罗贤春. 企业危机管理的信息机制研究[M]. 北京: 科学出版社, 2009.

[67] 马德辉. 警务情报价值链探析[J]. 中国人民公安大学学报(社会科学版), 2007(4): 52-56.

[68] 马栋之, 张丽丽. 大数据时代的企业竞争情报系统研究[J]. 中小企业管理与科技(中旬刊), 2015(3): 275-276.

[69] 马建霞, 孙成权. 专利情报分析软件的现状和趋势[J]. 现代图书情报技术, 2006(1): 66-70.

[70] 马林山, 赵庆峰. 大数据时代企业竞争情报运行保障机制建设研究[J]. 现代情报, 2015, 35(7): 148-152.

[71] 苗杰, 倪波. 面向集成竞争情报系统的数据挖掘应用研究[J]. 情报学报, 2001(8): 443-450.

[72] 缪其浩. 市场竞争和竞争情报[M]. 北京: 军事医学科学出版社, 1996.

[73] 逢锦荣, 张雨. 大数据环境下中小企业竞争情报需求分析与实施策略研究[J]. 山东科技大学学报(社会科学版), 2018, 20(4): 80-87.

[74] 彭靖里, 杨斯迈, 马敏象, 尚朝秋. 论企业竞争情报研究的发展现状及其特点比较[J]. 情报杂志, 2001(10): 3-4, 7.

[75] 彭知辉. 情报流程研究: 述评与反思[J]. 情报学报, 2016, 35(10): 1110-1120.

[76] 秦铁辉, 李艳, 黄蕾. 企业 Web 信息发布与关键信息保护[J]. 图书情报知识, 2003 (4): 87-89.

[77] 秦铁辉, 罗超. 基于信息安全的企业反竞争情报体系构建[J]. 情报科学, 2006, 24 (10): 1441-1450.

[78] 邱均平, 张蕊. 企业竞争情报系统效益评价分析[J]. 情报科学, 2004(6): 649-652.

[79] 邱晓琳. 企业秘密信息的反竞争情报保护[J]. 中国信息导报, 1998(12): 38.

[80] 沈固朝, 等. 竞争情报的理论与实践[M]. 北京: 科学出版社, 2008.

[81] 沈艳红. 企业反竞争情报研究[J]. 情报探索, 2006(10): 76-77.

[82] 施爱芬. 大数据对企业物流成本的影响研究——基于农夫山泉的案例[J]. 中国商论,

2018(25): 15-16.

[83] 宋新平, 甘德昌, 熊强. 中小企业竞争情报的需求及应用行为探析[J]. 情报理论与实践, 2012, 35(3): 62-65.

[84] 苏瑞林. 竞争情报定义浅析[J]. 津图学报, 1999(2): 60-63.

[85] 檀圆. 商业秘密的合理保密措施研究[D]. 武汉: 华中科技大学, 2017.

[86] 陶翔. 国家竞争情报[M]. 上海: 上海科学技术文献出版社, 2008.

[87] 田家华, 张光进, 姜炜. Denison 企业文化量表的有效性分析及其应用研究[J]. 科学学与科学技术管理, 2008(2): 151-155.

[88] 汪群, 张阳, 郑声安. 基于产业生命周期视角的企业战略制定的影响因素研究[J]. 南京社会科学, 2008(5): 48-52.

[89] 王斌, 李正中, 寿文霞. 论我国企业竞争情报系统的建设与运作[J]. 情报杂志, 1999(3): 31-34.

[90] 王超. 竞争战略[M]. 北京: 中国对外经济贸易出版社, 1999.

[91] 王洪亮, 张琪, 朱延涛. 大数据环境下中小企业竞争情报系统模型构建[J]. 情报理论与实践, 2015, 38(7): 109-114.

[92] 王克平. 企业竞争情报危机预警信息分析方法研究综述[J]. 情报科学, 2014, 32(2): 151-156.

[93] 王蔚威. 企业反竞争情报体系构建[D]. 福州: 福建师范大学, 2009.

[94] 王晓, 李纲. 竞争情报人员绩效影响因素分析[J]. 情报科学, 2016, 34(9): 55-60.

[95] 王晓慧, 江传东, 李迎迎. 大数据背景下企业反竞争情报策略研究[J]. 改革与开放, 2017(17): 65-66, 104.

[96] 王晓慧, 李迎迎, 成志强. 大数据时代我国企业竞争情报研究综述[J]. 电子商务, 2017(4): 21-23.

[97] 王延飞. 竞争情报方法[M]. 北京: 北京大学出版社, 2007.

[98] 王瑶. 谈企业技术竞争情报的开展[J]. 图书情报工作, 2006(12): 66-70.

[99] 王勇, 许钟涛, 王瑛. 大数据环境下竞争情报系统的研究与实现[J]. 广东工业大学学报, 2014(3): 27-31.

[100] 王煜全. 情报制胜[M]. 北京: 科学出版社, 2004.

[101] 王曰芬, 甘利人. 竞争对手的情报研究[J]. 情报理论与实践, 2001, 24(4): 271-273.

[102] 王知津, 严贝妮, 刘冰, 陈婧. 我国企业竞争情报战争游戏解决方案研究[J]. 情报理论与实践, 2010(2): 41-45.

[103] 王知津, 张收棉. 企业竞争情报研究的有力工具——价值链分析方法[J]. 情报理论与实践, 2005(4): 439-444.

[104]王知津．竞争情报[M]．北京：科学技术文献出版社，2005．

[105]魏同悟．把握企业竞争情报的本质特征，提高企业竞争能力与水平[J]．冶金信息导刊，1998(6)：32-36．

[106]吴金红，张飞，鞠秀芳．大数据：企业竞争情报的机遇、挑战及对策研究[J]．情报杂志，2013，32(1)：5-9．

[107]吴晓伟，徐福缘．企业竞争情报人员体系结构研究[J]．情报理论与实践，2007(2)：189-193．

[108]吴晓伟．企业竞争情报(第二版)[M]．大连：大连理工大学出版社，2018．

[109]吴永臻．竞争情报的基本特点分析[J]．情报资料工作，1996(5)：4-5．

[110]吴月梅．大数据时代企业战略竞争情报研究方法探究[J]．竞争情报，2018，14(1)：40-48．

[111]武亚军．90年代企业战略管理理论的发展与研究趋势[J]．南开管理评论，1999(2)：4-11．

[112]谢新洲．企业信息化与竞争情报[M]．北京：北京大学出版社，2006．

[113]徐芳，陈全平，王树义．竞争情报过程优化研究：情景分析法的运用[J]．图书情报工作，2010，54(22)：16-19．

[114]徐芳．基于结构方程模型的竞争情报与危机管理关系的实证研究[J]．竞争情报，2018，14(4)：17-25．

[115]徐芳．基于危机生命周期的企业竞争情报机制理论模型构建[J]．情报资料工作，2016(4)：45-50．

[116]许美贤，郑琰．大数据技术在物流企业中的应用——以京东企业为例[J]．电子商务，2019(5)：55-56．

[117]鄢百其，刘三萍，金晓祥．竞争情报：企业竞争的有效手段[J]．情报理论与实践，1999(5)：378-379．

[118]杨鹏鹏，万迪昉，梁晓莉．企业竞争情报人员胜任力评价指标体系的构建[J]．图书与情报，2005(2)：53-55．

[119]杨冉．基于云服务平台的竞争情报服务联盟构建及运行机制研究[D]．长春：吉林大学，2017．

[120]杨薇薇．对我国竞争情报教育事业发展的思考[J]．图书馆理论与实践，2009(6)：38-42．

[121]岳增蕾．企业战略规划阶段竞争情报需求与服务研究[J]．图书馆学研究，2011(11)：79-84．

[122]查先进，严亚兰．供应链管理[M]．武汉：武汉大学出版社，2013．

[123]查先进,陈明红,杨凤.竞争情报与企业危机管理[M].武汉:武汉大学出版社,2010.

[124]查先进,严亚兰.论企业竞争对手[J].情报科学,2000(2):123-125.

[125]查先进.信息分析[M].武汉:武汉大学出版社,2011.

[126]翟东升,周娟,王明吉.基于多Agent的专利地图研究[J].情报杂志,2006(7):2-4.

[127]张安淇,宗利永.大数据背景下企业竞争情报工作众包模式研究[J].情报理论与实践,2017,40(1):12-17.

[128]张翠英,杨之霞.基于知识流动视角的企业反竞争情报体系建设[J].中国图书馆学报,2008(3):52-56.

[129]张达富.商业间谍防范与商业秘密保护[J].决策与信息:财经观察,2005(3):66-67.

[130]张慧泽.竞争情报——提升企业竞争力的法宝[J].现代情报,2004,24(12):171-172.

[131]张金磊.浅析大数据技术在企业战略管理中的应用[J].电脑知识与技术,2016,12(20):17-20.

[132]张凯.信息资源管理(第二版)[M].北京:清华大学出版社,2007.

[133]张兴旺,麦范金,李晨晖.基于大数据的企业竞争情报动态信息处理的内涵及共性技术体系研究[J].情报理论与实践,2014,37(3):121-128.

[134]张学才,郭瑞雪.情景分析方法综述[J].探索与争鸣,2005(8):125-126.

[135]张彦,张为民.专利情报分析[J].现代情报,2007(3):185-187.

[136]张燕舞,兰小筠.企业战略与竞争分析方法之一——专利分析法[J].情报科学,2003(8):62-64.

[137]张垚,刘晓静.基于大数据背景下的企业价值管理——以海康威视为例[J].现代商业,2018(25):97-98.

[138]张泽洪,陈肖沫.学会选择——论波特的竞争对手理论[J].现代企业教育,2004(5):16-18.

[139]张左之.Benchmarking:竞争情报的一种重要手段[C]//全国竞争情报与企业发展研讨会会议录.北京:北京科学技术情报学会,1996:45-48.

[140]赵骅,李德玉.企业持续竞争优势动态模型[J].中国软科学,2004(1):85-88.

[141]赵柯然.大数据环境下的中国竞争情报发展探析[J].图书情报研究,2016(2):27-31.

[142]郑海味,刘艳珂.企业商业秘密保护困境及其保护体系的构建[J].保密科学技术,

2018, 98（11）：61-63.

[143]郑荣, 彭玉芳, 李千, 刘永涛. 中小企业竞争情报服务体系的运作模式研究[J]. 情报理论与实践, 2013, 36（7）：15-19.

[144]郑荣. 企业竞争情报能力增长机理及其评价研究[D]. 长春：吉林大学, 2008.

[145]郑悦雪. 大数据环境下中小企业竞争情报系统研究[D]. 昆明：云南大学, 2016.

[146]钟辉新, 张兴旺, 黄晓斌. 面向大数据的企业竞争情报动态运行模式 MDD：监控、发现、决策的互动[J]. 情报理论与实践, 2014, 37（3）：6-11, 15.

[147]钟沛彪. 开展竞争情报研究工作的思考[J]. 广西地质, 1999（3）：59-62.

[148]周三多, 陈传明, 鲁明泓. 管理学——原理与方法[M]. 上海：复旦大学出版社, 2003.

[149]周三多. 战略管理思想史[M]. 上海：复旦大学出版社, 2002.

[150][德]方伟翰, 哈拉德·维泽. 市场竞争中的企业策略[M]. 罗敏, 译. 上海：上海社会科学院出版, 2000.

[151][美]迈克尔·波特. 竞争优势[M]. 陈小悦, 译. 北京：华夏出版社, 1997.

[152][美]迈克尔·波特. 竞争战略：分析产业和竞争者的技巧[M]. 陈小悦, 译. 北京：华夏出版社, 2003.

[153][美]迈克尔·波特. 竞争战略[M]. 陈小悦, 译. 北京：华夏出版社, 2006.

[154]Aaker D A. Strategic Market Management[M]. John Wiley & Sons. Inc., 1989.

[155]Anderwood J. Complexity and Paradox[M]. Oxford：United Kingdom Capstone Publishing Ltd, 2002.

[156]Andrews K R, David D K. A Concept of Corporate Strategy [M]. Homewood, IL：Irwin, 1967.

[157]Ansoff H I. Corporate Strategy[M]. Sidgwick&Jackson, 1986.

[158]Aziz A, Emanuel D C, Lawson G H. Bankruptcy prediction-An investigation of cash flow based models[J]. Journal of Management Studies, 1988, 25（5）：419-437.

[159]Azvine B, Cui Z, Nauck D D. Towards real-time business intelligence[J]. BT Technology Journal, 2005（7）：214-225.

[160]Barabara E. Managing competitive intelligence[J]. Management Review, 1995, 84（10）：15-19.

[161]Baumgartner R, Eiter T, Gottlob G, Herzog M, Koch C. Information Extraction for the Semantic Web[M]. LNCS 3564, 2005.

[162]Berman J J. Principles of Big Data：Preparing, Sharing, and Analyzing Complex Information[M]. Morgan Kaufmann Publishers Inc., 2013.

[163]Boynton A C, Zmud R W. An assessment of critical success factors[J]. Sloan Management Review, 1984, 25(4): 17-27.

[164]Breeding B. CI and HM convergence: A case study at shell services international [J]. Competitive Intelligence Review, 2000, 11(4): 12-24.

[165]Bullivant J. Benchmarking for Continuous Improvement in the Public Sector[M]. Harlow: Longman, 1994.

[166]Calof J, Skinner B. Government's role in competitive intelligence: What's happening in Canada? [J]. Competitive Intelligence Magazine, 1999, 2(2): 20-23.

[167]Chang F, Dean J, Ghemawat S, et al. Bigtable: A distributed storage system for structured data[J]. ACM Transactions on Computer Systems, 2008, 26(2): 1-26.

[168]Chen C L P, Zhang C Y. Data-intensive applications, challenges, techniques and technologies: A survey on big data[J]. Information Sciences, 2014, 275(11): 314-347.

[169]Chen H, Chiang R H L, Storey V C. Business intelligence and analytics: From big data to big impact[J]. Mis Quarterly, 2012, 36(4): 1165-1188.

[170]Chen M, Mao S, Liu Y. Big data: A survey[J]. Mobile Networks & Applications, 2014, 19(2):171-209.

[171]Collis D J, Montgomery C A. Competing on resources: Strategy in the 1990s[J]. Harvard Business Review,1995(73): 118-129.

[172]Cox M, Ellsworth D. Managing big data for scientific visualization [R]. In: ACM SIGGRAPH '97 course #4, exploring gigabyte datasets in real-time: algorithms, data management, and time-critical design. Anaheim, CA, US, Los Angeles: ACM Digital Library, 1997: 5-17.

[173]Davies T, Gilbert B, Swartz J. Competitive Response: A New Lens for Evaluating Company Performance[M]. Springer Berlin Heidelberg, 2005.

[174]Dean J, Ghemawat S. Mapreduce: Simplified data processing on large clusters [J]. Communication of the ACM, 2008, 51(1): 107-113.

[175]Decker R, Wagner R, Scholz S W. An Internet-based approach to environmental scanning in marketing planning[J]. Marketing Intelligence & Planning, 2005,23(2): 189-199.

[176]Ding N. Research and construction of the enterprise competitive intelligence system[J]. Applied Mechanics and Materials, 2014(519): 1589-1594.

[177]Edward P. Learn from the masters of competitive intelligence: The spy[J]. Success,1994, 41(3): 33-39.

[178]Ernst H. The use of patent data for technological forecasting: The diffusion of CNC-

technology in the machine tool industry[J]. Small Business Economics, 1997(9): 361-381.

[179]Ettorre B. Managing competitive intelligence[J]. Management Review, 1995, 84(10): 15-19.

[180]Fahey L.Randal R M.Learning from the Future: Competitive Foresight Scenarios[M]. New York: Wiley, 1998.

[181]Fan J, Han F, Liu H. Challenges of big data analysis[J]. National Science Review, 2014, 1(2):293-314.

[182]Fiora B. Product management toolkit: Strategy game planning[J]. Pharmaceutical Executive, 2006, 26(2):22.

[183]Fleisher C S, Blenkhorn D L. Managing Frontiers in Competitive Intelligence[M]. London: Quorum Books, 2001.

[184]Gandomi A, Haider M. Beyond the hype: Big data concepts, methods, and analytics.[J]. International Journal of Information Management, 2015, 35(2):137-144.

[185]Garrod P, Kinnell M. Benchmarking development needs in the LIS sector[J]. Journal of Information Science, 1997, 23(2): 111-118.

[186]Gasson S, Shelfer K M. IT-based knowledge management to support organizational learning: Visa application screening at the INS[J]. Information Technology & People, 2007, 20(4): 376-399.

[187]Ghemawat S, Gobioff H, Leung S T. The Google file system[C]. 19th ACM Symposium on Operating Systems Principles. ACM, 2003.

[188]Gieskes H. Competitive intelligence at LEXIS-NEXIS[J]. Competitive Intelligence Review, 2000, 11(2): 4-11.

[189]Gohlke A. Benchmark for strategic performance improvement[J]. Information Outlook, 1997(8): 22-24.

[190]Grabowski D P. Building an effective competitive intelligence system[J]. The Journal of Business & Industrial Marketing, 1986, 1(1): 19-23.

[191]Gu T. Research on collaboration analysis of competitive intelligence based on big data[J]. Information Science, 2013(12): 114-118.

[192]Guimaraes T. The impact of competitive intelligence and IS support in changing small business organizations[J]. Logistics Information Management, 2000, 12(3): 117-125.

[193]Harkleroad D H. Competitive intelligence: A new benchmarking tool[J]. Management Review, 1992, 81(10): 26.

[194] Hashem I A T, Yaqoob I, Anuar N B, et al. The rise of "big data" on cloud computing [J]. Information Systems, 2015, 47(C): 98-115.

[195] Hawkins D T. Emerging intelligence tools[J]. Information Today, 2005, 22(8): 36.

[196] Heffernan R. Comman sense best strategy[J]. Security, 1997, 34(2): 178-184.

[197] Hofer C W, Schendel D. Strategy Formulation: Analytical Concept[M]. New York: Weat Publishing, 1978.

[198] Hovis J H. CI at Avnet: A bottom-line impact [J]. Competitive Intelligence Review, 2000, 11(3): 5-15.

[199] Huang X B, Zhong H X. The construction of the competitive intelligence system in small and medium-sized enterprises in a cloud environment[J]. Information and Documentation Services, 2012(2): 39-44.

[200] Hurwitz J, Nugent A, Halper F, Kaufman M. Big Data for Dummies [M]. For Dummies, 2013.

[201] Izquierdo J, Larreina S. Collective SME Approach to Technology Watch and Competitive Intelligence: The Role of Intermediate Centers[M]. In Knowledge Mining, 2005.

[202] James Manyika, Michael Chui, Brad Brown, Jacques Bughin, Richard Dobbs, Charles Roxburgh, Angela Hung Byers. Big data: The next frontier for innovation, competition, and productivity[R]. McKinsey Global Institute, 2012.

[203] Johnson R J. A Cognitive Approach to the Representation of Managerial Competitive Intelligence Knowledge[M]. The University of Arizona, 1994.

[204] Kahaner L. Competitive intelligence pays off on the homefront[J]. InformationWeek, 2000, 805(3).

[205] Kahaner L. Keeping an "I" on the competition[J]. InformationWeek, 2000, 805(3).

[206] Kahn H, Wiener A J. The Year 2000: A Framework for Speculation on the Next Thirty-three Years 1967[M]. New York: Mac Millan Press, 1967.

[207] Kassler H. Competitive intelligence on the Internet going for the gold[J]. Information Outlook, 2000, 4(2): 37.

[208] Kim W. On business intelligence systems [C]. Proceedings of the Second International Conference on Worldwide Computing and Its Applications, 1998.

[209] Kurtz J. Business wargaming: Simulations guide crucial strategy decisions[J]. Strategy & Leadership, 2003, 31(6): 12-16.

[210] Liu G Y, Wang H L, Wu J H. Analysis of competitive intelligence development in the era of big data[J]. Document, Information & Knowledge, 2013(2): 105-110.

［211］Liu S, Turban E, Lee M K O. Software agents for environmental scanning in electronic commerce［J］. Information Systems Frontiers, 2000, 2(1)：85-98.

［212］Lunin L F. Secure and competitive intelligence, on and off the Internet［J］. Information Today, 1995, 12(3)：44.

［213］Marx V. Biology：The big challenges of big data［J］. Nature, 2013, 498(7453)：255-260.

［214］McGonagle J J, Vella C M. A case for competitive intelligence ［J］. Information Management Journal, 2002, 36(4)：35-40.

［215］McGonagle J J, Vella C M. Bottom Line Competitive Intelligence［M］. London：Quorum Books, 2002.

［216］Miller J P. Millennium intelligence：Understanding and conducting competitive intelligence in the digital age［J］. Online Information Review, 2001, 25(1)：131-141.

［217］Myburgh S. Competitive intelligence：Bridging organizational boundaries［J］. Information Management Journal, 2004, 38(2)：46.

［218］Ngamkroeckjoti C, Johri L M. Management of environmental scanning processes in large companies in Thailand［J］. Business Process Management, 2000, 6(4)：331-341.

［219］Nolan J A. Competitive intelligence：It's the third millennium：Do you know where your competitor is？［J］. Journal of Business Strategy, 1999, 20(6)：11-15.

［220］Oder N. The competitive intelligence opportunity［J］. Library Journal, 2001, 126(4)：42-44.

［221］Oliveira J P M, Loh S, Wives L K, Scarinci R G, Musa D, Silva L, Zambenedetti C. Applying Text Mining on Electronic Messages for Competitive Intelligence ［M］. In Bauknecht K, Bichler M, and Pröll B(Eds.)：E-commerce and Web technologies, LNCS 3182, 2004.

［222］Oussous A, Benjelloun F Z, Lahcen A A, et al. Big data technologies：A survey［J］. Journal of King Saud University-Computer and Information Sciences, 2018(30)：431-448.

［223］Pelsmacker P D, Muller M L, Viviers W, Saayman A, Cuyvers L, Jegers M. Competitive intelligence practices of South African and Belgian exporters［J］. Marketing Intelligence & Planning, 2005, 23(6)：606-620.

［224］Pettersson U. Creating an intelligence system at the swedish national financial management authority［J］. Competitive Intelligence Review, 2001, 12(2)：20-31.

［225］Porter M E. Competitive Advantage：Creating and Sustaining Superior Performance［M］. Free Press, 1998.

［226］Porter M E. Competitive Strategy［M］. New York：The Free Press, 1980.

[227] Prahalad C K, Gary Hamel, The core competence of the corporation[J]. Harvard Business Review, 1990(5/6): 79-90.

[228] Preble J F. Towards a comprehensive system of strategic control[J]. Management Studies, 1992, 29 (4): 391-408.

[229] Prescott J. How business uses intelligence[J]. Business Review, 1991(2): 8.

[230] Priporas C, Gatsoris L, Zacharis V. Competitive intelligence activity: Evidence from Greece[J]. Marketing Intelligence & Planning, 2005,23(7): 659-669.

[231] Ringland G. Scenario Planning: Managing for the Future [M]. New York: John Wiley, 1998.

[232] Rockart J F. Chief executives define their own data needs[J]. Harvard Business Review, 1979, 57(2): 81-93.

[233] Rodriguez-Salvador M, et al. Industry/university cooperative research in competitive technical intelligence: A case of identifying technological trends for a Mexican steel manufacturer[J]. Research Evaluation, 2002,11(3): 165-173.

[234] Sauter V L. Competitive intelligence systems [J]. University of Missouri-St. Louis, St. Louis, Missouri, USA, 2005, 36(2): 43-57.

[235] Sauter V L. Handbook on Decision Support Systems 2 [M]. Springer Berlin Heidelberg, 2008.

[236] Saxby C L, Parker K L, Nitse P S, Dishman P L. Environmental scanning and organizational culture[J]. Marketing Intelligence & Planning, 2002, 20(1):28-34.

[237] Sharma D, Chaudhary K, Vaidya P, et al. Big data-competitive intelligence [C]. International Conference on Computing for Sustainable Global Development. IEEE, 2015.

[238] Shiftan Y, Kaplan S, Hakkert S. Senario building as a tool for planning a sustainable transportation system[J]. Transporation Research Part D, 2003, 8(5): 323-342.

[239] Tillett B B. Authority Control in the Online Environment [M]. New York: Haworth Press, 1989.

[240] Vaughan L, You J. Comparing business competition positions based on Web co-link data: The global market vs. the Chinese market[J]. Scientometrics, 2006, 68(3): 611-628.

[241] Verizon. 2018 data breach investigations report[R]. 2018.

[242] Vriens D. Information and communication technology for competitive intelligence [M]. RM Press, 2003.

[243] Walters B A, Jiang J J, Klein G. Strategic information and strategic decision making: The EIS/CEO interface in smaller manufacturing companies[J]. Information & Management,

2003(40): 487-95.

[244] Wang M, Wang H. Agents and Web Services Supported Business Exception Management [M]. In Zhang C, Guesgen H W, Yeap W K (Eds.). PRICAI 2004: Trends in Artificial Intelligence, LNAI 3157, 2004.

[245] Wheelen T L, Hunger J D. Strategic Management and Business Policy[M]. Addison-Wesley Longman, Reading, MA, 1998.

[246] Yan Y L, Zhang X, Zha X J. Decision quality and satisfaction: The effects of online information sources and self-efficacy[J]. Internet Research, 2017, 27(4): 885-904.

[247] Yang Y N. Research on emergency management of information resource configuration based on customer relationship management (CRM) [J]. Journal of the Central Institute of Socialism, 2011(5): 118-119.

[248] Zahra S A, Kirchhoff B A. Technological resources and new firm growth: A comparison of start-up and adolescent ventures [J]. Research in the Sociology of Work, 2005 (15): 101-122.

[249] Zajac E J, Kraatz M, Bresser R. Modeling the dynamics of strategic fit: A normative approach to strategic change[J]. Strategic Management, 2000, 6(21): 429-453.

[250] Zha X J, Jao R. Study on the mode of consultative service of governmental competitive intelligence oriented to crisis management [C]. International Conference on Public Administration, 2005.

[251] Zha X J, Li J, Yan Y L. Advertising value and credibility transfer: Attitude towards web advertising and online information acquisition[J]. Behaviour & Information Technology, 2015, 34(5): 520-532.

[252] Zha X J, Yang H J, Yan Y L, Liu K F, Huang C S. Exploring the effect of social media information quality, source credibility and reputation on informational fit-to-task: Moderating role of focused immersion[J]. Computers in Human Behavior, 2018 (79): 227-237.

[253] Zhang J, Huang M L. Density approach: A new model for BigData analysis and visualization [J]. Concurrency and Computation: Practice and Experience, 2016(28):661-673.

[254] Zhang W K, Liu M R, Li Z Z. Research on competitive intelligence security problems and strategies in cloud computing era[J]. Journal of Intelligence, 2011(7): 8-12.

[255] Zhao J, Jin P. Extraction and credibility evaluation of Web-based competitive intelligence [J]. Journal of Software, 2011, 6(8): 1513-1520.

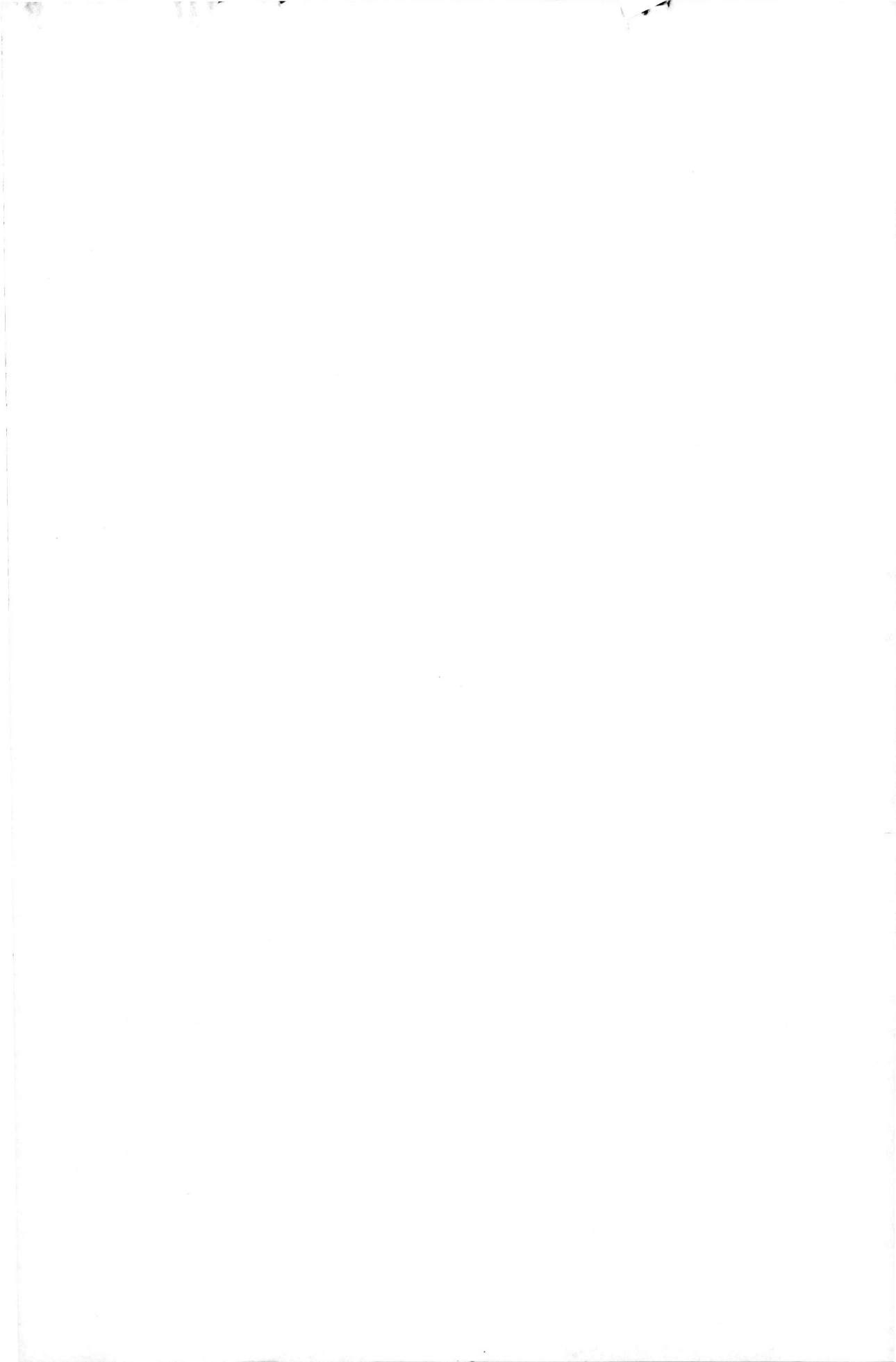